비즈니스 협상을 잘하는 방법

협상! 이렇게 준비하고 끝내라!

비즈니스 협상을 잘하는 방법

협상! 이렇게 준비하고 끝내라!

노진경 · 여범종 지음

이담
Books

머리말

영업사원인 홍순식 씨! 고객사의 구매담당인 김기상 대리를 만난 지 2년 만에 드디어 계약을 받았다. 그동안 노력한 대가(계약)를 받았다는 성취감으로 가슴이 뿌듯하다. 까다롭기로 유명한 김 대리를 선배이자 상사인 박창수 과장으로부터 인계받은 후 얼마나 마음고생을 하였는가!

이번 계약도 우여곡절 끝에 김 대리가 요구하는 가격 8%를 깎아주는 조건과 3개월 어음결제를 수용하는 조건으로 겨우 받은 것이다. 이 정도 계약이면 팀장으로부터 인정받을 것이라는 기대감으로 서둘러 회사로 돌아온다. 회사에 도착한 홍순식 씨는 계약서를 상사인 장기출 팀장에게 보고한다. 홍순식 씨의 계약서를 받은 장기출 팀장은 계약서를 검토하다 가격과 결제조건 항목에 시선이 고정되었다. 자신도 결정할 수 없는 조건이 아닌가! 이런 조건으로 계약을 한 경험이 전혀 없다. 이 조건으로 확보하는 영업이익은 겨우 4%밖에 되지 않는다. 금년도 영업목표 중 하나는 매 계약 건의 이익률을 확보(5% 이상)하는 것이다. 게다가 그동안 홍순식 직원은 한 번도 김기상 대리와의 영업 진행상황과 협상상황에 대해 진지하게 보고를 하지 않아 전혀 모르고 있던 상황이다. 계약을 받아온 것은 좋은 일이나 이러한 조건의 계약은 조직으로서도 원하지 않는다는 것을 잘 알고 있다. 이 내용을 상사인 영업본부장(매출만큼이나 계약의 이익률을 중요하게 생각하는)에게 보고를 해 허락을 받아야 한다는 것이 갑갑하다. 그렇다고 계약을 파기할 수도 없고…, 갑갑한 장기출 팀장은 일단 왜 이런 결과가 나왔는지 그 내용을 파악하고자 한다. 그래서 장기출 팀장은 홍순식 직원을 불러 대화를 한다.

장기출 팀장: 홍순식 씨! 계약을 받아온 것에 대해서는 아주 잘하였네. 김기상 대리와 그쪽 회사는 여간 까다로운 고객이 아닌 것으로 알고 있었는데….

홍순식: 예! 팀장님 감사합니다. 사실 그동안 얼마나 힘들었는지… 팀장님께서 힘드실까 봐 일일이 보고를 드리지 못하였지만….

장기출 팀장: 그러게… 자네의 노력한 모습이 상상이 되는구먼…. 그런데 한 가지 궁금한 것이 있어서….

홍순식: 예! 무슨 문제라도 있습니까?

장기출 팀장: 그렇다네. 자네의 영업성과, 즉 계약을 받아온 것에 대해선 인정을 하네. 하지만 자네가 받아온 계약서에는 두 가지 문제가 있다네. 하나는 자네의 이번 계약 건의 이익률(마진수준)이 너무 떨어진 것이라는 게지. 자네도 우리 영업팀의 목표가 이익률을 확보하는 것이라는 것을 알고 있지 않은가? 자네가 받아온 계약서의 이익률은 우리가 목표로 한 이익률 수준보다 낮은 상태이구먼. 그리고 두 번째는 왜 이번 계약과 관련해 그동안의 영업상황과 협상상황에 대해 보고를 하지 않았는가 하는 것이네. 내가 사전에 알았더라면 다른 조치를 취할 수도 있었을 텐데… 물론 자네 영업활동도 지원해주었을 것이고…. 이렇게 떨어진 이익률을 어디서 어떻게 만회해야 할지… 그리고 본부장님께 보고를 할 때 어떻게 설명을 해야 할지 걱정이구먼. 추가로 문제가 되는 것은 다음번에 김기상 대리와 재계약을 추진할 때 역시 얼마나 이익수준을 확보할 수 있을는지도 걱정이 되고….

홍순식: 하지만 처음 계약 건이니 본부장님께서도 이해해주지 않으실까요? 김기상 대리의 성격과 스타일을 팀장님께서는 잘 모르셔서 그렇지… 얼마나 저를 압박을 했는지… 그리고 일일이 보고를 드리지 않은 것은 이번 건은 제 힘으로도 영업을 잘할 수 있다는 것을 보여드리고 싶은 욕심에서… 또 일일이 보고를 드리면 팀장님을 귀찮게 해드리는 것이 아닌가 하는

생각에서… 더구나 만난 지 2년 만에 드디어 계약을 하자고 하기에…. 게다가 김기상 대리는 이미 자기 부장님께 그 조건으로 보고를 드렸다고 하면서 빨리 결정을 해달라고… 아무튼 본부장님께는 팀장님께서 잘 말씀해주시기 바랍니다.

장기출 팀장은 홍순식과 대화를 마친 후 몇 가지 생각이 스쳐 지나간다. 늘 회사에서는 이익을 남겨야 한다고 말은 하지만 정작 영업사원들을 몰아세우는 것은 매출(계약수주 건수)이었다는 것이다. 가끔 영업사원이 계약조건에 대해 조언을 요청하면 충분한 지원을 하지 못하였다는 것, 시간이 없으니 서둘러 마무리를 하라고 압박을 하였다는 것, 영업사원들에게 이익을 남기라고는 하면서 그 방법인 협상능력을 갖추는 것에 대해서는 소홀해 왔다는 것 등등이 머릿속을 어지럽힌다. 사실 장기출 팀장 역시 영업사원으로 일할 때 상사나 선배로부터 협상에 대해서는 많은 조언을 받지 못하였던 것이 사실이다. 아무튼 장기출 팀장은 계약서를 정리해 본부장께 보고를 하러 가면서 머릿속이 복잡해진다.

위 상황은 영업팀 혹은 영업부서에서 늘 일어나는 장면 중 하나이다. 영업의 성과는 매출을 올리는 것과 이익을 남기는 것 두 가지이다. 조직은 매출을 올리는 것도 중요하지만 그 매출을 통해 이익이 확보되어야 성장과 발전을 할 수 있다. 영업사원과 영업조직을 이끄는 리더는 이 두 가지 성과를 함께 달성할 수 있어야 한다. 즉, 두 마리 토끼를 잡아야 하는 것이다. 이 두 마리 토끼(영업목표-매출과 이익수준 확보)를 잡는 전략과 전술(활동계획, 설득도구 등)은 서로 다르다. 따라서 이 두 가지에 대해 영업사원이 제대로 된 준비(매출향상-영업스킬, 이익수준 확보-협상스킬)가 되어야 두 마리 토끼를 잡을 수 있다. 이 준비 중 이익수준을 확보하는 목표 달성을 위해서는 영업사원 개개인의 협상력뿐 아니라 조직적인 측면에서도 지원을 해주어야 한다. 조직이 영업사원들에게 주는 권한(일반적으로 가격을 깎아줄 수 있는 수준)을 제한적으로 부여하는 이유도 여기에 있다. 그 이유 중 하나는 영업사원이 자신의 권한 내에서 협상을 마무리하여 계약을 받아오는 것과 또 하나의 이유는 영업사원이 가진 권한을 벗어난 고객의 요구에 대해서는 조직과 사전 협의를 하고 대책을 수립하라는 것이다. 당연하지만 고객과 진행하는 영업협상은 영업사원 혼자서 진행하고 결정할 수 있는 업무가 아니다. 대부분의 고객이 요구하는 거래조건의 수준은 영업사원의 권한을 벗어나는 것이기 때문이다. 그리고 영업협상은 조직 간의 비즈니스(거래역량－고객사의 구매능력과 영업조직의 판매능력)역량을 두고 거래조건들 간의 합의를 하는 것이다.

이번 『영업완전정복 시리즈 4』에서는 영업사원에게 필요한 영업협상에 대해 알아보도록 한다. 즉, 이익을 확보하고 이익을 많이 남기는 영업협상을 준비하고 실행하는 기술과 방법, 특히 고객의 다양한 구매협상책략과 전술에 대응하는 방법과 기술에 대하여 알아보도록 한다. 이 내용들은 영업사원뿐 아니라 영업조직을 이끄는 리더에게도 꼭 필요한 것이 될 것이다.

이익률의 수준을 결정하는 영업협상은 영업사원 혼자 힘으로 수행하는 것이 아님을 명심해야 한다. 영업조직과 리더가 효과적이고 전략적으로 개입하고 지원해주어야 한다. 이것을 위해 알아야 하는 지식과 수행할 수 있어야 하는 스킬과 준비해야 하는 협상의 도구들은 생각보다 많다.

이 책을 통하여 영업조직과 리더, 그리고 영업사원들이 고객과 Win-Win의 성과를 달성하는 영업협상의 기술들을 습득하기를 바란다.

노진경 · 여범종

〈영업협상의 모든 것〉

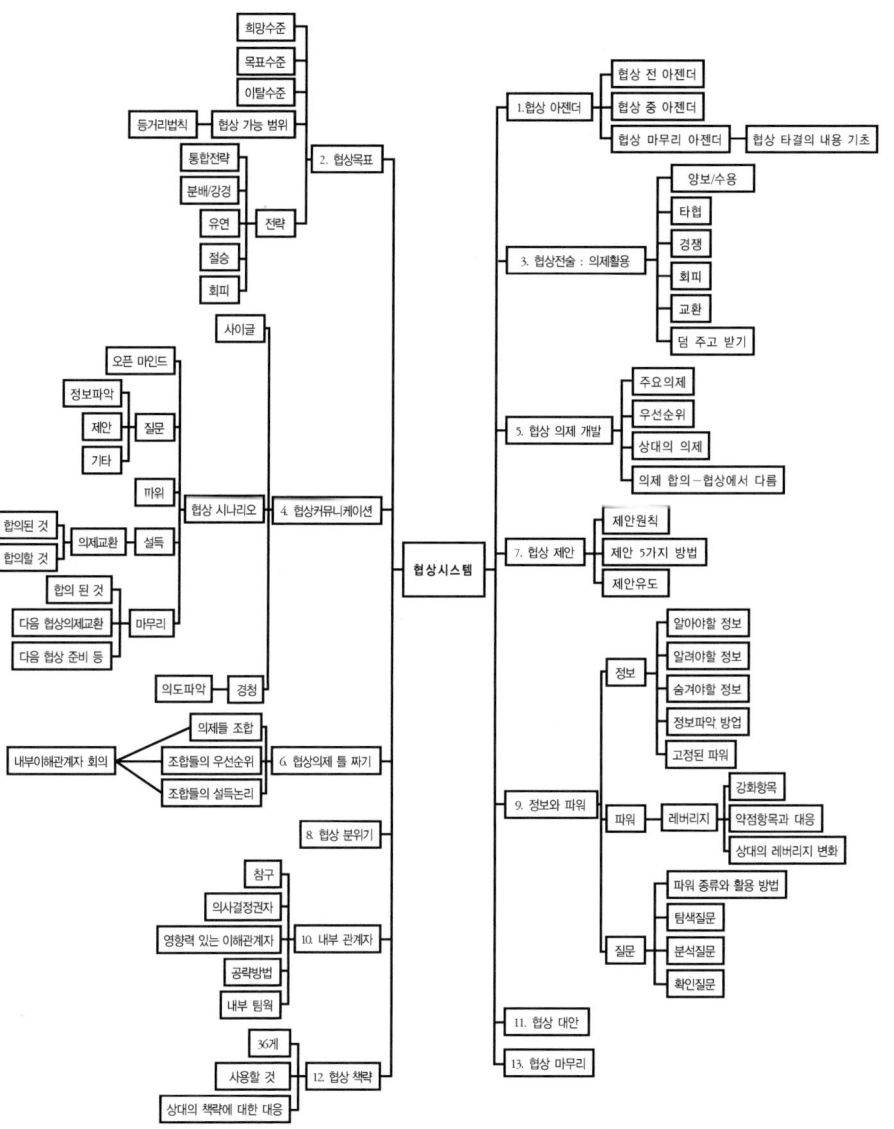

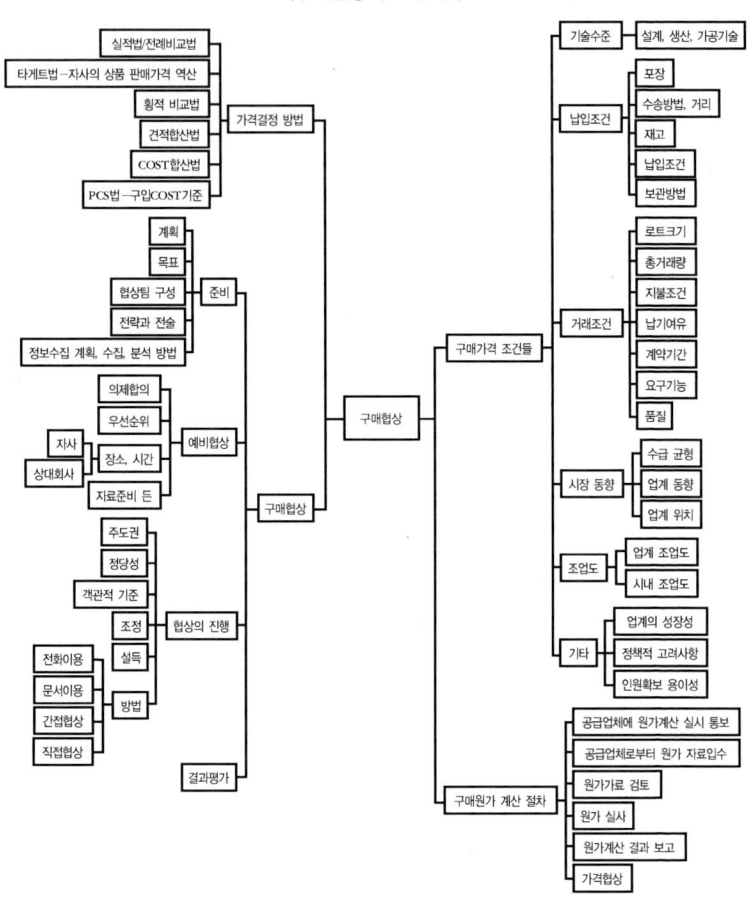

〈구매협상의 모든 것〉

차례
contents

협상이란?

Chapter 1. 협상이란?

① 협상의 이해

영업사원에게 있어서 협상스킬은 영업성과의 수준(이익률 수준)을 결정하는 중요한 능력이자 영업업무 수행 역량이다. 즉, 영업사원이 고객과 비즈니스를 위해 거래조건에 대한 합의를 이끌어내는 협상을 수행하는 능력은 계약서의 마진, 즉 영업이익률 수준을 결정하고 영업조직 전체의 영업력과 경쟁력을 보여주는 것이다. 따라서 영업사원의 영업역량은 크게 영업스킬(고객의 니즈 충족을 위한 최선의 선택안을 제안해 고객이 표준 거래조건으로 계약을 하도록 설득하는)과 협상스킬(유리한 거래조건으로 합의를 이끌어내는)로 구분할 수 있다.

이를 바탕으로 영업사원은 영업과 협상을 명확하게 구분할 수 있어야 하고 그에 따른 적합한 전략과 전술, 도구의 준비(영업－고객의 니즈와 솔루션, 협상－고객의 요구조건과 거래조건의 수준)를 한 후 고객과의 상담을 수행해야 한다. 특히 고객과의 협상을 성공적으로 진행하고 바람직한 성과(이익 확보 및 보호)를 달성하기 위해서는 일반적인 영업활동과는 다른 준비를 해야 한다. 이를 위해서는 협상에 대한 올바른 이해와 요구되는 지식, 기술(스킬) 그리고 태도에 대해 올바르게 아는 것이 무엇보다 중요하다.

어떤 이들은 협상을 효율적이고 효과적으로 진행하기 위한 지식과 기술, 그리고 태도는 영업을 하면서 얻는 것이지 이론으로 습득하는 것이 아니라고 한다. 즉, 협상능력은 시간이 흐르면 개발되는, 경험이 쌓이면 저절로 생기는 영업사원의 능력이라고 생각한다. 한편으로는 맞는 말이기는 하다. 고객과 진행하는 협상이 이론대로, 지식대로 전개되지 않는다. 그때그때 임시방편과 융통성, 잔재주로 대응하는 것이 필요한 것 또한 사실이다. 하지만 협상능력을 고객과 문제가 생길 때마다, 거래조건을 두고 고객과 합의를 하기 위해 그때그때 임시방편으로 대응하는 영업사원의 역량이라는 생각과 관점은 엄청난 비용을 치르게 된다. 많은 시행착오를 거치면서 협상능력을 쌓는다는 것은 시행착오를 할 때마다 엄청난 비용(이익률 포기)을 치러야 한다. 이 비용을 줄이기 위해서 그리고 다양한 협상상황과 고객의 전략전술에 유연하게 대응하기 위해서는 기초를 튼튼히 갖춰야 하고 이 기초가 굳건해야 응용기술이 그 힘을 발휘할 수 있다.

물론 시간이 흐르고, 경험이 쌓인다면 협상을 성공적으로 진행하는 능력을 갖출 수는 있다. 하지만 그동안의 비용(수익률 확보에 실패하는)과 기회비용의 비경제적인 부분은 어떻게 해결할 것인가? 따라서 영업사원 개인이든, 영업조직이든 이러한 아날로그적이고 구태의연한 생각(영업역량, 특히 협상능력은 시간이 가면 저절로 쌓이고 경험을 통해 하나씩 배우는 것이다)을 버려야 한다.

또 하나 영업사원이 협상능력을 강화해야 하는 이유는 협상의 상대인 고객의 구매역할의 강화이다. 고객의 구매센터는 구매업무목표의 달성과 이를 달성하기 위해 다양한 구매전략과 전술을 개발하고 준비를 한다.

협상의 상대방은 B2B영업(기업영업, 유통영업, IT영업, 수주영업, 오더영업 등)의 경우에는 고객사의 구매부(구매센터)와 구매실무자이다. B2C영업(대인영업, 점두영업 등)의 경우에는 일반 소비자가 그 대상이 된다. 어떤 유형의 영업이든 고객은 자신의 구매목적(구매의 궁극적인 이유 달성과 구매 비용절감)을 달성하기 위해 전략적으로 구매를 한다. 그들은 통합구매, 역경매, 전사적 구매, 일괄구매, 경쟁구매, 공동구매 등의 방법으로 영업사원과 판매조직을 흔들어 자신들에게 유리한 조건으로 구매를 시도한다. 이들 구매센터와 구매실무자의 궁극적인 목표는 구매비용 절감에 있다. 따라서 그들은 자신들의 목표달성에 필요한 전략(구매협상전략)과 전술(구매업무프로세스)을 수립하고 실행한다. 영업사원은 이러한 협상상대의 목표와 전략과 전술의 변화 및 수준향상에 대하여 이해를 하고 효과적으로 대응해 자신과 조직이 목표로 하는 마진(이익률)을 확보 또는 보호해야 한다.

협상은 누구나 할 수 있지만 바람직한 협상의 성과를 올리는 것은 누구나 다 가능한 것이 아니다. 준비된 영업사원만이 가능하다. 그것도 창의적인 아이디어를 끌어내고 최선의 노력을 해야만 가능하다. 성과지향적인 영업활동 그래서 더 많은 이익률을 확보하는 협상의 성과를 달성하고자 하는 조직은 영업사원들에게 협상에 대한 학습과 훈련을 받을 수 있는 기회를 주어야 한다. 물론 조직적인 지원 역시 매우 중요한 자원이다. 이 장에서는 영업과 협상의 차이를 다시 한번 정리를 하고 협상에 대한 중요성을 알아보고자 한다.

많은 경우 현실적인 비즈니스 상황에서 영업활동과 협상활동이 명확하게 구분되지 않는 것이 사실이다. 그 이유 중 하나는 고객이 의도적으로 영업사원을 대하는 것에 원인이 있다. 고객은 상품 품질 이야기를 하다가 가격을 깎아달라고 하고, 가격을 흥정하다가 다시 제품의 성능에 대한 불만·의심·오해를 표현하면서 영업사원을 구석으로 밀어붙인다. 현실이 이렇다 하더라도 영업사원은 영업과 협상을 명확하게 구분할 수 있어야 한다. 이유는 영업과 협상은 목표가 다르고 전략이 다르며 전략을 수행하는 도구와 자원이 다르기 때문이다. 물론 전술이 다른 것도 원인이 된다. 영업과 협상의 차이에 대해서는 제2장에서 알아보도록 한다.

영업사원은 고객이 보이는 반응과 요구내용에 효과적으로 대응하기 위해서 영업스킬과 협상스킬을 구분해 대응하는 것이 필요하다. 이를 위해 협상이 무엇인지 알아보는 것부터 그 출발을 하도록 한다. **협상은 "비즈니스 거래에 있어 거래 당사자 간에 상호 이익이 되는 비즈니스 결과(목표 달성)를 얻기 위해 상호 간의 이견(거래조건)을 조정·합의하는 비즈니스 커뮤니케이션 활동"**이다. 이 정의에 대해서 자세히 알아보도록 하자.

협상은 비즈니스 거래이다. 협상은 상품과 서비스를 판매하고 구매하는 비즈니스 거래에서 발생한다. 즉 협상은 상품과 서비스를 판매하는 입장과 구매하는 입장에 있는 당사자가 자신의 목표를 위해 상호 가치 있는 것을 교환하는 비즈니스 활동에서 발생한다. 그리고 가치를 획득하기 위한 대가와 가치를 제공하는 것에 대한 가치를 협의하는 활동이다. 이때 서로가 주고 받는 가치에 대한 대가(거래조건들의) 수준이 협상의 대상이 된다. 그리고 이 대가에 대한 가치를 비교한다. 이 비교에서 구매 대신 지불하는 대가의 수준에 대한 부담을 최소화하거나 판매 대가로 받는 대가의 가치를 극대화(제공하는 가치보다 받는 가치가 더 높은)하기 위한 차이를 극복하는 활동이다.

협상은 거래 당사자가 있다. 협상은 혼자 하는 것이 아니다. 협상은 상대가 존재한다. 그리고 협상은 서로의 능력(협상목표와 전략과 전술 수행능력)과 상대의 상황, 입장, 스타일 그리고 감정 등에 영향을 받는다. 기계와는 협상을 하지 않는다. 컴퓨터와도 협상을 하지 않는다. 기계와 컴퓨터는 정해진 프로세스대로 움직인다. 이 프로세스만 제대로 지켜진다면 특별한 사정이 없는 한 원하는 목표를 얻을 수 있다. 하지만 비즈니스 거래를 위한 협상은 상대(고객)가 있다. 이 상대는 감정이 있고, 상황에 영향을 받으며, 자신의 권한에 한계가 있고 누구가의 도움과 결정을 받아야 하는 등의 입장에 있는 조직을 대표하는 사람들이다. 이 협상 당사자들은 자신의 역할과 파워, 그리고 영향력을 활용해 유리한 결과를 얻고자 한다. 영업사원 역시 마찬가지이다. 영업사원도 자신이 달성해야 하는 이익률 목표 달성을 위해 협상전략/전술을 개발하고 활용한다. 그리고 협상 상대방의 협상목표와 전략, 그리고 전술도 이해하고 활용하며 상대의 전략/전술에 효과적으로 대응할 수 있어야 한다.

특히 B2B영업을 하는 영업사원은 자신의 조직이 가진 판매능력과 고객사가 가진 구매능력을 두고 협상을 전개한다. 따라서 각 협상 당사자는 자기 조직의 역량(거래역량)을 등에 업고 조직의 대표자가 되어 협상에 임한다. 이 과정에서 영업사원이든 구매담당자든 자기 조직의 내부 이해관계자와의 협의를 통해 목표를 수립하고 전략과 전술을 짜며 권한을 위임받아 협상에 임하게 된다. 이 내부 이해관계자들은 구매든 판매든 협상준비와 진행과정, 그리고 결과에 큰 영향을 미친다.

또한 협상은 영업사원과 상대(고객)와의 인간관계의 수준(상호 신뢰

수준, 관계수준, 성격, 스타일 등)에도 큰 영향을 받는다. 이를 위해 협상 상대와 우호적인 그리고 신뢰가 쌓인 인간관계 형성과 유지가 중요하다.

마지막으로 협상에 임하는 영업사원이 자신이 가진 권한의 한계를 조직과 협의를 해야 하듯 고객(구매담당자) 역시 자신이 조직으로부터 목표, 전략, 권한, 전술 등을 위임받아 협상 테이블에 앉는다. 따라서 영업사원은 협상 테이블에 있는 구매담당자인 실무자 외 고객사의 내부 이해관계자들을 파악하고 그들을 적절하게 활용할 수 있어야 한다. 이러한 기술의 하나로 협상 당사자들은 '상사 핑계 대기', '마누라 핑계 대기' 등의 협상전술을 펼친다.

협상은 상호 이익을 추구한다. 영업사원이 가장 원하는 목표는 빠른 시간 내에 매출 달성과 더 많은 이익률 확보(즉, 한 번에 비싸게 많이 판매하는 것)이다. 그리고 고객과 협상을 진행할 때 매몰비용을 최소화하거나 그간에 소요된 매몰비용에 흔들리지 않는 것도 필요하다. 따라서 영업사원은 이러한 목표 달성을 위해 영업전략과 전술, 그리고 협상전략과 전술을 펼친다. 고객 역시 자신의 구매업무에서 달성할 목표(궁극적인 목표－구매비용 절감)가 있다. 협상의 상대인 고객은 필요할 때 필요한 만큼, 최선의 품질이 보장된 상품과 서비스를 좋은 조건(가급적 싸게, 부담이 없는 조건)으로 구매하는 것이다. 이 목표 달성을 위해 고객은 체계적이고 계획적인 구매전략과 구매협상전략·전술을 구사한다. 영업사원의 전략과 전술, 고객의 전략 그리고 전술들은 상호 대치되기도 하지만 서로의 전략과 전술에 영향을 주거나 받기도 한다. 따라서 영업사원은 협상목표 달성을 위해 협상의 전략과 전술에 대한 올바른 이해와 활용기술, 그리고 상대의 협상전략·전술에 대응할 수 있는 기술을 갖추어야 한다.

협상은 갈등이 있고 이 갈등을 해결하는 것이다. 비즈니스를 위해 상호 추구하는 목표가 다르고 이해관계가 다름은 갈등으로까지 전개될 수 있다. 협상은 상대가 있고 상호 간의 목표차이와 전략의 실행은 어쩔 수 없이 갈등을 불러일으킨다. 이 갈등을 지혜롭게 해결하기 위해 요구되는 것이 협상기술인 협상 전략과 전술이다. 따라서 영업사원은 다양한 협상전략들을 활용해 이 갈등을 지혜롭게 극복할 수 있어야 한다. 협상 당사자들은 이 갈등의 해결을 위해 협상전술-교환, 강화(덤 주고받기), 절충(타협), 경쟁(버티기), 양보를 받거나 양보하기, 포기-을 수립하고 협상책략-내키지 않는 척하기, 마누라 핑계 대기 등-을 활용해 협상에 임하게 된다. 어떤 전략과 전술을 사용하는가에 따라 상대를 압박하게 되기도 한다. 또 협상이 원만하게 진행되기도 하고 교착상태에 빠지기도 한다. 어느 쪽이든 협상에 임한다는 것은 서로가 원하는 결과가 있고 수용할 수 있는 수준이 있으며, 상호 이익이 되는 성과를 기대한다는 것을 영업사원은 알아야 한다. 즉, 고객이 까다롭게 행동하면서 시간을 지연시키면서 협상에 임한다. 때로는 영업사원의 경쟁사 또는 대체재를 언급하면서 정작 그 회사와 계약을 하지 않고 영업사원을 만나 협상을 지속한다면 구매협상전술(책략)을 펴는 것임을 알아야 한다. 그리고 이러한 상태를 지속한다는 것은 영업사원이 제안한 솔루션(상품과 서비스)이 필요하다는 것을 간접적으로 노출하는 것임을 영업사원은 간파하고 이것을 유리하게 활용할 수 있어야 한다는 것이다.

협상은 비즈니스 커뮤니케이션이다. 고객과의 모든 비즈니스 시작과 계약, 그리고 비즈니스의 지속을 결정하는 것은 커뮤니케이션이다. 이 말은 영업활동이든 협상활동이든 커뮤니케이션 능력이 매우 중요하다는 것이다. 영업사원은 비즈니스 커뮤니케이션의 달인이 되어야 한다. 영업 커뮤니케이션을 강조한 '영업완전정복 시리즈 2(영업 커뮤니케이션)'에서도 그 중요성을 강조하였다. 여기서도 다시 한번 강조할 것이다. 효과적인 커뮤니케이션 능력은 원하는 바를 얻는 데 반드시 필요한 비즈니스 기술이다. 공감하고, 질문하고, 요청하고, 확인하고, 미끼를 던지고, 상대의 말을 인정하고 대화를 이끌어 가는 경청기술과 고객으로부터 영업사원이 원하는 약속을 받아내는 설득기술은 영업활동에서만큼 협상에서도 중요하다. 이유는 상대와의 커뮤니케이션을 진행하면서 상대의 협상목표수준과 전략, 중요한 거래조건과 거래조건의 우선순위, 정보 파악, 협상책략의 내용 그리고 상대가 가진 한계와 강점과 약점들을 파악하고 이에 효과적으로 대응할 수 있기 때문이다. 물론 영업사원이 협상에서 고객에게 제안하는 거래조건들을 수용할 수 있도록 설득하는 것 역시 커뮤니케이션 기술이다.

② 영업사원이 협상에서 저지르는 일반적인 실수 15

영업사원이 영업협상에서 저지르는 일반적인 실수는 다음과 같다. 협상역량의 부족이 원인이든, 성과에 급급해 협상에 진지하게 임하지 못하는 것이 원인이든, 조직의 매출지상주의(빠른 영업성과 요구) 때문이든 협상에서의 실수는 곧 매출이익률의 저하를 가져온다. 협상에서 위치와 입장인 레버리지를 유리하게 만들기 위한 전술 또는 책략의 실행이 의도적인 실수라면 그것은 다른 차원의 문제이다. 따라서 영업사원은 협상에서 실수를 하지 않아야 한다. 다음은 많은 영업사원들이 고객과 협상할 때 일으키는 실수들이다. 잘 읽고 기억해 실수를 최소화하는 데 집중하여야 한다.

1) 준비 없이 협상에 임하는 것

협상에서 원하는 성과를 올리기 위해서는 제대로 된 준비를 해야한다. 협상은 영업과는 전혀 다른 흐름과 도구(설득을 위한 도구)가 필요하다. 고객과 협상을 하는 협상작전(전략과 전술 등)도 영업작전(전략과 전술)과는 다르다. 영업사원은 영업과는 달리 성공적인 협상을 위해서는 조직의 지원(목표와 권한위임, 전략의 실행 등)을 받을 수 있어야 한다. 모든 것을 영업사원 혼자 결정하려는 생각도 버려야 한다.

영업사원이 만나는 협상의 상대방인 고객(구매담당자)은 구매의 목표와 전략, 전술을 수립한 후 필요에 따라 계획적으로 구매를 한다. 그만큼 영업사원보다 협상에 임하는 준비를 철저히 한다는 것이다. 영업사원은 이러한 고객과 효과적인 협상 수행을 위한 준비를 제대로 해야 한다. 많은 영업사원은 영업활동(제품의 가치를 알리고, 고객의 니즈를 파악하는)을 하는 데만 집중하는 경향이 있다. 가격 등 거래조건에 대한 고객의 요구는 어떻게든 들어주어야 한다는 것이 일반적인 영업사원들의 생각이다. 즉, 협상에 대해서는 비중을 크게 두지 않는다. 이래서는 항상 고객에게 끌려다니고, 협상에서 작은 힘이나마 활용해보지도 못한 채 계약을 받을 수밖에 없다. 심지어 고객이 협상을 하자는 메시지를 보내도 영업사원이 그것을 파악하지 못하는 경우가 있다.

따라서 영업사원은 고객의 요청이 영업활동을 요구하는 것인지, 협상을 요구하는 것인지를 판단할 수 있어야 한다. 고객이 협상을 하자는 요청이 있다면 당장 협상에 임할 것인지, 자신에게 주어진 권한이 어느 정도인지, 그리고 그 권한을 어느 정도 활용할 것인지, 이번 계약에서 우선순위가 높은 거래조건(유리하게 합의를 해야 하는)은 무엇인지, 각 거래조건에 대해 양보할 수 있는 수준은 어느 정도인지, 내부 이해관계 부서의 현황은 어떠한지 등등에 대한 정보를 파악하고 적절한 준비를 해서 협상에 임해야 한다. 이러한 준비가 되어 있지 않은 상태(자신의 권한수준도 모르고, 내부 관련 부서의 현황을 파악하지 않은)에서 고객이 협상을 요구하면 자신이 권한 내에서 협상을 시도할 것인지, 아니면 고객의 요구수준만 파악하고 난 뒤 회사의 이해관계부서와 협의를 통해 제안할 거래조건을 개발한 후 협상에 임할 것인지를 선택하여야 한다.

물론 협상을 유리하게 이끌 수 있는 상대의 상황(재고수준, 시간적 한계 등)에 대한 정보 파악과 상대의 전략, 전술, 권한 등에 대한 파악이 부족한 상태에서 협상에 임하는 것에도 신중을 기할 필요가 있다.

2) 협상상대를 잘못 선택하는 것

고객과 거래조건을 두고 밀고 당기기를 반복하고 있는 영업사원! 자신이 고객의 요구를 수용하면 고객이 구매결정을 해 계약서 작성을 할 수 있을 것이라는 기대로 협상상대인 김 대리의 요구조건인 가격을 5% 깎아주는 것을 수용하겠다고 말한다. 그러자 김 대리는 "그 정도로는 상사에게 보고할 수 없다. 상사는 더 많은 할인을 원한다"고 하거나 "그럼 일단 그 조건을 상사에게 보고해보겠다. 어떻게 결정이 날지는 모른다"라고 한다. 영업사원은 "김 대리께서 결정권을 갖고 있지 않는가?"라고 묻자 고객은 "그렇지 않다. 부장님에게 보고를 해야 한다. 부장님이 결정할 수 있을지도 잘 모른다"라고 답을 한다. 그 결과는... 그럼 누가 권한을 가지고 있다는 말인가? 그리고 왜 이러한 일이 발생하였는가? 고객인 김 대리가 가진 권한은 어느 정도이고 역할은 어디까지란 말인가? 앞으로 협상이 어떻게 전개되고 예상되는 결과는?

협상에 임하는 당사자가 어떤 권한을 가지고 있는가를 파악하는 것은 협상의 진행과 결과에 큰 영향을 미친다. 때로는 고객은 자신에게 권한이 있는 척하거나 의도적으로 권한의 한계를 강조하면서 영업사원의 양보를 요구하기도 한다. 따라서 영업사원은 협상에 임하는 상대방이 가진 구매과정에서의 역할과 협상에서의 권한을 파악할 수 있어야 한다. 이것을 위해 영업사원은 고객의 구매 프로세스와 구매권한 등을 사전에 파악하는 것이 필요하다.

3) 권한의 한계를 극복하지 못하고 입장을 고수하는 것

이것이 의미하는 것은 창의적인 협상을 진행하지 못한다는 것이다. 협상을 방해하는 요소는 다양하다. 영업사원이 자신의 매출목표와 이익목표 달성에만 집중하다 보면 이러한 방해물을 지혜롭게 처리하지 못하고 강경하고 경쟁적인 협상 스타일을 보일 수 있다. 그래서 협상이 교착상태에 빠진다. 때로는 더 나은 해결책이 있는데 이를 놓치는 경우도 있다. 물론 고객이 자신의 입장을 고수하면서 고집을 피우거나, 문제를 일으켜 협상의 진행을 방해할 수도 있다. 영업사원은 이러한 상황에 유연하게 대처하고 창의적으로 어려운 상황을 해결할 수 있어야 한다. 그렇지 않다면 다양한 거래조건을 활용해 파이를 키우는, 그래서 Win-Win의 협상결과를 만들어내지 못하게 된다.

중요한 조건에 대해서는 버티기를 하는 등의 전술을 수행할 수 있지만 다른 조건의 활용(교환, 덤 주기 등)으로 협상을 유연하게 이끌어가는 기술을 갖춰야 한다. 즉, 협상의 실행전술들을 탄력적으로 적용할 수 있어야 한다.

특히 고객의 제안수준이 영업사원이 가진 권한을 벗어나더라도 그 수준을 상사 또는 조직이 수용할 수도 있는 수준일 수도 있다. 이를 모르고 계속 입장을 고집하는 실수도 저질러서는 안 되는 실수이다. 이러한 실수를 방지하기 위해서는 협상 전략 및 전술의 활용능력과 문제해결과 갈등 해결능력, 유연하고 창의적인 사고, 객관적인 메커니즘을 활용할 수 있는 능력이 요구된다.

4) 협상과정에서 무력감을 느끼거나 보여주는 것

이 무력감(협상전술 중 권한의 한계를 강조−'제가 결정할 수 있는 수준이 아니다. 회사에 보고를 해봐야 한다' 등)을 보여주는 것이 영업사원이 의도적으로 활용하는 협상의 책략이라면 활용할 가치가 있다. 영업사원이 고객과 협상을 전개하면서 무력감을 느끼는 경우는 자신의 권한으로 고객의 요구수준을 수용할 수 없을 경우와 협상이 교착상태에 빠졌을 때 창의적으로 협상상황을 바꾸지 못할 경우, 그리고 조직의 지원을 받아내지 못할 경우, 고객의 협상전략과 전술에 효과적으로 대응하지 못해 어쩔 줄을 모를 경우이다. 이러한 무력감을 고객이 알도록 해서는 안 된다. 영업사원이 무력감을 보여주면 상대가 영업사원을 이해해주고 자신의 요구조건을 약간이나마 후퇴하리라는 기대는 하지 마라. 상대는 자신의 목표를 위해 협상을 하는 것이지 영업사원을 도와주기 위해 협상을 하는 것이 아니다.

더큰 문제가 되는 것은 이 무력감을 이기지 못하고 고객의 요구를 수용하기 위해 자신의 조직과 상사를 설득하려 하는 영업사원이 많다는 것이다. 즉, 영업사원이 고객의 대변인이 되어 고객을 옹호하면서 고객의 요구조건을 상사 혹은 조직이 수용하도록 애를 쓴다는 것이다. 어떠한 상황에서건 절대로 영업사원은 고객의 대변인이 되어서는 안 된다.

협상 중에 협상전술 혹은 책략으로 상사 혹은 조직의 핑계를 대면서 고객의 요구조건을 수용할 수 없다고 하는 것 그래서 다음 협상은 상사와 함께 진행하겠다고 하는 것을 활용하는 것과 무력감을 보여주는 것은 다르다.

5) 협상의 통제권을 잃을까 두려워하는 것

영업사원이 고객과 협상을 진행하면서 고객과 협상 상황을 완전히 통제할 수 없다. 협상에서 '갑'은 고객이고 '을'은 영업사원이다, 이 사실은 절대로 변하지 않는다. 협상에서 '갑'에게 통제권을 주는 것은 협상을 유리하게 이끌고 갈 수 있는 기술이기도 하다. 협상을 통제하는 것과 협상을 주도하면서 이끌고 가는 것은 다르다. 그리고 통제권이 없다는 것이 협상에서 항상 불리한 결과를 가져오는 것도 아니다. 협상의 통제권을 상대방에게 넘겨주는 것으로 상대의 양보를 더 얻어낼 수도 있다. 이것이 가능한 이유로는 어떤 힘이든 그 힘을 가진 사람은 힘을 확인하고 사용하고자 하는 욕구가 있기 때문이다. 때로는 협상의 통제권을 상대방에게 넘겨주거나 상대방이 협상의 통제권을 갖고 있다고 믿게 하는 것도 협상의 중요한 기술이다. 따라서 협상상황과 고객을 통제하려는 생각은 버리도록 하라.

대부분의 영업사원은 고객과 대화를 하고 상담을 하며 협상을 할 때 이야기를 많이 하는 것으로 자신이 상황과 고객을 통제하고 있다고 믿는다. 말을 많이 한다고 상황을 혹은 고객을 통제하는 것은 아니다. 말을 많이 하면 자신의 정보가 노출될 가능성이 높아질 것이고 이 정보가 협상에서의 기울기를 결정하기도 한다.

또한 많은 영업사원은 자신들에게 협상에 대한 권한이 작게 주어지기 때문에 협상을 통제할 수 없다고 하소연을 한다. 하지만 이 역시 잘못된 생각이다. 권한이 많다고 상황을 통제하는 것 역시 아니다. 영업사원에게 필요한 것은 통제권이 아니라 협상을 주도적으로 이끌어가는 기술이다.

6) 설정한 목표와 한계에서 벗어나는 것

영업사원은 고객과 협상에 임하면서 달성해야 하는 협상의 목표를 잊어서는 안 된다. 조직이 원하는 매출의 이익률이 협상의 목표이다. 그리고 조직은 이 목표 달성을 위해서 의도적으로 영업사원에게 권한을 제한적으로 준다. 따라서 영업사원은 자신의 권한을 벗어난 결정을 임의로 할 수도 없고 해서도 안 된다. 영업사원은 고객과 협상을 할 때마다 자신에게 주어진 권한 내에서 고객과 합의를 하는 노력을 해야 한다. 영업사원이 임의로 권한을 벗어난 조건으로 계약을 해도 결국 조직이 받아들일 것이라는 기대를 해서도 안 된다. 이 목표를 위협하는 조건을 고객이 요구할 경우에는 조직과 협의하고 목표를 재수립하며 목표 달성을 위한 효과적인 협상전략을 개발해 대응하여야 한다. 고객이 까다롭다고, 고객이 강경하게 자신의 주장을 고집한다고, 다른 공급업체(영업사원의 경쟁사)를 들먹인다고 그리고 오랫동안 거래를 해온 고객이라고, 신규로 개척한 고객이라고 이 협상의 목표를 임의대로 낮추거나 벗어나서는 안 된다. 이와 관련해 더 큰 문제가 되는 것은 고객에게 자신이 가진 권한 혹은 목표의 한계를 벗어난 수준을 약속하고 그 약속을 수용해달라고 영업사원이 자신의 상사를 설득하는 것이다.

7) 상대방에 대해 너무 많은 염려를 하는 것

이는 고객과 협상을 하면서 좋은 사람이 되려 하고 인간적인 측면을 너무 중요하게 여기는 것이다. 영업사원이 고객의 요구를 수용하지 않고 역제안을 한다. 이 때문에 고객이 영업사원을 싫어하거나 좋아하지 않을 것이라는 염려를 하는 것이다. 또 고객의 요구조건을 그대로 수용하지 않음으로써 고객이 조직 내부에서 불이익 혹은 부정적인 피드백을 받을까 봐 염려하는 것이다. 게다가 그동안 고객과 쌓은 인간관계가 협상을 까다롭게 진행함으로써 틈이 생길까 걱정하는 것이다. 이러한 결과로 고객의 요구조건을 가급적 수용해야 한다는 잘못된 선입견을 갖고 있는 영업사원이 많다. 영업사원은 고객에 대한 인간적인 염려가 협상에 영향을 미치지 않도록 해야 한다.

이 실수를 방지하기 위해서 영업사원은 자신의 권한 한계를 강조하거나 목표 달성을 위해 중요한 거래조건에 대해 경쟁적인 전술을 고수하거나, 고객이 제안한 조건에 다른 조건으로 역제안하는 것이 고객의 마음을 상하게 하면 어떻게 하나와 같은 걱정을 버려야 한다. 즉, 협상에서 너무 좋은 사람이 되려고 하지 마라. 고객을 배려하고 염려하는 마음은 가지되 그것이 거래조건의 양보에 영향을 미치게 해서는 안 된다. 영업사원과 인간관계가 좋다고 영업사원이 제안하는 것을 그대로 수용하는 고객은 없다는 것을 아는 것이 이 실수를 방지할 수 있는 원칙이다.

8) 협상 테이블에 돈을 남기고 떠나는 것

이것은 협상을 마무리한 다음 날 '아차! 그 말을 했어야 했는데...',

'가격을 깎아주는 대가로 결제조건의 양보를 요구해볼 것을!'이라고 후회하는 것이다. 협상 테이블에 남은 돈(추가로 협의를 할 수 있는 조건, 교환을 할 수 있는 조건들을 협의하지 않고 협상을 마무리 짓는 것)은 상대방(고객)이 갖는다. 고객은 영업사원이 가격을 깎아주는 대가로 현금결제를 요구하면 결제조건을 변경(어음결제에서 현금결제로)해줄 계획과 마음을 갖고 있다. 하지만 영업사원이 가격을 깎아주는 대신에 이 조건을 요구하지 않으면 고객은 먼저 말하지 않는다. 따라서 협상을 마무리한 후 '아! 현금결제를 요구해볼 것을~'이라고 후회를 해봐야 소용이 없다. 고객이 이러한 영업사원의 마음을 읽고 자신의 결제조건 양보를 미리 혹은 알아서 말할 것이라는 기대도 하지 마라.

이 실수를 방지하기 위해서는 협상에서 합의 볼 거래조건을 많이 개발해 협상전략을 적용하는 것과 고객에게 요구조건을 과감하게 제안하고 요청할 수 있어야 한다. 비록 고객이 수용을 하지 않더라도 두려워하지도 마라. 거부하면 영업사원이 다른 조건으로 추가적인 제안을 할 수도 있고 또 거부한 고객이 다른 조건의 변경을 제안하거나 영업사원이 기대하지 않은 조건의 교환을 제안할 수도 있다.

9) 상대방의 실수에 대해 스스로를 질책하는 것

협상상대방인 고객이 어떤 실수를 하든 그것은 영업사원의 책임이 아니다. 상대가 자신의 잘못(예를 들어, 가격을 영업사원이 제안한 수준을 잘못 이해하고 제안한 가격보다 3% 낮게 상사에게 보고해 허락을 받았다고 하면서 영업사원이 이 조건을 수용해달라고 요구하는 것 등)에 대해 영업사원이 책임질 것은 없다. 만일 이러한 상황이 발생되면 처음부터 다시 협상을 시작하거나 다른 조건의 양보 혹은 다른 조건과의 교환(가격을 수용하는 대신 물량을 늘리는 것 등)을 시도하는 것이 좋다. 고객의 실수로 인하여 발생한 협상 상황의 어려움에 대해 책임을 지려 하지 마라. 상대방이 실수를 한 것에 대해 자신이 사전에 예방할 수 있었다고 자책도 하지 마라. 고객이 활용하는 고단수의 협상전술일 수도 있다.

10) 협상 외 다른 방법으로 거래를 마무리하려 하는 것

영업상황에서 진행되는 협상은 많은 에너지와 열정, 끈기, 지혜, 팀워크 등의 노력을 요구한다. 대부분의 경우 협상에서 고객의 조건의 요구 수준은 영업사원이 가진 권한을 벗어나는 것이 현실이다. 따라서 협상의 진행상황을 조직 또는 상사에게 보고하고 다음 협상을 준비해야 하는 유연함도 가져야 한다. 하지만 많은 영업사원들은 이러한 보고를 하는 것을 꺼린다. 이유는 상사 혹은 조직으로부터 부정적인 피드백을 받을까 봐 두려워하기 때문이다.

또 모든 것을 스스로 결정해 결과만 보고하려 한다. 시시콜콜 보고를 하고 상사와 상의를 하거나 해결안을 요구하는 것이 자신의 무능을 드러내는 것이라는 잘못된 생각을 갖기도 한다.

문제는 고객이 영업사원의 제안을 수용하지 않고 무리한 요구를 하거나 조직의 규정을 위반하는 수준을 고집하거나, 사적인 보상을 요구한다는 것이다. 그리고 이 고객의 요구를 영업사원은 협상이 아닌 다른 방법(비윤리적 방법, 접대 등)으로 해결하려 한다는 것이다. 접대를 한다고 고객이 영업사원의 제안대로 구매한다면 고객 역시 문제가 있다. 고객과 협상을 할 때는 협상만으로 거래를 마무리하려고 노력 하는 것이 최선의 방법이다. 그래도 고객이 다른 어떤 것을 무리하게 요구하면 조직과 상의를 통해 대안을 마련하는 것이 좋다. 영업사원이 먼저 이러한 방법을 사용하려 해서는 안 된다.

11) 고객의 인간적인 부분에 너무 많이 기대를 하는 것

협상 중인 고객이 영업사원을 인간적으로 좋아한다며 사적인 대화를 시작한다. 출신 학교를 묻고, 고향을 언급하며, 결혼 여부 등 다양한 소재로 협상의 현안은 제쳐두고 개인적인 사담을 한다. 그러면서 영업사원과 보다 친밀한 관계를 유지하고자 한다. 고객이 지나치게 우호적으로 나올 때는 경계신호로 받아들여야 한다. 거래의 기회가 사라졌거나, 다른 강력한 대안이 발생하였거나, 아니면 영업사원에게 무엇인가 강력한 요구조건이 있을 수 있다. 영업사원은 이렇게 지나치게 우호적인 태도를 보이는 고객에게 마음이 흔들려서는 안 된다. 협상에서 인간적인 부분에 마음이 흔들려서는 좋은 결과를 얻을 수 없다.

또 영업사원이 고객의 요구조건을 모두 수용한다고 고객이 영업사원의 요구조건을 수용하지는 않는다. 영업사원과 고객의 인간관계가 좋다고 그것이 협상에서 고객의 양보를 보장하지도 않는다. 좋은 것이 좋다는 생각을 버리도록 하라. 고객과의 인간적인 관계를 무시해서는 안 되지만 그렇다고 협상의 모든 결과를 인간적인 관계에 맡겨서도 안 된다. 아무리 인간관계가 좋더라도 더 유리한 조건을 가진 공급사가 나타나면 고객은 언제든 떠날 수 있다.

그리고 어떠한 고객도 자신이 필요하지 않은 상품과 서비스를 영업사원과의 인간관계 때문에 영업사원이 가격을 깎아주기 때문에 구입하지는 않는다. 고객과 인간관계가 좋다는 것은 거래에 있어 충분조건은 되지만 필요조건은 아니다. 고객이 항상 우호적인 태도를 보인다고 해서 영업사원의 제안을 모두 수용하지도 않는다. 물론 모든 조건(상품의 품질, 거래조건 등)이 다른 거래처와 동일하다면 인간관계가 좋은 영업사원을 선택할 가능성은 높다.

12) 고객의 협상책략(전술)을 파악하지 못하고 그대로 수용하는 것

고객은 자신의 목표(구매목표)를 달성하기 위해서 영업사원을 무시하거나 압박을 하거나 영업사원의 매몰비용을 올리거나, 때로는 영업사원의 체면이나 자존심을 자극하는 등 수십 가지의 책략(전술)을 활용한다. 예를 들면 '비싸다', '예산이 부족하다', '이번에 도와주면...', '다른 기업과 차이가 없다', '그 정도의 권한도 없는가?' 등등의 말을 하면서 영업사원을 몰아붙인다.

이러한 고객의 반응과 태도, 그리고 메시지에 대부분의 영업사원은 불안감을 갖는다. 그리고 어떻게든 고객의 마음을 잡고 마음에 들려는 노력을 한다. 고객이 하는 말, 요구조건을 불변의 진리처럼 받아들여 절대로 고객의 요구를 바꿀 수 없을 것이라고 단정을 짓기도 한다. 이런 생각과 태도들이 결국은 협상의 결과에 부정적인 영향(불리한 조건으로 협상을 마무리하는)을 미치도록 허용한다. 그러면서 불리한 조건으로 계약을 하는 것은 어쩔 수 없는 것이며 '을'이기 때문에 당연히 감수해야 하는 것이라고 자기 합리화와 변명을 한다.

13) 고객의 요구조건은 무조건 수용해야 한다고 생각하는 것

고객이 자신의 조건을 제안한다. 영업사원이 예상한 것보다 제안의 수준이 영업사원에게 불리하다. 고객의 제안수준을 낮추고자 역제안을 하자 고객은 영업사원의 제안을 무시하고 자신의 조건을 계속 고집하면서 한 걸음도 물러서려 하지 않는다. 그러면서 갑자기 다른 대안(다른 공급업체-영업사원의 경쟁사)을 언급한다. 이쯤 되면 영업사원은 더 이상 고객의 양보를 얻을 수는 없다는 생각으로 고객의 요구조건을 수용할 수 있는 방법을 찾으려 한다. 즉, 고객 편이 되어 고객의 요구조건을 받아들이도록 자신의 상사를 설득하려 한다. 상사를 설득하기 위해서 영업사원은 과장(거래가 장기간이 될 것이다, 다음 계약은 물량이 더 많을 것이다, 다른 경쟁사가 끼어들었고 그들의 조건이 우리보다 좋았다. 그래서 어쩔 수 없었다. 등등)을 하기도 한다.

영업사원은 고객 편이 되어서는 안 된다. 영업사원은 자신이 몸담고 있는 조직의 매출과 이익을 위해 일하는 비즈니스 전문가이다. 그리고 고객과의 협상에서 다루는 거래조건은 언제든, 무엇이든 다른 거래조건들과 타협과 교환 등이 가능하다는 것을 알아야 한다. 그리고 고객이 제안을 할 때는 항상 협상의 여지(타협 가능성, 양보 가능성, 교환 가능성, 시간적 여유 등)를 두고 제안을 한다는 것을 알아야 한다.

14) 협상의 진행상황을 조직과 상사에게 보고하지 않는 것

영업사원은 자신 스스로의 힘으로 고객과의 모든 거래, 특히 협상을 마무리하고자 한다. 따라서 고객과의 협상상황을 일일이 보고하지 않으려 한다. 이유는 상사로부터 부정적인 피드백을 받을까 봐, 자신의 능력을 보여주고 싶어서, 고객과의 모든 업무는 자신의 책임이라는 생각으로 보고를 하지 않는 경향이 있다. 어떠한 이유로든 이것은 잘못된 생각이다. 특히 협상에서는 더더욱 이러한 생각을 가져서는 안 된다.

조직이 영업사원에게 협상의 권한을 제한적으로 주는 이유를 잘 알고 활용하여야 한다. 협상은 조직 간의 거래역량을 두고 거래조건을 합의하는 것이다. 유능한 영업사원은 협상에서 조직과 상사의 지원을 최대한 활용하는 능력을 효과적으로 발휘한다.

조직의 지원을 받기 위해 상사에게 보고를 하였으나 상사가 적절한 솔루션을 개발해주지 않고 영업사원에게 "자신이 알아서 하라"라는 말을 한다면 이는 영업사원에게 더 많은 권한을 위임하는 것이라고 생각해도 좋다. 하지만 이런 조직과 상사는 없을 것이다.

15) 고객의 문제를 대신 해결해 주려 하는 것

고객이 "예산이 부족하다. 이 조건으로 보고를 할 수 없다. 도와달라" 등등의 말을 한다. 영업사원은 "예! 한번 알아보지요"라고 대답한다. 고객은 기대한다고 하면서 우호적인 결정을 기다린다고 한다. 영업사원은 상사와 커뮤니케이션을 한다. 고객의 문제를 해결하기 위해 해결책을 찾는다. 이 해결책의 대부분은 고객의 요구를 수용하는 것이다. 그 결과는…

영업사원이 고객의 문제, 특히 구매조건과 관련된 문제를 대신 해결해주어서는 안 된다. 고객의 문제는 고객이 해결하도록 하라. 고객의 문제를 떠안지 마라. 그래도 계속 고객이 요청하면 교환(GIVE & TAKE)을 하도록 하라. If~ 기법(만일 ~한 조건을 수용해주면 무엇을 줄 수 있는가?)을 활용해 무엇인가를 얻도록 하라. 특히 위에서 나온 고객이 가진 문제들 "예산이 부족하다" 등등의 말을 그대로 믿어서도 안 된다. 고객의 말을 인정하되 상황과 이면을 파악하고 고객이 고민하도록 하여야 한다.

이상 15가지가 많은 영업사원들이 협상을 할 때 저지르는 대표적인 실수들이다. 영업사원이 고객과 협상에서 저지르는 실수는 곧 영업매출의 이익률에 부정적인 영향을 미친다. 실수가 없을 수는 없겠지만 이러한 실수를 최소화하고 반복해서는 안 된다. 이러한 실수를 사전에 예방하기 위해서라도 영업사원은 협상에 대한 지식과 기술들을 갖춰야 한다.

3 영업과 협상의 차이

사례 1

영업사원 박상출 씨! 3년간 만나온 고객이 견적서 제안을 요청한다. 그동안 만나온 구매담당자 이대필 대리는 박상출 씨를 인간적으로 좋아하고 늘 반갑게 맞이해주었지만 아직까지 구매결정은 하지 않았다. 이러한 고객이 드디어 견적서를 요청한 것이다. 박상출은 곧 계약을 할 수 있을 것이라는 기대감과 이대필 대리와의 관계를 고려해서 자신의 권한으로 회사의 표준견적서보다 3% 낮은 가격을 제안한다. 박상출의 견적서를 검토하던 이대필 대리는…

> **고객**: (고개를 흔들며) 이 조건이면 상당히 부담이 되는군요. 그동안의 관계도 있고 해서 가급적 다른 회사보다는 박상출 씨 회사와 거래를 하고 싶은데…. 이렇게 부담이 되어선 보고조차할 수 없겠습니다. 좀 더 조건이 수정되어야….
> **박상출**: (고객의 반응을 보고 마음속으로 충격을 받는다.) 그럼 어떻게 해드려야…. (하면서 고객의 눈치를 본다.)
> **고객**: 그건 그쪽에서 답을 먼저 주셔야… 나는 이렇게 부담이 될 줄은 몰랐습니다.

박상출: 그럼 가격을 4% 정도 더 깎아드리면 어떻습니까? (하면서 가격을 양보한다.) (이 조건은 박상출의 상사인 감관식 과장의 지난번 계약조건을 보고 자기 마음대로 결정한 조건이다.)

고객: 그 정도 갖고는… 그리고 결제조건도 부담이 되고….

박상출: 결제는 어음으로 해드릴 수 있을 겁니다. 하지만 가격은 좀 곤란한데….

고객: 결제를 양보해줄 수 있으면 가격도 더 양보가 가능할 것 같은데…. (하면서 계속 뜸을 들인다.)

박상출: (이번 계약을 놓치고 싶지 않은 심정과 더 이상 양보하면 상사를 설득해야 한다는 부담감과 혹 상사로부터 질책받을 것을 걱정하면서 머리가 복잡해진다. 하지만 계약을 수주하고 싶은 욕심으로) 그럼 가격은 6%로 하고 결제는 어음으로 하지요. (대답을 한다.) (그러면서 어음은 1달 정도를 생각한다.) (결국 가격을 회사의 표준견적서보다 10% 깎은 것과 어음결제로 바뀐 것이다.)

고객: 그럼 가격은 6% 깎은 것으로, 결제는 3개월 어음으로 하는 조건으로 상사에게 보고해도 되겠군요.

박상출은 3개월 어음이라는 말을 듣고 속으로 다시 한 번 놀란다. 하지만 어쩌겠는가? 이미 엎질러진 물인데…. 그런데 고객인 이대필 대리는 다시 자신의 상사에게 보고를 해야 한다고 한다. 회사에 보고해 질책을 받아도 오늘 계약서를 받아가면 그나마 그 질책이 부드러워질 것으로 예상하고 답을 하였는데…. 아무튼,

박상출: 그럼 언제 그 결과를 알 수 있을는지…. (하면서 불안한 마음을 갖는다.)

고객: 글쎄요? 일단 보고를 드려봐야지요. 부장님이 어떻게 결정하실는지…. (하면서 묘한 여운을 남긴다.) 그리고 생산부에서 어떻게 생각을 할지… 조건이 맘에 들어도 생산부에서 승인을 해주지 않으면… 혹 생산부에서 어떤 요청이 있을지 모르니까 준비해주세요. 아마도 프레젠테이션이나 샘플을 한번 보자고 할지도 모르니까요? 생산부장님이 여간 까다로운 성격이

아니라서… 그 때문에 우리 구매부서도 무척이나 힘이 들지요.

박상출은 고객의 마지막 말에 머리가 더 혼란스러워진다. 아직 내부적으로 어떤 제품을 구매할 것인지 결정이 나지 않았다는 말인가? 그럼 왜 이대필 대리는 견적서를 요청하였고 거래조건의 변경을 요구한 것인가? 오늘 고객과 나눈 이야기를 어떻게 상사에게 보고하지? 그나마 계약을 하였다면 다행인데… 또 이대필 대리의 요구조건이 바뀌면 어떻게 하나, 언제쯤 프레젠테이션을 준비해야 하는가 등등에 대한 고민을 하면서 자리에서 일어선다.

사례 2

영업사원 홍대식 씨! 3년간 만나온 고객이 견적서 제안을 요구한다. 그동안 고객인 구매담당 장순철 대리는 홍대식 씨를 항상 반갑게 맞이하고 인간적인 관계도 좋게 형성되었지만 아직까지 계약을 받지 못하였었다. 이러한 고객이 드디어 견적서를 요청한 것이었다. 홍대식은 곧 계약을 할 수 있을 것이라는 기대감으로 회사의 표준견적서를 제안한다. 장순철 대리와의 관계를 생각해 가격을 미리 조금 깎아줄까라는 생각도 하였지만 협상의 여지를 남기기 위해서 회사의 표준견적서 그대로 제안하였다. 홍대식의 견적서를 검토하던 고객은,

> **고객:** (고개를 흔들며) 이 조건이면 상당히 부담이 되는군요. 그동안의 관계도 있고 해서 가급적 다른 회사보다는 홍대식 씨 회사와 거래를 하고 싶은데…. 이렇게 부담이 되어선 보고조차할 수 없겠습니다. 좀 더 조건이 수정되어야….
>
> **홍대식:** 그럼 거래조건을 협의하기 전에 조건만 합의되면 결정을 하실 것입니까? 지난번에 제품에 대한 말씀이 없어서… 사용부서인 생산부의 반응은 어떤지요?

고객: 그렇지요. 내부적으로 제품에 대한 결정은 났습니다. 생산부에서도 귀사의 제품을 승인하였지요.

홍대식: (예상한 고객의 반응이라는 듯이) 저도 그렇게 예상하였습니다. 저희에게 기회를 주시려는 것에 대해서는 고맙게 생각합니다. 보셔서 아시듯이 이 조건이면 충분히 구매비용 중 1% 정도의 재고비용과 물류비용을 추가로 절감할 수 있습니다. 그리고 생산부의 원가절감 5% 부분까지를 감안하면 총 6% 이상의 경제적인 이익이 있을 것입니다.

고객: 그렇지만…. 그래도 조건이 부담이 되는군요.

홍대식: 어떤 조건이 부담이 되시는지?

고객: 그건 그쪽에서 답을 먼저 주셔야… 나는 이렇게 부담이 될 줄은 몰랐습니다.

홍대식: 제 입장에서도 장 대리님이 부담이 되는 조건이 무엇인지 알아야 저도 판단을 할 수 있을 것입니다. 일단 장 대리님이 부담을 갖는 조건이 무엇인지 알려주시면….

고객: 당연히 가격이지요. 가격이 이렇게 높을 줄은 몰랐습니다.

홍대식: (마음속으로 심호흡을 하면서) 가격이라… 상호 간에 매우 중요한 조건이지요. 그럼 가격 말고 다른 조건은….

고객: 일단 가격이 맞아야 다른 것도 이야기를….

홍대식: 알고 계시듯이 가격을 합의하여도 다른 조건이 수정되어야 한다면 가격은 다시 합의를 봐야 합니다. 이 사실을 잘 아실 것입니다. 가격 외 부담이 되거나, 조정이 필요한 조건이 추가로 있는 것인가요?

고객: (잠시 망설이며) 그럼 이야기하지요. 결제도 부담이 되는군요.

홍대식: 예! 그렇군요. 그럼 결제 외 다른 조건은 없는 것인가요?

고객: 가격과 결제만 맞으면 될 것 같습니다. 그다음은 보고를 통해….

홍대식: 아니 이번 건은 장 대리님이 결정권을 갖고 계시지 않았나요? 저는 그런 줄 알고 있었는데….

고객: 그건 나중에 이야기하기로 하고….

홍대식: 그럼 장 대리님! 구매부장님과 내부적으로 합의를 하신 가격과 결제조건의 수준은 어느 정도인지 말씀해주시기 바랍니다.

고객: 글쎄요. 일단 가격은 7% 정도 깎아주시고 결제도 어음으로….

홍대식: 어음이라면 어떤 조건의 어음으로…?

고객: 3개월 어음이면 좋을 듯한데….

홍대식: (빨리 머릿속으로 계산을 한다. 이 조건으로는 도저히 보고를 할 수 없고 결제를 받을 수도 없을 것이다. 그때 지난 번 교육에서 배운 등거리 법칙이라는 상대방의 협상 가능 범위를 예측하는 협상기술이 떠오른다. 이것을 기초로 홍대식은 가격은 3.5% 내외에서 정도로 합의가 가능할 것 같고 결제조건도 수정이 가능할 것이라는 판단이 든다. 그리고 제안의 법칙인 Anchoring 효과를 위해서는 과감히 제안을 해야 한다는 것이 떠오른다. 그래서) 제가 드릴 수 있는 답은 가격은 1.5% 정도 깎아드리고 결제는 1개월 어음으로 가능할 것 같습니다. 그럼 앞에서 이야기한 6%의 이익에 추가로 1.7% 정도가 더 올라갈 것입니다. 그럼 총 7.7%의 구매비용을 절감하는 셈이지요.

고객: 가격을 좀 더 양보해주셔야… 3% 정도까지….

홍대식: 그건 무리입니다. 현금결제를 해주신다면 모를까!

고객: 현금결제를 하지요. 그럼 가격은 3%로 하는 것입니다.

홍대식: 좋습니다. 가격은 3% 깎아드리고 현금결제로 하지요. 그래도 7% 가까이 구매비용을 줄이시는 것입니다. 그럼 계약서 작성을…. 감사합니다.

위 두 사례에 나오는 영업사원 박상출과 홍대식의 성과에는 어떤 차이가 있다고 판단되는가? 그리고 고객과 협상을 진행하는 능력에 대해서는 어떻게 생각하는가? 두 영업사원 모두 매출목표는 달성하더라도 매출이익률의 차이는 상당할 것이다. 게다가 박상출의 경우에는 계약을 받을 수 있을지조차 의심스럽다. 이런 결과가 나온 이유는? 당연히 두 영업사원이 가진 영업과 협상능력의 차이 때문이다.

영업사원 박상출은 고객의 말에 쉽게 흔들려 고객의 협상책략·전술에 빠져 헤어 나오지 못한 상황이 전개되었다. 자신이 가진 협상권한을 미리 다 사용해 협상의 여지도 없애버렸다. 고객의 말을 액면 그대로 믿고 이면을 확인하는 커뮤니케이션을 하지 못하였다. 고객이 가진 권한도 파악하지 못하였고, 제안을 하는 요령도 몰랐다. 그래서 당연히 고객의 제안에 역제안하는 기술도 발휘하지 못하였다. 결국 고객은 상사에게 보고하였지만 상사의 결재를 받지 못하였다는 핑계를 대며 추가양보를 요구할 가능성이 높다. 또 생산부의 상황(제품의 품질을 평가절하하는)을 이야기하면서 영업사원을 혼란스럽게 만들 것이다. 즉 생산부에서 추가적인 활동(상품의 가치를 설득시키는 영업활동 - 프레젠테이션, 공장견학 등)을 요구하면서 그 반응을 이용해 계약의 내용과 수준을 자신들에게 더 유리하게 하려는 시도를 할 것이다.

반면, 두 번째 영업사원 홍대식은 고객의 말을 듣고 이면을 파악하는 노력을 하였다. 특히 내부적으로 자신의 제품이 생산부에서 승인됐다는 이야기를 끌어낸 것은 무척 잘한 것이다. 그리고 고객의 부정적인 반응(거절, 거부, 엄살 피우기 등)을 그대로 믿지 않고 고객의 실제적인 요구조건과 수준을 끌어냈다. 고객이 제안하는 수준을 듣고 고객의 양보 가능 범위를 추측하고 효과적으로 대응하였다. 계약조건이 주는 이익, 특히 구매비용의 절감을 구체적인 숫자로 표현하면서 고객을 설득하였다. 또 고객이 가진 권한을 확인하면서 협상의 전체적인 흐름을 주도하였다. 가장 잘한 것은 협상의 여지를 많이 확보한 것이다. 자신에게 주어진 권한을 미리 모두 사용하지 않음으로써 더 많은 협상 가능 범위를 확보한 것이다. 물론 가격을 깎아달라는 요구에 결제를 현금으로 바꾼 것과 고객의 가격을 깎아달라는 요구에 대해 가격을 조금만 양보한 수준으로 제안한 것은 매우 잘한 것이다.

결국 박상출은 아직 영업활동 단계에 머물러 있고 앞으로의 상담이 어떻게 전개될지 불투명하지만, 홍대식의 경우에는 영업활동과 협상활동을 잘 마무리해 계약의 단계로 진입할 것이다. 이 두 영업사원에게 어떤 차이가 있는가? 그리고 무엇을 알려주려는 것인가? 답은 영업활동과 협상활동을 구분할 수 있어야 한다는 것이다.

영업과 협상은 어떤 차이가 있는가? 왜 그것이 중요한가? 많은 영업사원들은 영업과 협상을 같은 것으로 생각한다. 하지만 이 둘에는 많은 차이가 있다. 그리고 그 차이를 알고 효과적으로 대응하고 활용할 수 있어야 한다.

이제 영업활동에서 협상능력이 차지하는 가치는 매우 중요하다는 것을 알았을 것이다. 어떤 협상능력을 어떻게 발휘하는가는 곧 매출의 이익률을 결정하게 될 것이다. 이는 향후의 지속적인 거래를 위한 추가적인 협상에도 영향을 미칠 것이다. 조직은 매출도 올려야 하지만 이익이 남아야 성장과 발전을 지속할 수 있다. 매출과 더 많은 이익을 남기기 위해 영업사원은 영업활동을 전개하면서 영업스킬과 협상스킬이 요구되는 상황을 잘 판단해 적절하게 대응할 수 있어야 한다. 이를 위해서는 영업과 협상의 차이를 명확하게 구분하고 적절한 준비를 해서 영업업무(상담)를 수행하여야 한다. 영업과 협상은 다음과 같은 차이가 있다.

1) 만나고 설득해야 하는 대상이 다르다

영업사원은 만나야 할 고객과 설득해야 하는 고객 중 영업활동의 대상과 협상의 대상이 다르다는 것을 알아야 한다. 하지만 대부분의 영업사원은 고객사의 구매담당자만을 대상으로 집중적으로 만나고 공략한다. 구매담당자가 중요한 역할은 하지만 모든 거래에서 결정적인 역할을 하는 것은 아니다. 구매담당자의 역할과 한계에 대해서는 뒤에서 자세하게 알아볼 것이다. 여기에서는 그 차이만 간단하게 소개한다.

기업 고객의 구매계획은 구매부에서 수립하지만 구매의 출발은 현업부서에서 시작된다. 현업부서가 가진 업무목표, 문제 해결을 위한 수단과 방법, 도구로 어떤 상품 또는 서비스의 필요성이 대두되면 그것이 구매계획으로 연결된다(개발부가 신제품 개발과정의 시간단축을 위해 어떤 제품을 필요로 하거나, 생산부가 생산목표 달성을 위해 요구되는 부품, 원자재 등의 필요가 발생하면 이들 제품과 서비스의 구매를 요청해 구매부로 업무가 이관되고 구매부는 필요한 계획을 세워 구매업무를 시작함). 이 필요를 우리는 고객의 니즈라 한다. 어떤 구매든 고객은 자신의 니즈를 해결하고 충족시켜 주는 제품과 서비스를 먼저 결정한다. 대부분의 경우 이 결정은 구매부에서 하지 않고 현업부서에서 한다. 따라서 영업활동의 대상은 상품과 서비스의 가치를 원하는 현업·현장 부서 및 사용자이다. 그들은 샘플, 제안서, 프레젠테이션 등 다양한 영업활동을 요구한다. 이때 구매부가 영업사원의 파트너로서 내부 구매 프로세스에 필요한 활동을 영업사원에게 알리는 연락역할을 한다. 때로는 이러한 활동을 영업사원이 제안해 고객이 상품과 서비스의 가치를 알도록 하는 활동을 하는데 이러한 활동이 Out Bound 영업이다.

협상의 대상은 B2B영업의 경우 대부분 구매담당자이다. 많은 영업사원은 구매부를 주요 고객창구로 활용한다. 이유는 구매담당자는 만나기 쉽기(?) 때문이다. 사실 B2B고객은 외부의 영업사원이 실무부서(상품과 서비스를 사용하는) 담당자를 만나는 것을 꺼린다. 외부의 영업사원을 만나고 가망 공급업체에 대한 필요한 정보를 수집하는 역할을 현업부서를 대신해서 구매부가 한다. 이는 현업부서의 업무 방해를 막기 위해서이다. 또 하나 중요한 목적은 구매비용을 줄이기 위해서이다. 즉, 실무부서 담당자는 상품과 서비스를 직접 사용하는 사용자이므로 직접 필요한 제품과 서비스를 구매할 때 구매비용을 줄이는 데 한계가 있다. 이러한 한계를 극복하고 목표로 하는 구매비용을 줄이기 위해 B2B고객은 모든 실무부서의 구매를 통합해 관리하는 구매부(구매센터)를 두고 사전 계획(대부분 1년 단위)에 의해 구매한다. 이렇게 별도로 구매부를 두는 것의 궁극적인 목적은 구매비용을 줄이기 위해서이다. 그리고 실무부서의 담당자가 영업사원을 만나는 기회비용을 줄이기 위해서 구매부를 두고 있다. 이러한 이유와 목적 달성(공급업체 관리, 구매비용 절감 등)을 위해 외부 영업사원을 대부분 구매부 담당자가 전담한다. 신규구매든, 수정재구매든, 반복구매든 모든 B2B구매는 현업부서의 요청에 의해 계획적·전략적 구매를 위해 구매부서가 전담한다.

영업사원은 이러한 사실을 알고 영업활동을 계획하고 수행할 수 있어야 한다. 구매부가 협상을 하고자 할 때는 견적서를 요청한다. 이 경우에는 이미 구매계획에 있거나 구매업무를 한참 진행하고 있는 중일 것이다. 그렇지 않은 상황에서 견적서 요청이 있으면 구매계획 여부와 구매시기를 파악하는 것이 우선이다. 구매계획이 없다면 추가적인 영업활동을 통해 구매계획을 수립하도록 하는 것이 우선되어야 하는 영업활동이 된다. 이를 위해 전략적 영업활동이 요구된다. 당연하지만 구매계획이 수립되어 있고 구매시기가 다가오고 있다면 고객은 구매업무를 시작할 것이고 영업사원은 고객의 구매 프로세스에 맞는 영업활동을 수행해야 하고 당연히 마지막 단계에서는 협상을 준비하여야 한다.

2) 설득의 내용이 다르다

설득은 "상대의 동기를 자극해 상대방으로 하여금 내가 원하는 사고, 판단, 행동을 하도록 하는 의도적인 시도이다." 영업사원은 고객을 설득해 자신이 원하는 약속(추가적인 영업활동, 거래조건의 수용 등)을 받아내야 한다. 설득을 잘하기 위해서는 우선 상대가 내가 원하는 행동을 하도록 하는 동기를 자극하고 충족시켜 주는 것이 먼저이다. 상대의 동기를 파악한 후 그 동기를 100% 채워줄 수 있다는 확신을 주어야 상대는 내가 원하는 행동을 하고 약속을 해준다. 여기서 영업의 동기와 협상의 동기가 다르다는 것을 알고 설득을 시도하는 것이 필요하다.

영업의 설득 포인트는 고객의 니즈(달성하고자 하는 목표, 목표 달성을 위해 해결할 문제, 업무문제, 그리고 수단으로서 상품과 서비스의 품질)와 상품과 서비스의 가치(제품지식)이다. 고객의 니즈는 고객이 구매를 해야 하는 필요성이다. 그래서 제품과 서비스의 구매를 자극하는 이 영업의 니즈는 주로 현업부서에서 발생한다.

따라서 현업부서를 설득하기 위해서는 상품과 서비스의 가치를 제안하고 그것이 현업부서의 니즈를 해결하고 충족하는 데 최선의 선택안임을 알리는 것이 필요하다. 그 가치를 알리기 위해 영업사원은 카탈로그, 제안서, 프레젠테이션, 시연, 공장견학, 기술 세미나 등 도구들을 동원해 영업활동을 수행하는 것이다.

이와는 달리 협상의 설득 핵심인 협상니즈는 합의를 봐야 하는 거래조건들이다. 계약서의 모든 거래조건이 합의를 볼 설득의 내용이 된다. 고객은 자신의 상황과 구매긴급성, 예산 등의 수준에 따라 자신의 구매목표 달성을 위해 요구하는 거래조건의 수준이 있다. 영업사원은 고객과 협상할 때 자사의 표준 계약조건대로 합의를 이끌어내려는 설득을 시도하고 고객은 반대로 자신들이 원하는 조건으로 계약하려고 영업사원을 설득한다. 이때 양 당사자가 요구하는 조건의 합의를 이끌어내는 것이 협상에서의 설득이다.

정리하면 영업에서의 설득은 고객의 니즈와 상품지식이고, 협상에서의 설득은 상호 간에 원하는 거래조건의 수준 합의이다.

3) 준비과정이 다르다

영업활동의 모든 준비(가망고객 발굴, 방문 준비, 자료 준비 등)는 영업사원 혼자서도 가능하다. 신입 영업사원이라고 하더라도 상사 혹은 선배를 통해 어떤 자료를 어떻게 준비하는지, 누구를 고객으로 선정하는지, 어떻게 설명을 하는지 등은 한두 번의 교육 혹은 조언으로 충분할 것이다. 그 이후로는 영업사원 스스로 준비하여야 한다.

그러나 협상의 준비를 영업사원 혼자 하는 데는 한계가 있다. 왜냐하면 협상 준비의 가장 중요한 요소는 협상의 목표인 이익률 수준을 결정해야 하기 때문이다. 물론 영업사원이 가진 권한 내에서는 영업사원 혼자 준비할 수도 있다. 하지만 영업사원이 협상준비를 혼자 할 수 없는 이유는 고객의 요구수준이 영업사원이 가진 권한보다 낮게 되는 경우는 거의 없고 이러한 이유로 영업사원이 가진 권한을 벗어난 조건에 대해서는 조직 내 내부협상을 통해 협상의 제안수준을 결정해야 한다. 따라서 영업사원은 조직의 이익률 확보·보호라는 목표 달성을 위해서 알아야 할 조직 내부 관련 부서의 정보를 수집하고 그들의 협력을 끌어낼 수 있어야 한다. 때로는 좋은 영업의 결과를 달성하기 위해서 조직과 상사의 힘을 빌려야 한다. 그리고 매번 협상을 진행할 때 목표를 다르게 수립해야 하고 사용할 전략과 전술을 결정하는 것과 상대의 전략·전술에 대응하기 위해서라도 상사와 영업조직의 지원을 받아야 한다. 따라서 영업과정 중 협상의 준비는 영업사원과 조직이 함께 하는 것이다.

4) 책임 소재가 다르다

잘못된 고객 선정, 영업활동 계획의 비효율성, 고객의 니즈와는 차이가 나는 제안서, 전화상담의 성공률 저하, 프레젠테이션 실행능력 부족과 실패, 고객과의 인간적인 관계 형성 부족, 과도한 접대로 고비용 영업활동 등은 영업사원 혹은 영업팀의 문제이고 책임이다. 물론 영업 성과가 없는 것 역시 영업사원과 영업팀의 책임이다.

하지만 고객이 요구하는 거래조건을 합의하고 맞춰주는 것은 영업 사원의 능력이 아니다. 물론 영업사원이 가진 권한으로 고객에게 자사의 거래조건을 설득해 받아들이도록 하는 것은 영업사원의 능력이지만 고객을 설득하지 못하는 것이 100% 영업사원의 책임은 아니다. 대부분의 고객이 요구하는 수준은 영업사원이 가진 권한을 벗어난 경우가 많다. 이러한 상황에서 조직이 영업사원에게 권한을 제한적으로 부여하는 이유는 권한을 벗어난 고객의 요구조건에 대해서는 조직과 상의하고 조직이 답을 주겠다는 의미가 포함되어 있다. 따라서 최종적으로 협상성과인 매출이익률을 결정하는 것은 조직의 책임이다. 다시 말해 조직이 영업사원들에게 협상에 대한 권한(가격을 깎을 수 있는 권한)을 적게 주는 이유 역시 협상에 관한 모든 결정은 조직이 최종적으로 하겠다는 의미이다. 따라서 영업사원은 협상과 관련된 모든 진행상황을 상사와 조직에 보고해 대응책을 함께 모색해야 협상에 관련된 문제(거래조건의 차이)를 영업사원 혼자 해결하려고 하지 말라는 것이다.

또 그 방법으로 접대 등 방법을 사용하지 말라는 것이다. 그렇게 하더라도 대부분 영업사원 혼자서 해결할 수 없을 것이다. 조직은 영업사원이 고객과 협상과 관련된 지원을 받을 수 있도록 내부업무체계를 확립해놓아야 한다. 필요하다면 영업사원이 거래와 관련된 내부협상을 위해 관련 부서와 회의를 개최할 수 있는 권한을 주어야 한다.

5) 목표가 다르다

영업활동의 이상적인 목표는 표준견적서대로 계약을 받아오는 것이다. 즉, 이익률 100%를 보장받는 것이다. 그리고 그 조건대로 더 많은 매출을 올리는 것이다.

협상의 목표는 매출계약서에서 조직이 원하는 이익률의 수준을 보호·확보하는 것이다. 따라서 영업사원이 달성해야 하는 영업의 목표는 두 가지로 매출과 마진율의 확보이다. 영업사원은 항상 이 두 가지 목표에서 시선을 떼서는 안 된다.

6) 전략과 전술 그리고 책략이 다르다

목표가 다르면 전략과 전술이 다르다. 이해하였듯이 영업의 목표와 협상의 목표가 다르다. 따라서 영업의 전략과 협상의 전략은 당연히 달라야 한다. 영업전략은 매출목표를 달성하기 위한 전략이다. 어떤 상품에 더 많이 집중할 것인가, 어떤 고객을 발굴하고 기존고객 중 집중적으로 관리할 고객은 누구로 할 것인가, 어느 지역에 집중하고 새로운 고객 창출을 위해 어떤 전략을 사용할 것인가 등을 결정하는 것이 영업전략이다. 따라서 영업전략에는 집중(상품, 고객, 지역 등), 차별화

전략, 기존고객 관리(고객의 수익성과 성장성, 안정성을 기준으로)전략, 신규고객 개척전략, 새로운 시장 개척, 전략적 제휴, 서비스 강화, 새로운 용도 개발, 고객의 불평불만 제거 등이 영업전략의 핵심이 된다. 이 영업전략에 이익목표를 달성하는 것도 포함된다. 따라서 크게 보면 영업전략 속에 협상전략이 포함된다고 볼 수도 있다. 하지만 여기서는 분리해서 알아보도록 한다.

협상의 전략/전술은 원하는 이익률 확보를 위해 고객과 합의를 할 거래조건(계약조건)들을 두고 **교환, 양보·수용, 절충·타협, 강화·덤, 경쟁·버티기, 포기**의 방법을 결정하는 것이다. 즉, 협상의 전략/전술은 거래조건들을 두고 위의 6가지 방법을 유연하고 탄력적으로 적용하는 것이다.

영업의 전술은 전략 수행을 위해 영업의 도구와 영업의 단계를 수립하고 실행하는 것이다. 영업도구는 제안서, 카탈로그, 샘플, 시연 등으로 상품과 서비스의 가치를 고객이 인식하도록 해 구매욕구를 자극하는 것이다. 영업의 단계는 이 도구들을 활용해 고객을 움직이려는 영업활동 로드맵이다. 영업사원들에게 이 도구들을 최대한 효과적이고 효율적으로 활용할 수 있는 기술들이 영업스킬이고 그 활용과정을 우리는 영업 프로세스라고 한다. 이 영업의 프로세스는 고객의 구매 프로세스에 맞춰야 한다. 고객이 구매계획이 없어 구매 프로세스를 구축하지 못하였을 때 혹은 고객의 구매 프로세스를 모를 때 영업 프로세스로 고객에게 욕구를 끌어내고, 구매계획을 수립하도록 하는 것이 영업스킬이다.

협상의 책략은 생각보다 많다. 전략 수행을 위해 협상 테이블에서 보여주는 다양한 제안요령, 반응, 태도, 커뮤니케이션 등이 전술에 해당된다. 대표적인 책략으로는 마누라 핑계 대기, 상품의 가치 떨어뜨리기, 체면을 자극하기, 관심 없는 척하기, 제안 후 침묵하기, 양보의 방법, 채찍과 당근 등 수십 가지가 된다. 이 책략들을 영업사원과 고객 모두 얼마나 적절하게 활용하는가가 협상의 목표 달성에 차이를 가져온다. 그리고 정보를 파악하여 협상을 유리하게 이끌기, 분위기를 유리하게 만들고 상대의 제안에 적절한 대응을 하고 침묵하는 상대의 입을 열게 하는 기술들이 요구된다.

  이렇듯이 영업과 협상은 차이가 많다. 영업활동에서 협상의 중요성을 이젠 깨달아야 한다. 많은 조직은 영업 이익을 중요하게 생각한다고 한다. 그래서 이익률 확보 혹은 이익률 제고라는 목표를 수립하지만 정작은 매출지상주의, 시장 점유율 확대라는 목표가 이익률 확보라는 목표에 앞선다. 그렇지 않다고? 간단한 상황을 보자. 당신은 영업사원이다. 당신이 고객과의 협상을 위한 거래조건을 상의하고자 상사에게 보고하자 상사는 "골치 아프게 질질 끌지 말고 빨리 고객의 요구대로 계약을 받아오는 것이 우선이다"라는 말을 들은 적이 있을 것이다. 혹은 당신이 영업조직의 리더인데 직원이 고객과의 협상을 위해 거래조건의 수정을 상의 해오면 이와 비슷한 답을 한 경험이 있을 것이다. 그 이유가 무엇이든 이는 매출지상주의에서 벗어나지 못한 것이다.

매출 달성! 물론 매우 중요하다.
이익 확보! 더더욱 중요하다.

  성숙시장에서 매출지상주의는 한계가 있다. 전체 시장규모가 거의 정해져 있고, 경쟁사가 많고, 기술수준이 평준화되었고, 고객의 구매전략이 다양하고 지식과 정보 활용수준이 향상되었다. 이러한 상황에서 매출만 강조해서는 기업의 성장에 필요한 자금을 확보하는 데 한계가 있다. 이러한 환경에서는 이익을 보장받는 비즈니스를 하여야 한다. 이익을 보호·확보하는 능력은 협상능력이다. 그래서 협상능력이 중요해지는 것이다. 자사의 상품이 유일무이하거나 기술적으로 우수해 지금은 이익을 남기는 영업을 할 수 있어도 이는 한시적인 상황이다. 곧 경쟁사가 나타나거나 대체재가 출현해 조직의 시장과 고객을 흔들거나 빼앗아 간다. 그러면 당연히 매출이 떨어진다. 이를 만회하고 매출을 올리기 위해 고비용의 영업(접대 영업, 과도한 인센티브 제공, 과도한 가격할인 등)을 한다. 결론은 이익이 사라지거나 감소한다. 이를 극복하는 방법은? 영업활동의 수준 향상을 통해 팔아서 남기는 성과를 가져와야 한다는 것이다. 이를 위해서 조직의 지원과 영업사원들에게 협상능력이 요구되는 것이다.

④ 구매센터 이해

구매센터는 B2B고객이 구매의사결정을 위해 관여하는 고객 조직 내 내부 관계자와 관련 부서로 구성된다. 구매부와 구매를 요청한 부서, 최종 의사 결정권자 등 내부 이해관계자들이 구매센터의 구성원이다.

영업사원은 자신이 협상에서 어떤 위치와 상황에 있는지를 파악해야 하는 만큼 상대에 대한 이해를 올바르게 하는 것 역시 매우 중요하다. 특히 B2B영업을 하는 경우 영업사원은 구매센터를 대상으로 모든 영업활동(협상을 포함)을 전개한다. B2B고객은 외부의 모든 영업사원을 만나는 업무를 구매부로 통합시키고 목적(구매비용 절감) 지향적이고 전략적인 구매를 한다. B2C고객과는 달리 B2B고객의 경우 구매가 충동적으로 일어나지 않는 이유이다. B2B고객의 모든 구매는 구매 필요성을 철저히 분석하는 단계부터 구매목표 수립, 구매계획에 의한 구매, 구매목표 달성을 위해 구매전략 수립 등 과학적이고 체계적으로 구매를 한다.

따라서 영업사원은 영업활동을 시작할 때부터 협상을 실행하는 단계에 이르기까지 상대방(고객)이 어떤 상황에 있는지, 그들이 가진 장점과 한계 등에 대해 제대로 파악하고 이해하는 것이 필요하다. 이러한 내용은 협상을 진행하면서 상대에 대한 정보 파악, 협상 테이블에서 보여주는 협상 파트너(구매실무자)의 태도와 반응 등을 통해 파악할 수 있다. 따라서 협상을 진행하면서 다음의 내용을 파악하는 데 노력을 게을리해서는 안 된다. 파악한 정보와 그 해석의 방향에 따라 협상목표와 전략들이 영향을 받기 때문이다.

그들은 누구인가? 이는 영업사원과 협상을 하는 상대인 고객을 전반적으로 이해(역할, 권한, 니즈, 한계, 협상 스타일 등)하는 것이다. 현장 실무자일 수도 있고 구매담당자일 수도 있다. 대부분은 구매담당자일 것이다. 고객의 수준(거래안전성과 지속성, 확대 가능성과 수익성 등)도 파악해야 한다. 처음 거래하는 고객인지, 장기간 거래를 해온 기존 고객인지, 경쟁사 고객인지를 구분하는 것도 필요하다. 독점적 거래가 가능한지도 파악한다.

그들의 역할은? 영업사원이 만나 상담하는 고객이 가진 구매과정에서의 역할과 권한에 따라 협상에 임하는 준비와 방법이 달라야 한다. 협상에서 권한이 없는 사람과 협상을 하는 것만큼 비용이 들어가는 것은 없다. 구매담당자가 모든 권한을 갖고 있는 것은 아니다. 구매담당자는 실무부서를 대신해 구매업무를 대행하는 역할을 한다. 따라서 어떤 경우에는 구매의 힘(의사 결정권)이 구매담당자에게 있는 것이 아니라 실무부서에 있을 수도 있다. 이때 구매실무자 역할은 극히 제한적이 된다. 영업사원은 영업활동을 전개하면서 구매담당자를 통해 이번 거래와 관련된 의사 결정 구조를 파악하는 것이 필요하다.

그들의 구매유형과 구매전략은? 고객의 구매유형은 반복구매(동일 품질의 제품을 매년 정기적 구매, 필수비품 또는 자원들의 구매, 품질 평준화 제품들), 수정재구매(거래처 교체 혹은 더 나은 품질의 제품을 구매, 거래조건의 변경을 위한 구매 등) 그리고 신규구매(처음으로 구매를 하는 상황)가 있다. 이 구매유형에 따라 협상을 전개하는 목표-전략-전술들이 달라진다. 그리고 고객이 구매를 경쟁적으로 하는지, 단독구매를 하는지, 다양한 공급업체를 통해 분할구매를 하는지, 정량적 구매와 정기적 구매, 발주형태(완전외주, 가공외주, 조립외주 등)에 대해서도 알아야 한다.

그들의 주요 관심사는? 고객의 구매과정에서 주어진 역할에 따른 관심사를 파악하는 것이 중요하다. 현장 사용부서의 관계자가 구매에서 강력한 권한을 갖고 있다면 영업사원은 현장 사용부서의 실무자를 적극 공략해 지원을 얻을 수 있어야 한다. 이러한 지원이 협상에 유리한 파워를 만들어 주기도 한다. 고객이 가진 개인적인 관심사(개인적인 욕구 등)도 파악해 활용할 수 있어야 한다. 구매담당자라면 당연히 거래조건에 관심이 있을 것이다. 이 거래조건들의 상대적인 중요성과 우선순위도 파악하는 노력을 해야 한다. 가격이 매우 중요한 협상의 의제이긴 하지만 가격만이 유일한 의제는 아니다. 가격 외 배송이 더 중요한 상황일 수도 있다. 영업사원은 고객의 요구수준, 정보 파악을 통해 매번 거래에서 우선순위가 무엇인지를 파악해 대응할 수 있어야 한다.

기타 알면 도움이 되는 것들은?

상대방은 얼마나 권한을 가지고 있는가? 협상 파트너가 가진 권한(의사 결정을 할 수 있는 권한, 거래조건을 변경할 수 있는 권한 등)은 협상의 진행에 직접적인 영향을 미친다. 영업사원은 자신의 권한을 확인하는 것도 중요하지만 협상상대방이 가진 권한도 파악해야 한다. 권한을 어떻게 사용할 것인가는 협상의 전술(책략) 수행의 기본이기 때문이다.

상대 팀은 일심동체인가? 앞에서도 강조하였듯이 협상은 조직 간의 거래능력을 두고 거래조건에 대해 합의를 하는 비즈니스 활동이다. 따라서 협상에 임하는 조직의 협상 팀워크가 협상의 진행과 성과에 큰 영향을 미친다. 영업사원은 상대조직의 내부 이해관계자를 파악하고 이들 간의 합심과 메시지 통일성, 갈등의 존재 여부 등을 파악해 활용할 수 있어야 한다.

상대방의 이해관계와 입장을 분명히 이해하라. 이를 위해서는 협상 장소에서 오픈되지 않는 이면의 상황을 파악할 수 있어야 한다는 것이다. 이 정보들이 협상의 파워를 키우고 기울기(레버리지)를 결정하는 데 중요한 역할을 할 것이다. 거래와 관련된 모든 정보를 파악하는 데 집중하도록 하라. 구매담당자의 입장, 의사결정자의 입장 그리고 현장 사용부서의 입장이 다를 수도 있다.

상대의 BATNA(최적의 협상대안)를 알아라. BATNA는 협상의 파워와 성과에 매우 큰 영향력을 미치는 요소이다. BATNA는 지금 진행하고 있는 협상 파트너가 아닌 다른 파트너를 말한다. 즉, 고객 입장에서는 지금 협상하고 있는 영업사원의 경쟁사 또는 경쟁제품을 일컫는다.

물론 영업사원의 경우에도 BATNA(다른 가망고객)는 있다. 하지만 고객이 가진 BATNA(다른 공급업체-영업사원의 경쟁사, 대체재를 구매할 수 있는)는 영업사원에게 엄청난 압력으로 다가온다. 이 BATNA를 자주 사용하는 상대에게 적절하게 대응하기란 쉽지 않다. 하지만 이 BATNA가 가진 한계도 있다. 이 대안에 대해서는 고객의 메시지를 인정하되 BATNA의 실제여부와 수준을 비교 분석하는 자세로 대응하는 것이 최선의 방법이다. 영업사원은 협상상대가 어떤 BATNA를 갖고 있는지 파악해야 한다.

의제·쟁점(거래조건)을 발굴해서 모두 알아라. 협상의 의제·쟁점은 합의를 해야 하는 거래조건들이다. 이 쟁점들의 효과적인 활용이 협상의 목표 달성에 긍정적인 기여를 결정하게 된다. 영업사원은 고객·상대가 합의를 보고자 하는 쟁점을 협상 초기에 모두 파악하는 것이 중요하다. 가능하면 고객·상대방이 이 쟁점을 양파를 까듯이 하나씩 추가(가격을 합의한 후 영업사원이 클로징을 시도하자 고객이 다른 거래조건의 수정을 제안하는 책략)하지 못하도록 막아야 한다.

상대가 가진 협상의 목표를 예측하고 판단하라. 협상의 목표는 협상 전략과 전술(책략)에 영향을 준다. 협상의 목표는 창의적인 생각으로 달성될 수도 있다. 이를 우리는 파이를 키우는 것이라고 한다. 영업사원은 협상에 임하는 상대·고객이 가진 협상의 목표를 초기에 파악할 수 있어야 한다. 고객이 자신의 구매목표(이번 구매에서 줄여야 하는 구매비용의 수준)를 말하지 않더라도 고객의 메시지와 쟁점들의 요구 수준과 쟁점의 수, 그리고 쟁점 간의 중요성을 기준으로 예측할 수 있어야 한다.

추가로 영업사원은 다음 그림을 참조해 고객의 구매비용을 절감하는 차별화된 가치를 제안할 필요가 있다. 다음 그림의 항목들은 가격 등 중요한 거래조건 외 고객이 구매업무를 볼 때 부담을 가지는 비용들이다. 이 비용들 중 특정 비용이 어떤 고객에게는 매우 중요한 비용이 될 수도 있다. 이 항목들을 잘 분석해 자사의 역량으로 차별화된 가치를 제공할 수 있는 포인트를 찾을 수도 있을 것이다.

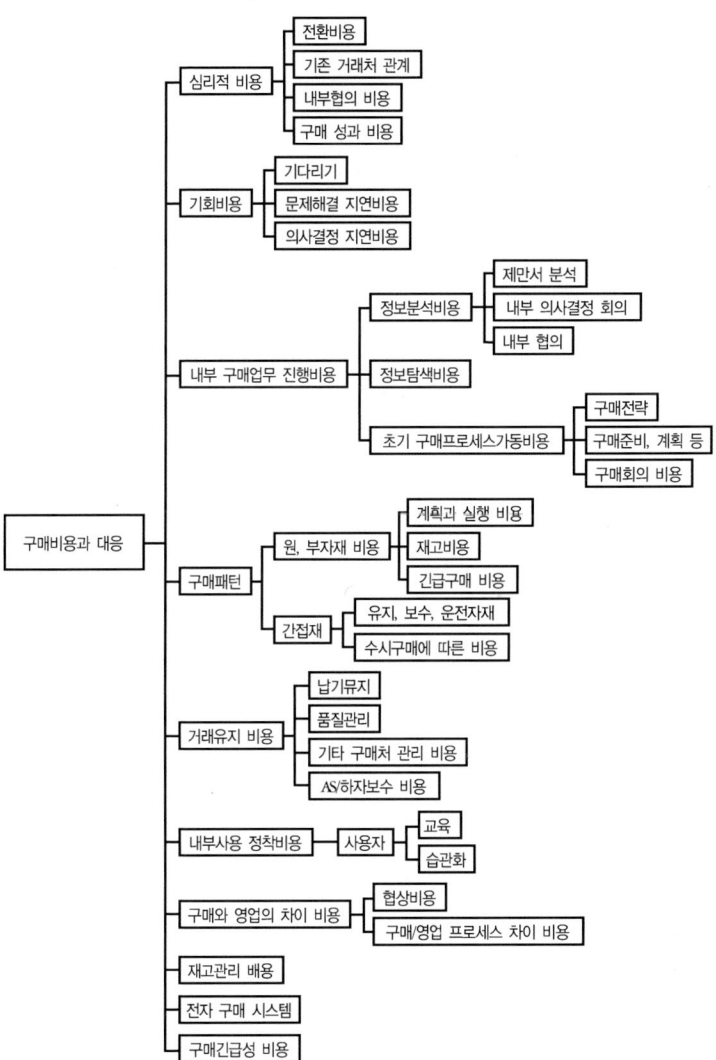

〈가격 외 고객의 구매비용〉

구매비용과 대응

심리적 비용
- 전환비용
- 기존 거래처 관계
- 내부협의 비용
- 구매 성과 비용

기회비용
- 기다리기
- 문제해결 지연비용
- 의사결정 지연비용

내부 구매업무 진행비용
- 정보분석비용
  - 제안서 분석
  - 내부 의사결정 회의
  - 내부 협의
- 정보탐색비용
- 초기 구매프로세스가동비용
  - 구매전략
  - 구매준비, 계획 등
  - 구매회의 비용

구매패턴
- 원, 부자재 비용
  - 계획과 실행 비용
  - 재고비용
  - 긴급구매 비용
- 간접재
  - 유지, 보수, 운전자재
  - 수시구매에 따른 비용

거래유지 비용
- 납기뮤지
- 품질관리
- 기타 구매처 관리 비용
- AS/하자보수 비용

내부사용 정착비용
- 사용자
  - 교육
  - 습관화

구매와 영업의 차이 비용
- 협상비용
- 구매/영업 프로세스 차이 비용

재고관리 배용

전자 구매 시스템

구매긴급성 비용

협상을 잘하는
영업사원은?

[실전사례]

다음의 실전사례는 실제 현장의 사례로 기업의 이름을 직접 활용하지 못하고 대명사로 대체한다.

올해 초 북미 한 기업으로부터 당사 제품가격에 대한 문의 사항을 받았습니다. 기존고객이었으나 거래량이 많지 않아 제품 가격에 대한 Discount는 해줄 수 없는 단점이 있었습니다. 평소 1~2백 정도의 작지도 크지도 않은 거래를 하였으나, 이번 경우는 평소보다 10배 이상에 달하는 금액이었습니다만 평소와 같이 Discount 없이 견적을 제공하였습니다. 물론 평소보다 많은 물량을 주문하려던 고객은 가격할인 요청을 하였으나 영업사원인 제가 제공할 수 있는 할인 부분은 없었습니다. 제 생각으로는 고객 측에서 제품이 필요하다면 당연히 구매할 것이라는 생각을 하였으나, 고객의 관점은 저와 많이 달랐습니다. 결국 고객은 다른 업체의 제품을 구매하였습니다.

거래를 성사시키기 위해 원가 절감 방법을 알아보고 견적을 제공하였더라면 서로 간에 Win-Win 방식이 성립할 수 있었으나, 단순히 Discount를 줄 수 없다는 한 가지 고립된 생각으로 인해 거래를 성사시킬 수 없었습니다.

영업사원은 고객과 협상할 때 유연한 사고와 창의적인 문제 해결,그리고 제안을 할 수 있어야 한다. 위의 사례처럼 주어진 파이가 작거나 권한이 제한되었다는 생각을 갖게 되면 다양한 해결방법과 제안이 나오지 않는다. 따라서 다음의 지침을 따르는 것이 필요하다.

고객의 요구와 욕구를 파악할 것. 고객이 자신의 구매조건을 제안할 때는 항상 협상의 여지를 두고 제안한다. 그것이 가격이든, 납기든.... 영업사원은 고객의 첫 제안이 욕구가 아니고 요구라는 것을 알아야 한다. 고객이 요구한 가격할인 수준이 영업사원이 가진 권한을 벗어나더라도 그 수준이 변하지 않을 것이라는 선입견이나 성급한 판단을 하지 않고 고객이 원하는 진짜 수준인 욕구수준을 파악하려는 노력을 하여야 한다.

다양한 거래조건을 개발해 파이를 키울 것. 협상에서 합의를 끌어내야 하는 조건은 가격만이 있는 것이 아니다. 가격 외 다양한 조건들을 협상 테이블에 올려놓고 협의를 하는 것이 좋은 협상결과를 얻기 위한 최선의 방법이다. 특히 해외 고객과 협상을 할 때는 수출조건, 결제통화, 결제조건, 서비스, 추가 부품에 대한 조건, 위험에 대한 책임, 배송조건 등을 모두 협의할 수 있는 협상 분위기를 만드는 것이 중요하다.

내부정보를 파악하고 내부협상을 강화할 것. 위 사례의 영업사원도 강조하였듯이 내부 협의를 통해 조직의 상황을 정확하게 파악하고 고객의 요구에 대응하는 제안조건을 개발하는것이 중요하다. 내부원가를 줄여 고객의 제안에 긍정적으로 대응할 수도 있기 때문이다. 영업사원이 가진 권한보다 더 많은 권한을 가진 누군가의 승인을 얻을 수도 있다. 조직내부의 역량을 적극 활용하는 것도 영업사원의 중요한 능력이다.

협상의 가능성을 두고 제안을 할 것. 고객에게 가격을 깎아줄 수 없다는 것을 통보하더라도 협상의 여지는 남아 있다는 것을 알려야 한다. 이를 위해서는 물량을 늘리거나, 거래기간을 연장하는 등 조건의 변경이 가능한지를 확인해달라는 메시지를 함께 전달하는 것이다. 고객의 입장에서도 공급업체의 가격 제안이 자신들의 기대에 부합하지 않더라도 다른 조건을 통한 협상의 여지가 있다는 것을 알게 되면 다른 거래 파트너를 찾기보다는 지금의 협상 테이블을 떠나지 않는 것이 유리하다는 것을 인식하기 때문에 새로운 협상 혹은 지속적인 협상을 할 수 있기 때문이다.

추가 비즈니스 기회를 확인할 것. 고객의 주문물량이 기존거래보다 증가하였다면 비즈니스 기회의 확장 여부를 파악하는 것이 필요하다. 고객에게 직접 확인을 하든, 다른 정보를 통해 파악을 하는 노력을 하여야 한다. 이러한 노력을 하면서 고객과는 협상을 계속하는 것이 필요하다.

당신은 영업사원으로 협상을 얼마나 잘 준비하고 협상에 임하는가? 고객과 협상에 임할 때 당신의 마음가짐과 태도는 어떠한가? 영업사원이 고객과의 협상을 제대로 준비하고 성공적으로 수행하기 위해서는 기본적인 자질과 협상 성공요소에 대한 이해와 활용능력이 필요하다.

그리고 자신이 가진 장점을 강화하고 약점을 보완하는 노력이 요구된다. 이것이 협상을 제대로 준비하고 이끌어가는 데 기초가 될 것이다. 협상을 잘하는 유능한 영업사원이 되기 위해서는 자신의 협상능력과 스타일을 알고 협상상황에 유연하게 대응하는 능력이 요구된다. 그리고 상대(고객)의 협상 스타일을 이해하고 적절하게 대응하고 활용하는 기술도 요구된다.

유능한 협상가가 가져야 하는 자질에 대한 이해 또한 반드시 알아야 한다. 협상은 심리적인 요소가 결과에 큰 영향을 미친다. 이를 위해서 자신의 협상 스타일을 진단해보는 것이 의미가 있을 것이다. 아마도 뒤에서 진단해보는 협상 스타일은 자신의 기대와 생각과는 다르게 나올 수도 있다. 대부분의 경우 자신의 생각과는 다른 스타일이 나온다. 어떤 스타일이든 장점과 단점이 있다. 협상 스타일에 대한 이해를 풍부하게 함으로써 영업사원으로서 어떻게 협상에 임하는 것이 좋을지를 판단할 수 있고 협상 테이블에서 상대(고객)가 보이는 태도와 반응에 당황하지 않고 여유 있게 대응할 수 있을 것이다.

영업사원은 고객이 어떤 요구를 하든, 협상이 어떻게 전개가 되든, 자기 마음대로 협상을 포기해서는 안 된다. 영업사원은 항상 협상이 지속되도록 만들어야 한다. 그리고 영업사원으로서 가진 한계점을 명확히 인식한 후 자신의 책임으로 협상을 어디까지 이끌어야 하는지를 알고 다음 협상은 내부 협의를 통해 조직과 함께 협상에 임하는 것이 필요하다.

1 협상의 성공을 위한 준비 3요소

고객과의 협상을 성공적으로 진행하기 위해서 영업사원이 알아야 하는 준비요소는 3가지가 있다. 이 3가지 요소는 협상이 있도록 하고, 협상이 진행되는 모든 순간순간에 활용되며 협상의 성과에 크고 작은 영향을 미친다. 그리고 이 3가지 요소를 얼마나 잘 이해하는가에 따라 협상의 전체적인 청사진을 그리는 데도 큰 영향을 미친다. 물론 이 요소들에 대한 이해도가 낮다고 협상의 결과도 바람직하게 나오지 않는다는 것은 아니다. 때로는 백지상태(상대의 제안에 대해 반응을 보이지 않는, 때로는 제안조차 하지 않는, 상대가 어떤 말을 하든 이해를 못해 흔들리지 않는 등)에서 협상에 임하는 것이 오히려 좋은 결과를 가져올 수도 있다. 하지만 이러한 경우는 한 번으로 끝난다. 고객이 다음 번의 협상에서는 다르게 나올 것이기 때문이다. 아래 그림에 나와 있는 3가지 요소들 중 상대에 대한 이해는 1장에서 알아보았으므로 나의 이해와 상황에 대한 이해 부분에 대해서만 알아본다.

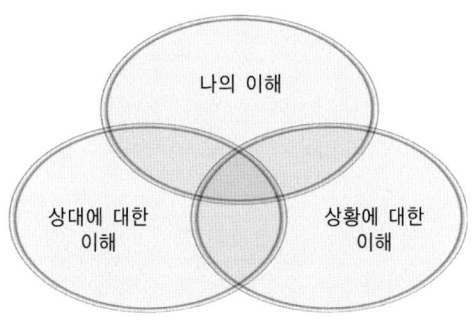

〈협상의 성공을 위한 준비 3요소〉

1) 나에 대한 이해

영업사원은 협상을 준비할 때 자신이 처해 있는 상황(권한, 시간적 압박, 대안의 존재 여부, 심리상태 등)을 올바르게 이해하는 것이 첫 출발점이고 바람직한 협상 준비를 위해 반드시 필요한 내용이다. 자신의 권한에 한계가 있거나, 협상을 위한 정보가 부족하거나 내부협상을 하는 데 어려움을 갖고 있다면 혼자 협상을 준비하는 것보다는 상사와 조직의 힘을 빌려야 한다. 바람직한 협상의 성과를 위한다면 올바른 준비를 하는 것이 당연하다. 자신이 처한 입장, 협상의 목표, 전략과 전술에 대한 이해 정도, BATNA의 존재 여부와 가치, 협상 가능 범위 등에 대한 폭넓은 분석이 필요하다. 따라서 다음의 사항들을 점검하도록 하라.

내가 원하는 것은 무엇인가? 이는 협상의 목표(마진수준)를 구체적으로 확인하는 것이고 명확히 하는 것이다. 이 협상의 목표가 협상의 전략과 전술 그리고 책략의 선택에 영향을 미친다. 이 목표 달성을 위해 자신의 권한을 강화하거나, 조직과 상의를 해 권한을 위임받거나 팀으로 협상을 전개할 수 있어야 한다. 때로는 전략적인 일환으로 조직이 특정거래처와의 마진이 없는 거래를 허락하기도 한다. 이때는 협상보다는 관계 유지에 더 많은 비중을 두어야 할 필요도 있다.

나의 대안은 무엇인가? 이는 협상이 결렬되었을 때 선택할 대안을 개발하고 가치를 파악하라는 것이다. 현재 진행 중인 협상이 결렬되었을 때 영업사원이 선택할 수 있는 대안은 다른 가망고객과 협상을 하는 것이다. 이 다른 가망고객 중 계약의 가능성이 가장 높은 고객은 영업사원이 가진 대안 중 '최선의 대안'이 된다. 이를 협상에서는 'BATNA'라고 한다. 협상에 임하는 모든 상담이 계약으로까지 가지는 않는다. 또 더 나은 결과를 위해서라도 다수의 BATNA는 반드시 필요하다. 협상이 지연되거나 교착상태에 빠졌을 때도 BATNA는 강력한 힘을 갖는다. 가치 있는 BATNA는 협상의 기울기를 영업사원에게 유리하게 만든다. 대안 즉 BATNA는 '을'의 한계와 약함을 극복할 수 있는 강력한 무기가 된다.

나의 양보점은 무엇인가? 영업사원이 결정을 해야 하는 양보점은 협상의 이탈수준이다. 즉, 협상을 더 이상 진척시키지 않거나, 협상을 포기하는 수준을 말한다. 이 수준은 영업사원이 가진 권한이 되기도 하고 조직이 원하는 마진(이익률)수준 중 가장 낮은 수준이 되기도 한다. 영업사원은 미리 가격을 깎아줌으로써 양보점의 폭을 줄여서는 안 된다. 그리고 영업사원의 한계인 제한된 권한은 영업사원에게만 국한된다. 조직의 양보점은 영업사원의 양보점과 다를 것이다. 어쨌든 영업사원이 이 한계점을 명확히 하고 협상을 준비해야 한다.

나의 협상 가능 범위(ZOPA)는? 협상 가능 범위는 협상에서 매우 중요한 역할을 한다. 합의를 요하는 모든 거래조건은 이 협상 가능 범위가 존재한다. 영업사원이든 고객이든 서로가 설정한 희망수준과 이탈수준 사이에 이 협상 가능 범위가 있다. 이 협상 가능 범위는 협상에서 서로가 제안하는 수준에 따라 변한다. 처음 협상에 임할 때 가진 협상 가능 범위가 끝까지 유지 되지도 않는다. 영업사원은 내부협의를 통해 모든 거래조건에 대해 협상 가능 범위를 결정하고 협상을 진행하면서 상대의 거래조건의 제안수준에 따라 합리적인 수준으로 협상 가능 범위를 결정하는 것이 필요하다. 고객과 밀고 당기기를 할 수 있는 협상 가능 범위를 명확히 설정해놓아야 상호 이익이 되는 협상을 전개할 수 있다.

자신의 관심사항이 양보점에 영향을 주지 않도록 하라. 영업사원이 갖고 있는 최대의 관심사항은 계약서를 받는 것이다. 그것도 빨리 많이… 이것이 영업사원을 조급하게 만들어 협상에서 불리한 위치에 처하도록 하며 협상의 여지가 있음에도 불구하고 양보점을 생각하지 않고 고객이 요구조건을 수용하게 만든다. 또 고객과의 인간적인 관계 유지의 욕구 혹은 고객으로 하여금 비즈니스 지향적이라는 딱딱한 이미지를 주지 않으려는 욕구, 더 나아가 영업사원이 가진 권한(의사결정 권한)을 보여주려는 욕구가 양보점에 영향을 주어서는 안 된다는 것이다.

매몰비용이 협상에 영향을 주지 않도록 하라. 매몰비용은 처음 고객을 발굴해 전개한 영업활동과 협상활동을 하면서 들어간 모든 비용을 말한다. 이 비용에는 경제적 비용(식사비, 접대비, 기타 활동비 등)과 비경제적 비용(시간, 노력, 인내, 끈기 등)을 모두 포함한다. 이 매몰비용이 클수록 협상에서 불리하게 된다. 대부분의 영업사원은 이 매몰비용의 함정에서 빠져나오지 못해 협상을 유리하게 이끌지 못하는 실수를 저지르기도 한다. 매몰비용을 줄이는 노력을 하되 고객과 협상할 때 매몰비용에 대한 보상을 받으려는 욕구는 잊어버리고 협상현안에 집중하는 태도를 갖는 것이 필요하다.

양보점과 목표를 혼동하지 마라. 목표는 협상에서 확보할 이익수준이다. 양보점은 목표 달성을 위한 전략의 하나로써 협상을 포기하는 이익률의 수준이기도 하며, 모든 거래조건의 가장 불리한 수준이다. 양보점과 최대한 멀리 떨어진 수준으로 협상을 타결해야 한다. 양보점이 협상의 목표가 되어서는 안 된다.

의제(합의를 요하는 거래조건)를 많이 발굴하라. 협상에서 합의할 의제가 많이 필요한 이유는 협상을 유리하게 이끌고 원원의 협상결과를 가져오기 위해서 중요하다. 이론상으로는 계약서의 모든 항목이 협의해야 하는 의제들이다. 더 나아가 상황에 따라, 필요하다면 계약서에 없는 의제도 추가할 수 있다. 협상전략을 수립할 때 요구되는 도구들도 이 의제들이다. 협상의제들 간의 조합이 협상의 목표 달성을 가능하게 한다. "가격만이 유일한 협의조건이다"라는 고정관념에서 벗어나도록 하라.

의제별로 대안을 찾아라. 의제별로 대안을 마련하는 것은 제안한 하나의 의제를 상대가 수용하도록 하기 위해 교환할 수 있는 다른 의제를 개발하는 것이다. 즉, 협상에서 두 개 이상의 거래조건들을 두고 Give & Take를 하는 것이다. 때로는 하나의 거래조건에 대한 양보를 얻어내기 위해 버티기를 하거나 다른 거래조건을 덤으로 주는 것들이다. 각각의 의제와 Trade off할 수 있는 다양한 의제들을 준비하는 것이 협상의 파이를 키우고 테이블에 돈을 남기지 않고 떠날 수 있는 방법이다. 그리고 협상의 기본원칙이자 가장 중요하고 유용한 전략은 교환 (Give & Take)이다.

동등한 가치를 지닌 패키지를 많이 만들어라. 이는 영업사원이 목표 달성을 위해 활용해야 하는 거래조건들의 경우의 수인 의제들의 조합을 짜는 것이다. 협의할 다수의 조건들은 어떻게 조합하는가에 따라 협상의 목표(수익률 확보)를 달성하기 위해 고객에게 제안을 하는 제안조건이 된다. 이를 협상에서 의제의 패키지(복수의 거래조건으로 만들어낸 경우의 수)라고 한다. 영업사원은 가급적 복수의 거래조건들을 패키지로 다루어야 한다.

자신의 위험 정도를 파악하라. 이는 영업사원에게 불리한 영향을 주는 요소와 상황, 정보들을 파악하라는 것이다. 고객의 구매전략이 바뀌어 지금껏 원만하게 진행된 협상이 갑자기 교착상태에 빠질 수도 있다. 예상하지 않았던 내·외부의 문제(고객의 구매계획 연기, 새로운 경쟁사의 출현, 새로운 조건의 양보요구 등)가 발생하거나 상황이 바뀌어 협상이 지연되거나 결렬될 수도 있다. 때로는 이러한 변화가 기회를 주기도 한다. 영업사원이 속한 조직 내부의 변화도 영업사원의 협상진행에 영향을 미친다. 이러한 정보를 파악하고 협상에 효과적으로 활용할 수 있어야 한다.

자신의 장점을 과대평가하지 마라. 스스로 장점을 과대평가하면 자신의 임의적이고 독자적인 결정이 내려진다. 따라서 '결정의 우(憂)'를 범할 수도 있다. 세부적인 비교 검토를 하지 않게 된다. 더 나은 결과를 가져올 수 있는데 성급한 결론을 내릴 수도 있다. 상대를 분석하는 데도 소홀하게 된다. 장점을 최대한 이용하되 장점이 발목을 잡도록 해서는 안 된다.

협상의 결과에 대해 미리 걱정하지 마라. 현재 협상이 진행 중이라면 어떤 결과가 나올지에 대해 미리 걱정을 하기보다는 자신이 원하는 결과를 위해 최선을 다하는 것이 중요하다. 자신의 권한을 활용해 협상 타결을 이루는 데 최선을 다하라. 그래도 고객이 거부하고 받아들이기 어려운 제안을 한다면 조직과 협의하면 된다. 영업사원의 권한을 벗어난 협상의 결과는 조직의 책임이다. 그리고 협상의 결과는 협상을 진행하면서 만들어가는 것이다. 고객의 책략에 흔들려 협상결과를 미리 짐작하고 추측하고 단정을 내려 성급하고 불리한 의사 결정을 하지 마라.

결정을 뒤로 미루지 마라. 더 이상의 협상을 진행하는 것보다 지금 결정하는 것이 유리하다면 즉시 결정을 내려야 한다. 의사 결정을 해야 할 때가 오면 과감하게 결정을 하도록 하라. 이러한 태도로 영업사원이 의사 결정권을 가지고 있다는 것을 상대(고객)에게 알리는 것도 매우 중요하다. 또 다음의 재협상을 위해 오늘 협상을 마무리하는 결정력도 필요하다.

팀으로 협상을 전개하라. 협상은 조직 간의 비즈니스 조건을 두고 상호 간의 역량을 겨루는 것이다. 조직이 영업사원에게 협상의 권한을 100% 주지 않는 이유는 협상의 목표 달성을 위해서이다. 그리고 이 권한을 적게 주는 것은 협상에 임할 때는 권한을 벗어난 고객의 요구에 대해서는 조직과 상의하라는 것이다. 영업사원은 자신의 권한이 부족하다고 불평을 할 것이 아니라 이것을 협상전술(마누라 핑계 대기, 엄살 피우기, 다단계 전술 등)로 활용할 수 있어야 한다. 필요하다면 상사와 함께 협상 테이블에 나가는 것도 유용한 전술이다.

2) 협상상황에 대한 이해

다양한 상황적 요소들이 협상에 영향을 미친다. 영업사원은 이러한 요소들에는 어떠한 것이 있고 그것들이 자신과 상대·고객에 미치는 영향과 협상의 준비, 진행, 마무리에 미치는 영향에 대한 이해와 활용이 요구된다. 그리고 상황의 다양성을 파악하고 적절하게 대응하기 위해서는 다양한 방법으로 정보를 수집하고 활용할 수 있어야 한다. 다음의 요소들을 기억하고 협상을 준비하는 데 상황적인 정보로 활용하기 바란다.

협상의 반복성: 일회성 협상인가? 장기간 반복되고 지속되는 협상인가? 한 번의 협상으로 비즈니스 관계가 시작되고 종료되는 협상의 경우에는 협상 당사자 간에 경쟁적인 목표와 협상전략, 전술이 수행될 가능성이 높다. 비즈니스 지속과 인간적인 관계에 어떠한 기대도 하지 않기 때문이다. 물론 장기간 반복되는 거래를 전제로 둔 협상은 일회성의 협상과는 다른 목표와 전략, 전술이 사용됨은 당연하다.

협상의 대상: 자원의 희소성 때문인가? 생각 차이 때문인가? 차이가 발생한 원인에 따라 협상의 진행과정과 전략, 그리고 목표가 달라진다. 그리고 이 차이의 원인은 협상의 대안에도 영향을 주고 협상의 파워에도 영향을 준다. 오늘날의 영업협상—특히 B2B영업—은 가망 공급업체는 많지만 가망고객의 수는 제한되어 있는 상황으로 영업사원이 불리할 수밖에 없다. 이 상황의 협상은 자원(가망고객)이 한계를 안고 협상하는 것이다. 영업사원이 이러한 한계를 극복하기 위해서는 가치 중심의 영업을 하는 것과 신규고객을 많이 발굴하는 데 노력을 게을리하

지 말아야 할 것이다. 생각의 차이 때문에 발생하는 협상은 갈등을 해결하는 것이다. 이 갈등 해결의 기법들이 협상전략이 된다.

협상의 기회: 필수적인 협상인가? 기회를 증진시키기 위한 협상인가? 필수적인 협상이라면 반드시 협상은 타결되어야 한다. 이를 위해서는 상호 간 다소의 손실을 감내할 수도 있다. 기회를 증진시키는 협상(추가계약, 비즈니스 확대, 새로운 공동의 비즈니스 기회확보 등)이라면 미래의 기회가 협상의 목적과 전략, 전술에 영향을 준다. 이때 미래 기회의 가능성을 확보할 수 있는 협상의 합의가 필요하다.

협상의 전개방향: 교환을 위한 협상인가? 제로섬을 위한 협상인가? 교환을 위한 협상은 서로가 원하는 것을 얻을 수 있다. 서로에게 동일한 가치가 있는 거래조건 간의 교환이나 물질적인 교환이 일어나기 때문이다. 생각의 차이, 견해와 입장의 차이, 목표의 차이로 발생하는 갈등 해결을 위한 협상이라면 창의적인 아이디어가 필요할 수도 있다. 사실 대부분의 협상은 거래조건의 수준을 두고 일어나는 상호 간 갈등의 해결이다. 따라서 경쟁, 포기, 회피, 수용, 절충 등의 갈등 해결 기법이 협상의 전략이 된다. 제로섬을 위한 협상이라면 양측 모두 경쟁적인 협상태도를 견지할 것이다. 협상이 제로섬의 방향으로 전개된다면 영업사원은 보다 제로섬의 협상을 윈윈의 협상으로 바꾸는 유연한 태도로 협상에 임해야 한다.

협상의 영향력: 협상의 파급효과를 고려해야 한다. 협상의 결과에 영향을 받는 다른 이해관계자가 있고, 그들이 협상과정에 중요한 역할을 하고, 협상결과에 직접 혹은 간접적인 영향을 받는 이들이 있다면

그들 역시 중요한 고려대상이다. 그들이 갖는 협상결과에 대한 평가가 다음 협상에도 영향을 줄 수 있다. 협상 테이블에 있는 파트너가 아닌 무대 뒤에 이러한 힘을 가진 누군가가 있다면 그 사람을 움직일 수 있는 협상의 기술도 활용해야 할 것이다. 이러한 협상의 영향력으로 인해 상호 간 조직 내부에 존재하는 이해관계자 간의 내부협상이 필요할 수도 있다. 내부협상의 내용은 앞으로의 협상전개 방법과 협상결과에도 영향을 준다.

협상의 시간: 오늘 합의에 반드시 도달해야 하는 협상인가? 아니면 다음 날 다시 만나도 되는가? 오늘 이 자리에서 거래조건의 합의를 원하는 사람이 상대적으로 불리한 입장에 처하게 된다. 영업사원은 '오늘이 세상의 종말이 아니다'라는 생각으로 협상에 임해야 한다. 즉, 오늘이 마지막이라는 생각을 가지지 않고 협상에 임해야 좋은 결과를 가져올 수 있다. 왜냐하면 고객은 필요할 때 좋은 조건으로 구매 결정을 하기 위해 항상 시간적인 여유를 갖고 계획에 따라 구매를 하기 때문이다. 고객의 구매시기와 구매 프로세스를 파악해 영업활동을 전개한다면 시간적인 한계를 어느 정도 극복할 수 있을 것이다.

협상의 합법성: 고객과 전개하는 협상이 합법적이고 업계의 관례를 지켜야 하는 협상인가? 아닌가? 이는 협상의 비윤리성과 관련이 있다. 대부분의 협상은 합법적이고 윤리적이다. 상대가 비윤리적인 방법을 사용한다면 그것은 앞으로의 관계뿐 아니라 협상결과에 상당히 큰 영향을 줄 것이다. 상대가 비윤리적이거나 불법적인 요구를 한다면 협상 자체를 포기하는 것도 좋은 협상전략이 될 수 있다. 더욱이 영업사원이 비윤리적 방법으로 협상을 마무리하려 시도해서는 안 된다.

협상권한의 위치: 이번 협상이 타결된 후 새로운 추인이 필요한가? 아닌가? 이를 확인하기 위해서는 협상 파트너의 권한과 내부 이해관계자의 존재 여부를 파악하는 것이 필요하다. 추후 추인 또는 승인이 필요한 협상이라면 협상 파트너와 어느 정도 협상을 진행한 후 결정권한을 가진 파트너를 협상장소에 끌어들이는 노력과 전술이 요구된다. 권한이 없거나 제한된 상대와는 일정한 거리를 두고 협상을 전개하는 것이 바람직하다.

최종시한이 있는 협상인가? 시간비용(기회비용)이 큰가? 협상을 타결해야 하는 마무리 시점과 시간의 기회비용은 협상의 파워와 기울기를 결정하는 중요한 요소이다. 기회비용이 큰 상황에서 협상에 임하는 것은 스스로 불리한 위치에 서게 만드는 것이 된다. 영업사원은 매몰비용만큼이나 이 기회비용에 흔들려서는 안 되고 사전 영업활동을 통해 이 비용들을 줄이는 노력이 필요하다.

협상장소: 협상은 어디에서 할 것인가? 협상장소 또한 협상의 진행과정과 참석자에게 영향을 준다. 협상의 진행과 성과가 분위기에 영향을 받는다는 말이다. 그래서 협상의 결과에도 영향을 준다. 장소는 협상 참석자들에게 심리적인 안정감을 주기도 하고 불안감을 주기도 한다. 협상장소는 홈그라운드, 어웨이 그리고 제3의 장소 등 3곳이 있다. 이를 적절하게 활용하는 것도 중요한 협상의 능력이다.

협상의 개방성: 협상이 공개적으로 진행되는가, 비공개적인가? 공개적인 협상이라면 다수의 이해관계자와 협상의 청중이 알려지고 협상장에 존재한다. 그들은 협상의 진행상황과 협상 당사자들의 전략과 전

술을 평가하고 판단하기도 한다. 또한 협상에 직접적 혹은 간접적으로 개입할 수도 있다. 이들의 존재는 협상 당사자(영업이든 구매든)에게 심리적인 부담감을 줄 것이다. 영업사원은 이러한 상황에 적절하게 대응할 수 있어야 한다. 비공개적인 협상일 경우에는 협상의 이면에 존재하는 내부 이해관계자들이 있는지, 협상 파트너의 의사 결정권 여부 등을 파악하여야 한다.

3자 개입은 가능한 협상인가? 3자는 협상에서 어떤 역할을 하고 어느 정도의 권한은 어느 정도로 갖고 있으며, 협상의 결과에는 어떤 영향을 받는가? 이들이 외부의 협상전문가인지 아니면 협의 중인 협상 건에 대한 영향을 받고 결정권한을 갖고 있는 조직 내부의 실무자인가에 따라 다르게 대응해야 한다. 상황과 필요에 따라 존재하지 않던 3자를 존재하게 할 수도 있다. 물론 반대로 존재하던 3자를 사라지게 할 수도 있다. 영업사원이 협상에 자신감이 없고 시간적 여유도 있으며 활용할 협상전문가가 있다면 이 3자를 개입시키는 것도 좋은 협상전술이 된다.

협상의 스타일: 협상의 관행은? 상대방의 협상 스타일은? 이는 협상 당사자들이 협상에 임하는 태도와 협상을 풀어가는 방법과 관련이 있다. 어쩌면 구매상황과 영업상황이 이 협상 스타일에 영향을 줄 수도 있다. 개인적인 성격이 스타일을 결정할 수도 있다. 처음 거래하는 상대라면 상대의 협상관행을 다양한 채널과 방법으로 파악하는 것이 좋다. 그리고 협상의 관행은 다음 협상에 막강한 영향을 준다. 지난번에 어떻게 협상을 하였는가(진행과정, 스타일, 결과 등)는 새로운 협상의 나침반이 되기 때문이다.

협상 커뮤니케이션: 협상 테이블에서 일어나는 의사소통이 명시적인가, 묵시적인가? 이는 커뮤니케이션 스타일과 커뮤니케이션의 결과에 대한 책임소재의 문제이다. 특히 묵시적으로 협상의 커뮤니케이션이 일어난다면 추가 협상이 반드시 요구되고 갈등도 발생(합의 되지 않은 조건에 대한 해석의 차이에서 발생)할 수 있다. 특히 영업사원은 고객이 자의적으로 해석할 수 있는 애매모호한 메시지를 던져서는 안 된다. 고객이 이러한 애매모호한 메시지를 던진다면 반드시 그 내용과 이면을 확인해야 한다. 협상 커뮤니케이션을 원활하게 하기 위해서는 제대로 말하고 듣는 기술이 요구된다. 이 커뮤니케이션에 대해서는 뒤에서 자세히 알아볼 것이다.

협상외 선례: 협상의 선례는 매우 중요하다. 협상을 하는 고객과 이전에 어떠한 선례가 있는가는 협상목표와 전략, 전술에 큰 영향을 준다. 선례가 협상의 진행에 발목을 잡을 수도 있다. 선례가 협상의 성과에 긍정적인 영향을 미칠 수도 있다. 선례의 내용은 협상의 쌍방이 지금 진행 중인 협상을(때로는 반대로) 어떻게 생각하고 협상상대의 스타일을 인식하고 있는가에 달려있다. 특히 고객이 영업사원을 흔드는 것(관심 없는 척하기, 무시하기, 제안 후 침묵하기, 채찍과 당근 쓰기 등의 전술과 책략)은 그 책략이 효과가 있어 자신이 바라는 목적달성에 기여한다는 것을 알고 있기 때문이다.

② 유능한 협상가의 자질

영업사원이 고객과의 협상을 성공적으로 진행하기 위해서는 많은 자질이 요구된다. 협상은 단순히 비즈니스 거래조건만 협의한다고 생각할 수 있지만 협상이 진행되는 과정과 준비과정에서는 많은 요소들을 고려해야 하고 지혜롭게 판단해야 한다. 협상 파트너와의 인간관계뿐 아니라 심리적인 변화들, 협상의 파워와 기울기, 정보 파악과 활용, 상대의 메시지 이면을 파악하기, 요구와 욕구를 구분하기, 전략과 전술 실행과 대응, 협상상황과 성격에서 나오는 협상 스타일, 설득능력, 협상역할에서 비롯되는 행동과 태도들을 파악하고 올바르게 해석하는 능력이 매우 중요하다. 상대방의 말과 행동, 그리고 태도의 이면을 파악하고 그것에 영향을 받지 않는 능력 또한 요구된다. 때로는 상대의 비이성적인 행동과 영업사원을 압박하는 메시지에 흔들리지 않고, 그리고 자신의 불리한 상황을 노출시키지 않는 포커페이스를 활용할 수도 있어야 한다.

다음의 항목들이 비즈니스 협상전문가들에게 요구되는 자질들이다. 영업사원은 다음의 자질을 기준으로 자신을 한번 점검해보기 바란다.

1) 판단력

자리 배치: 협상장소의 선정과 협상 테이블의 자리 배치는 협상 참가자의 심리상태에 영향을 미친다. 대부분의 협상은 협상상대가 마주 보는 형태의 자리 배치를 한다. 협상 참가자 수가 적고 우호적인 분위기의 협상을 원한다면 마주 보는 자리 배치보다는 대각선으로 앉거나 원탁 테이블을 활용하는 것도 좋은 방법이 된다. 협상을 진행하기 전에 협상장소에 일찍

도착해 분위기에 적응하고 적절하게 자리 배치를 하는 것도 필요하다.

시간: 협상의 마감시간 결정과 파악, 협상을 진행하기 유리한 시간을 판단할 수 있는 능력－자신의 바이오리듬이 좋은 때(아침, 정오, 오후)를 선택할 수 있다면 이를 활용할 필요도 있다.

개인 혹은 팀으로 협상 진행 여부를 판단하는 능력: 영업활동에서 대부분의 협상은 영업사원과 구매담당자 간의 협상이 1차적으로 진행된다. 이때 상호 요구조건의 차이로 인해 협상의 진전이 없거나, 협상 전술에 적절하게 대응할 수 없을 때, 협상 파트너인 구매담당자가 권한이 없을 때, 고객이 상사 혹은 조직 핑계를 댈 때 영업사원은 이후의 협상을 어떤 식(계속 혼자 할 것인지, 상사를 동원할 것인지 등)으로 진행할 것인가를 판단해야 한다.

전략/전술 수립: 협상상대가 활용하는 전략을 파악하는 능력과 자신의 전략을 결정하는 능력으로 전략은 상호 관계적이다. 협상을 진행하면서 서로의 전략/전술(교환, 양보, 덤 주기, 경쟁, 포기, 타협)에 따라 상응하는 전략을 선택해 활용할 수 있어야 한다.

분위기 만들기와 활용: 협상의 분위기는 협상장소, 실내조명, 온도, 참석자의 태도, 합의할 의제의 수준과 종류, 참석자들의 협상 스타일 등에 의해 우호적인 분위기가 형성될 수도 있고 다소 경쟁적인 분위기가 형성될 수도 있다. 적절한 조치를 통해서 협상 분위기를 우호적으로 만들기 위해서 판단력이 요구된다.

상대의 전술(책략)파악과 대응전술 개발 능력, 협상전술을 활용하는 능력: 협상의 책략들 중 어떤 책략을 사용하는가에 따라 협상이 원만하게 진행되기도 하고, 교착상태에 빠지거나 갈등이 발생하기도 한다. 협상의 전술·책략은 대부분 자신이 유리한 고지를 점하기 위해 활용된다. 상대의 책략에 적절하게 대응할 수도 있어야 하지만 영업사원 역시 상황에 맞는 협상전술을 선택해 활용할 수 있어야 한다.

정보: 협상에서 정보는 협상의 파워와 레버리지를 결정하는 중요한 요소이다. 영업활동 중에 발생하는 정보 중 협상에 유리한 정보, 불리한 정보, 공개하면 유리한 정보와 불리한 정보 판단과 활용능력, 정보 수집 능력 등이 요구된다. 특히 협상을 진행하면서 상대의 정보를 파악하는 능력은 협상을 효과적으로 이끄는 데 핵심적인 역할을 한다.

이면 파악: 협상을 진행하면서 고객은 애매한 표현을 하거나 책략으로 의도적인 반대, 거절, 저항을 한다. 이러한 고객의 메시지와 반응의 이면에 숨겨진 의도를 판단하고 파악하는 능력과 활용하는 능력을 갖추어야 한다.

협상 상대방의 권한과 역할: 상대방이 가진 역할과 권한을 파악하고 적절하게 활용하는 능력

비언어적 메시지: 협상 진행 중 상대방이 보여주는 비언어적인 행동이 주는 메시지를 파악하고 그 의미를 판단하고 대응하는 능력

추가로 다음 단계(의제를 바꾸거나 휴식을 취하는 것 등) 진입 여부

판단과 협상을 계속 진행할 것인가, 다음 협상으로 연기할 것인가 판단 등을 주도적으로 내릴 수 있어야 한다.

2) 태도

감정 이입: 협상상대의 감정과 심리상태를 파악하는 것은 중요한 협상가의 자질이다. 특히 공유된 감정을 갖는 것은 협상의 결과에도 큰 영향을 미친다. 이를 가장 효과적으로 사용하는 방법은 상대가 어떠한 제안과 책략에 대해서도 즉각적인 반박을 하지 않고 인정해주는 것이다. 인정은 동의와는 다르며, 상대의 긴장감을 해소시켜 주는 긍정적인 영향을 미친다. 그리고 협상 초기에는 항상 공감대를 형성하는 여유를 갖는 것이 좋다.

성실성: 성실성은 협상 상대방에게 신뢰를 준다. 약속을 지키고 상호 이익이 되는 협상의 결과를 위해 최선을 다하는 모습을 보여주는 것이 좋다.

유연성: 협상 진행상황과 상대방의 전략, 전술에 따라 유연한 대처를 할 수 있는 능력으로 협상이 교착상태에 빠졌을 때, 갈등이 더 커질 때, 협상 파트너가 교체되었을 때 이러한 상황을 극복하는 유머, 재치 등이 유연성에 포함된다.

인내심: 성급하게 결정을 내리기보다는 제안한 조건에 대해 상대의 결정을 끈기 있게 기다릴 수 있는 능력으로 많은 경험과 훈련을 통해 가능하다. 대부분의 영업사원이 갖는 조급증에서 벗어나기 위해서라도

인내심이 요구된다.

책임감: 협상에서 합의된 조건은 반드시 지켜지도록 한다는 믿음을 상대에게 주는 것, 그리고 협상의 결과에 책임을 지겠다는 믿음을 보여주어야 한다. 그리고 조직이 권한을 적게 주더라도 영업 목표(더 많은 마진 확보) 달성에 기여하겠다는 책임감을 갖춘 영업사원이 되어야 한다.

유머: 유머는 딱딱한 협상 분위기를 부드럽게 바꿔주고 창의적인 솔루션을 찾는 데 도움을 준다. 대신 너무 많거나 잦은 유머나 상황에 부적절한 유머는 자제해야 한다.

자기 단련: 스스로 감정을 숨기고 포커페이스가 되는 단련이 필요하다. 상대를 설득하는 설득력도 갖추어야 한다. 자신의 협상능력을 진단해 장점은 강화하고 약점은 보완한다.

인간적 매력: 공감대를 형성하고 인간관계를 구축하는 능력, 경청하는 태도 등은 상대의 마음을 움직이는 데 필요하다.

3) 기술

커뮤니케이션 기술: 상대의 제안을 유도하며, 상대의 제안에 효과적으로 대응하고, 정보와 상대의 이면을 파악하는 능력. 상대의 거절, 거부, 저항을 극복하고 협상의 전체적인 흐름을 주도할 수 있는 기술

인간관계 기술: 까다로운 상대를 다루는 기술, 처음 만나는 상대의

마음을 여는 기술, 신뢰하는 분위기를 만드는 기술, 상대방을 이끄는 기술 등이 요구된다.

문제 해결 기술: 협상이 교착상태에 빠지거나 강력한 제안과 주장으로 대립될 때 이를 해결하는 기술. 협상의 문제를 지혜롭게 해결하는 기술

갈등 관리 기술: 갈등 관리 기술은 협상의 전술과 관련 있다. 갈등 관리 스타일이 협상전술로 되기도 한다. 협상전술로 해결되지 않는 갈등을 해결하는 기술. 감정적인 상대와 협상을 진행하는 기술

창의성: 협상의 파이를 키우는 창발적인 아이디어와 문제를 해결할 수 있는 능력

합의 도출 능력: 협상은 곧 합의이다. 어떠한 경우에서도 상호 윈윈이 되는 결과를 도출하는 역량

4) 지식

인간 심리와 설득의 심리 이해: 모든 비즈니스는 사람에 바탕을 두고 있다. 영업협상 또한 사람을 위한 것이고 사람과 협상을 하는 것이다. 상대방인 사람에 대한 이해와 설득의 심리를 이해함은 더 나은 성과를 위해 아주 필요한 역량이다.

폭넓은 비즈니스 지식: 다양하고 폭넓은 비즈니스 지식은 협상의 결과에 직접적인 영향을 미칠 수 있다. 고객의 비즈니스 상황과 그것이

고객에게 미치는 영향, 고객의 업무에 대한 심도 있는 지식을 갖추고 보여 줌으로써 영업사원의 전문성을 확인시켜 줄 필요가 있다. 전문가가 가지는 협상에서의 유리한 부분(설득력 강화)을 말하는 것이다.

강점과 약점: 자신의 강점과 약점을 파악해야 유리한 협상을 할 수 있고 상대의 공격에 대응할 수 있다. 물론 상대의 강점과 약점을 파악해 활용하는 것 또한 매우 중요한 지식이다.

협상책략에 대한 깊은 이해: 협상책략은 전략 수행의 도구이자 상대를 흔들고 설득하며 압박하고 공격하는 협상의 기술이자 협상무기이다. 영업사원은 상대가 활용할 수 있는 협상책략과 자신이 활용할 수 있는 협상책략들에 대한 지식을 습득하고 대응 준비를 하여야 한다. 영업사원이 협상현장에서 활용할 수 있는 협상의 협상책략은 생각보다 많다. 당연히 고객이 활용하는 협상책략 또한 많다.

협상의 역동성 이해: 협상은 상호 교환적이고 제안과 역제안, 협상전략과 전술이 교차하는 비즈니스 활동이다. 따라서 협상 자체가 역동성을 가진다. 협상은 상호 간 혹은 조직 간에 처한 상황에 따라 협상의 파워, 전략, 전술에 심한 변화가 일어날 수 있다. 협상에서 성공적인 성과를 원한다면 이를 이해하고 활용할 수 있는 역량을 갖춰야 한다.

위의 자질 외 영업사원에게 요구되는 협상자질로는 다음의 것들이 있다.

〈협상가 자질〉

업무수행변수	사회적 변수
체력	신뢰성
준비성과 계획성	인내심
제품 구매에 대한 지식	매력적인 개성과 유머감각
믿음성과 근면성	성실성
목적 달성을 위한 열의	재치와 판단력
전반적인 문제 해결능력	공정함과 열린 마음
개인적 창의력	외모
	타협성

적극성 변수	의사소통변수
인내력과 결단력	언어적 의사표현능력
거래와 경력상의 위험을 무릅쓰고 무언가를 얻어내려는 의지	상대와 개인적으로 친밀한 관계를 창조해내는 능력
목표 달성을 위한 파워의 발굴과 그것의 이용능력	경청기술
경쟁심	신호, 몸짓, 침묵을 이용한 의사소통 기술
손해를 피하기 위해 힘, 위협, 극단의 방법을 이용하려는 의지	토론능력
용기	자신 조직 내에서 다양한 목적 전달과 조화의 능력
자신의 팀과 그룹원을 리드하고 통제하는 능력	다양한 협상자 역할, 자세를 취하는 능력

자아존중 변수	사고과정 변수
상대방의 존경과 신뢰를 얻는 능력	과거의 협상경험
자기 신뢰와 자기 존중	판단력과 지성
개인적 존엄성	폭넓은 시각과 견해
상사의 존중과 신뢰를 얻는 능력	자신과 상대방 조직의 숨은 요구와 반응의 파악
경영윤리기준	결단력
조직에서의 지위나 계급	분석능력
자아통제	알력과 불확실성 속에서 변화, 민첩한 사고능력
위험혐오의 의지	공식적인 교육수준

Karrass, 1992.

③ 협상 스타일과 대응

영업사원과 협상에 임하는 고객은 다양한 협상 스타일을 갖고 있다. 이 협상 스타일은 협상의 진행과 결과(협상의 성과와 인간관계, 지속적인 거래를 위한 추후의 협상)에 큰 영향을 미친다. 협상 스타일에 대한 이해를 통해 자신의 협상성과에 대한 점검을 할 수 있다. 또한 상대의 협상 스타일을 이해함으로써 상대를 좀 더 폭넓게 이해할 수 있을 것이다. 여기서 알아보는 협상 스타일은 개인적인 성향일 수도 있고, 협상목표와 상황에 의해 스타일이 결정되기도 한다. 협상 스타일에 대해 알아보도록 한다.

다음 각 문항을 읽고 옳다고 생각하는지, 그르다고 생각하는지를 표시하라. 반드시 옳고(Y) 그름(X)으로 표시를 해야 한다. (잘 모르겠다는 안 됨)
—Lee, Thomson, The Mind & Heart of the Negotiator—

1. 협상상황에서는 냉정함을 유지하는 것이 최선이다.
2. 협상에서 '꿀을 사용해야 더 많은 파리를 잡을 수 있다'고 믿는다.
3. 협상에서 감정을 자제하는 것이 중요하다.
4. 상대방과 좋은 관계를 갖는 것이 효과적인 협상을 위해 중요하다.
5. 나는 협상에서 원하는 것을 얻기 위한 감정표현에 능숙하다.
6. 감정은 효과적인 협상의 장애요인이다.
7. 나는 협상에서 '우는 아이 떡 하나 더 준다'는 것을 믿는다.
8. 친절한 사람은 냉정하거나 중립적인 사람보다 더 많이 얻을 수 있다.
9. 협상에서는 '눈에는 눈'으로 싸워야 한다.
10. 나는 기분이 좋을 때 생각이 더 잘 된다.
11. 협상에서 내가 어떻게 생각하는지 상대방이 알기를 절대 원하지 않는다.
12. 나는 협상에서 '파리채(강경한 태도·전략)가 더 많은 파리를 잡는다'고 믿는다.
13. 나는 협상에서 상대방을 조정하기 위해 감정을 동원한다.

14. 좋은 분위기는 상대방에게도 전해진다고 믿는다.
15. 협상을 할 때는 우호적인 첫인상을 주는 것이 매우 중요하다.
16. 협상자들이 많이 실패하는 것은 협상에서 자제력을 잃기 때문이다.
17. 협상에서는 포커페이스를 유지하는 것이 최선이다.
18. 협상에서 상대방이 자신을 존경하게 만드는 것이 매우 중요하다.
19. 나는 상대방이 나에 대해 좋은 감정을 가지도록 하면서 협상을 끝내고 싶다.
20. 상대방이 감정적으로 나오면 이를 협상에 유리하게 활용할 수 있다.
21. 상대방과 같은 방향으로 움직이는 것이 중요하다.
22. 협상에서는 굳은 결의를 보이는 것이 중요하다.
23. 협상 중 상호 간에 자제력을 잃고 있다고 느끼면 협상을 잠시 중단할 것을 요청한다.
24. 상대에게 영향을 미칠 것으로 판단되면 협상에서 위협을 사용하는 데 주저하지 않을 것이다.

결과
위의 항목에서 'Y'로 답을 한 항목을 다음 아래에 체크하라.

A: 1, 3, 6, 11, 16, 17, 20, 23:   개
B: 2, 4, 8, 10, 14, 15, 19, 21:   개
C: 5, 7, 9, 12, 13, 18, 22, 24:   개

항목의 개수가 많은 것이 당신의 주도적인 협상 스타일을 의미한다. A 항목은 합리적인 협상 스타일을, B 항목은 우호적인 협상 스타일, C 항목은 적대적 협상 스타일을 의미한다. 각 스타일에 대해서는 아래의 그림을 보라.

〈협상 스타일〉

	합리적 유형 (비즈니스)	우호적 유형 (사람 중심)	적대적 유형 (경쟁적)
상대방과의 관계	감정을 숨기거나 억제	상대방의 우호적 감정 유도 신뢰 조성	상대방을 통제 협박을 위한 비이성적 감성
분배전략 정해진 분배	공정한 분배 규범·규칙 활용	관계 유지를 위해 타협 또는 양보	더 많이 갖기 위해 위협 강경한 협상
통합전략 창의적	이해관계에 대한 체계적인 분석	우호적 관계 유지 욕구가 창조적 사고 유도	적대적 관계가 통합적 협상의 걸림돌
향후 협상에의 영향	유감스러운 말, 행동의 자제 거리를 두고 행동	동반자 관계 가능	위협하거나 압력을 행사

위의 3가지 협상 스타일은 누구나 다 갖고 있다. 협상 당사자의 역할과 권한 및 한계, 조직 내·외부 상황의 변화와 협상의 목표와 압박의 정도, 협의하고 있는 거래조건의 중요성과 우선순위, 상대방의 협상 태도와 관계수준 등에 따라 협상 스타일이 혼재되어 나온다. 즉, 하나의 스타일만이 나오는 것은 아니다. 영업사원은 자신의 협상 스타일을 인식하는 것만큼 상대방(고객-구매담당자)의 협상 스타일 또한 파악해 대응할 수 있어야 한다. 이 스타일은 협상 전체에 걸쳐 나타나기도 하지만 협상의 의제(거래조건)를 다룰 때 의제별로 나타나기도 한다. 이것은 협상의 전략/전술과도 관련이 있다. 중요한 의제에 대해서는 경쟁적·적대적으로 나오지만 중요하지 않은 의제에 대해서는 덤으로 주거나 양보를 하는 우호적인 스타일이 나올 수도 있다. 바람직한 협상성과를 원한다면 합리적인 스타일이 주도하도록 하는 것이 좋다.

우호적인 스타일이 항상 최선의 결과를 가져오지는 않는다. 영업사원이 우호적으로 협상에 임해도 상대인 고객이 경쟁적·적대적인 스타일로 대응한다면 그 결과는 뻔한 것이 된다. 물론 영업사원의 우호적 접근이 고객의 우호성에 동기를 자극할 수도 있을 것이다. 그리고 영업사원은 고객이 협상 초기에 보여주는 스타일이 우호적인 경우라도 협상이 진행되면서 언제든 합리적이고 적대적인 스타일이 나올 수 있다는 가능성도 열어두고 협상에 임하는 것이 좋을 것이다.

당신이 우호적인 스타일을 가진 협상가라면 다음의 사항을 기억하라.

① 자신의 최저선(가장 불리한 수준) 관철에 너무 집중하지 마라. 당신이 상대의 입장을 고려해 양보한다고 상대의 양보를 부르지 않는다. 항상 기대를 높게 잡고 협상 가능범위를 넓게 확보하는 것이 중요하다.

② 당신의 BATNA를 개발하라. 당신이 선택할 수 있는 대안인 BATNA의 양과 수준이 당신의 협상에서의 위치를 견고하게 만들어줄 것이다. 많은 경우 BATNA가 없는 영업사원이 고객과의 협상에서 우호적인 방법으로 협상 타결을 시도한다.

③ 때로는 대리인을 활용하라. 당신보다 더 단호하게 협상을 이끌고 더 나은 결과를 가져올 사람이 있다면 그 사람을 협상의 전면에 내세워라. 당신의 무능함을 나타내는 것이 아니다. 영업사원은 이를 위해 팀으로 협상에 임할 필요가 있다.

④ 자신이 아닌 타인 또는 다른 누군가를 위해 협상하라. 사람들은 협상할 때 자신이 이기적인 사람이라고 생각하는 경향이 있다. 이러한 마음속의 생각을 상대방이 알아차리는 것을 꺼려해 우호적인 태도를 의식적으로 보인다. 영업사원 역시 마찬가지이다. 자신이 단호한 입장을 취하면 상대인 고객이 자신을 이기적인 사람으로 인식하는 것이 두려워 우호적인 태도를 보이는 경향이

있다. 당신이 이러한 생각을 갖고 있어 유리한 협상 결과를 얻기 어렵다고 생각한다면 협상할 때는 자신을 위한 것이 아닌 조직 또는 다른 누군가를 위해 협상한다고 생각하는 것이 좋다.

⑤ 협상에 관심을 갖는 사람들을 주변에 만들어라. 사람들은 누군 가가 나의 협상결과에 관심을 갖고 있는 사람이 있다고 믿을 때 좀 더 단호하게 협상에 임한다. 영업사원은 자신이 고객과 협상 하고 있음을 조직의 구성원들이 알도록 함으로써 단호한 입장 을 취해 좋은 결과를 가져올 수 있을 것이다. 그들에게 당신의 목표를 알도록 하고 결과를 보고하겠다고 약속하라.

⑥ "예"라고 하지 말고 당시의 제안 수준을 명확하게 알려라. 많은 영업사원은 고객과 협상할 때 고객의 요구에 대해 "아니요"라고 하거나, 고객의 요구에 대응하는 역제안을 하지 못한다. 그것은 역제안을 고객이 좋아하지 않을 것이라는, 역제안을 하면 고객 이 영업사원을 부정적으로 본다는 오해를 하고 있기 때문이다. 특히 고객과의 관계를 중요하게 생각하는 우호적인 스타일의 영 업사원일수록 더욱 그렇다. 비록 고객이 합리적인 수준의 요구 를 하더라도 그에 합당한 대가를 요구할 수 있어야 한다.

⑦ 단순한 합의에 그치지 말고 합의 이행을 강하게 요구하라. 상대 방을 너무 신뢰함으로써 합의사항의 이행이 지연되거나 불이행 되는 상태로 협상을 마무리해서는 안 된다. 상대가 합의사항을 지키지 않는다면 그에 따른 대가를 치러야 한다는 것을 알리고 약속을 받아내라.

당신이 경쟁적 스타일을 가진 협상가라면 다음의 사항을 기억하라.

① 파이 나누기보다는 파이를 키우는 데 주력하라. 모든 협상은 주어진 파이만을 나누는 것이 아니다. 상호 이해관계 분석을 통해 파이를 크게 하는 방법을 찾는 것이 좋다. 이를 위해서는 입장만을 고집하기 보다는 다양한 조건을 함께 다루는 것이 좋은 방법이다.

② 자신의 생각만을 강요하지 말고 질문을 많이 하라. 질문을 함으로써 상대의 목표와 요구, 욕구를 파악할 수 있다. 이 과정을 통해 서로에게 도움이 되는 결과를 도출할 수도 있다. 영업사원은 고객이 어떤 요구를 하든 질문을 통해 상대의 욕구를 파악하는 것이 더 나은 협상결과를 위해 필요한 기술이다.

③ 공정하고 객관적인 기준으로 설득하라. 주장에 공정성이 부족하고 주관적인 요구가 많다면 상대를 더욱 압박하게 된다. 제안 혹은 주장이 공정하고 개관저인 기준에 근거한다면 상대도 긍정적으로 반응한다. 특히 영업사원은 제안을 하거나 주장을 할 때 이 방법을 적극 활용해 고객의 반론, 역제안의 힘을 떨어뜨려야 한다.

④ 인간관계에 유능한 사람과 함께 협상에 임하라. 협상상황을 유연하게 만들고 고객과의 인간관계 유지를 위해 인간관계 형성에 유능한 다른 누군가와 함께 협상에 임하거나 곁에서 조언을 하도록 하라.

⑤ 신뢰감을 갖도록 하는 데 애쓰라. 강경한 협상가는 자신의 이익을 추구하고 다음 협상을 위한 관계를 형성하는 데 서툴다. 따라서 상대방은 강경한 협상가를 신뢰하지 않는다. 약속을 지키고 자기중심적인 생각을 조정해 상대가 더 많이 믿도록 하라.

⑥ 논쟁하지 마라. 영업사원이 고객과 논쟁 또는 승강이를 벌여 이길 수도 있을 것이다. 하지만 고객의 감정을 상하게 하고 원하는 성과를 얻는 데 실패하게 된다. 어떠한 상황에서는 고객과 논쟁

을 하거나 말싸움을 해서는 안 된다. 협상은 비록 서로가 원하는 거래조건에 대한 갈등을 해결하는 것이지만 큰 그림을 그리면서 차분하게 대응하는 것이 좋다. 강경한 입장이 나올 것 같은 분위기라면 휴식시간을 갖는 것도 좋은 방법이다.

⑦ 항상 상대방을 인정하고 자존심에 상처를 주지 마라. 상대를 비웃거나 자기 자랑을 지나치게 하지 마라. 상대의 역할과 입장을 이해하고 있다고 말하고, 진정으로 상대를 존중하고 있다는 것을 보여주라. 만일 고객이 영업사원인 당신에게 이와는 반대로 행동을 한다면 한 걸음 물러서 재협상의 기회를 마련하는 것이 좋다. 상처받은 마음으로 협상에 임하지 않는 것이 바람직하다.

이러한 협상의 스타일에 영향을 미치는 요소로는 다음의 것들이 있다.

〈협상의 스타일에 영향을 미치는 요인〉

구분	경쟁적 유형	합리적 유형	우호적 유형
이익구조	한정된 자원배분	한정되지 않은 자원배분	한정된 자원배분
목표추구	한정된 자원 확보	한정되지 않은 자원 확보	상대를 위해 자신의 목표를 포기
관계수준	단기적: 미래는 기대하지 않음.	장기적: 미래에 협력을 기대	장·단기적으로 미래 협력을 기대
주요 동기	자신의 이익 극대화	공동의 이익 극대화	상대의 이익 극대화를 통해 관계개선
신뢰도, 개방성	비밀, 방어적 자기신뢰>타인신뢰	신뢰, 개방성 적극적 경청, 공동대안	자신의 약점을 상대에게 노출
상호 필요인식	자신의 요구사항을 숨김, 상호 실제의 요구를 모름.	서로의 요구사항 공유, 전달, 이해	상대의 요구사항에 민감하게 반응 자신의 요구는 자제
예측성	예측 불가능하고 돌발적인 행동	예측 가능한 행동 적절한 유연성 비돌발적	상대의 비위를 맞춤. 예측 용이

공격성	위협과 엄포 우위를 점하고자 함.	솔직한 정보 공유 서로 존중, 이해	한쪽이 상대를 달램 자신의 입장을 포기
해결방안 개발방법	논쟁과 조정 자신의 입장 고수	논리력, 창의력, 구성력 상호 만족하는 해결안	상대를 만족시키기 위 해 노력
성공의 기준	상대의 단점 공개 적개심 표출 자기 조직 충성도 강화	상호 장점에 집중 나쁜 이미지 버리려고 노력함,	갈등 최소화 적개심 완화 자신의 감정을 포기
불건전한 행동	제로섬 게임	공동의 목표에 자신의 이익 포함. 동질성 상실 책임 없는 행동	자신의 내부 이해관계 자들을 희생시킴.
핵심태도	내가 이기고 상대는 진다.	모든 당사자에게 좋은 방법 찾기	상대가 이기고 내가 진다.
실패 시 대응	교착상태-중재자	교착상태-서로 잘 아는 사람	협상의 여지가 없게 됨.

『지성과 감성의 협상기술』. 리 L. 톰슨. 한울아카데미.

이러한 협상 스타일은 협상을 준비하고 진행하는 전반에 나타난다. 영업사원이나 고객은 자신의 스타일을 자신도 모르게 협상 테이블에서 드러낸다. 영업사원은 고객이 보여주는 협상 스타일에 흔들리지 말고 각 스타일이 가진 장점과 약점을 이해해 효과적으로 대응하는 지혜를 갖추어야 한다.

4 어디까지 어떻게 협상을 할 것인가?

영업협상의 기본 프로세스는 다음과 같다. 유리한 협상의 성과를 가져오고 협상을 주도적으로 이끌기 위해서 영업사원은 이 프로세스를 적극 활용해야 한다.

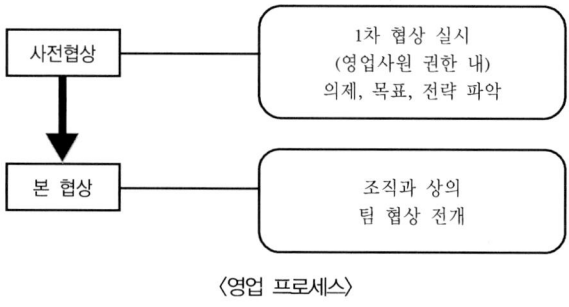

〈영업 프로세스〉

1) 사전협상 – 협상이 있게 하라

사전협상은 영업사원이 영업활동을 하는 중간에 발생한다. 영업과 협상의 연결단계이기도 하다. 고객이 영업사원에게 견적서 제출을 요청하거나, 영업사원이 영업활동의 일환으로 처음 고객에게 견적서를 제안하고 합의를 시도하거나 고객의 요구조건과 수준, 협상의도, 고객의 구매결정권, 구매시기 등을 파악하는 것이 이 단계의 주요 활동목적이다. 이 단계에서 영업사원이 고객에게 제안하는 거래조건은 표준견적서가 되어야 한다. 표준견적서는 거래의 마진이 가장 많이 남는, 즉 어떤 조건의 양보도 없는 100%의 마진이 보장되는 거래조건을 말한다. 영업사원은 고객이 처음 견적서를 요구할 때는 어떤 경우든 표준견적서로 제안하여야 한다. 이유로는 1) 협상의 여지를 확보할 수 있다. 2) 그대로 거래가 성사될 가능성도 있다. 3) 고객의 반응을 살피고 고객의 협상전략을 파악할 수 있다. 4) 상담 중인 고객의 권한과 역할을 확인할 수 있다. 5) 영업사원이 가진 권한 내에서 협상을 타결할 수 있다.

물론 고객은 영업사원이 제안한 초기 견적서(표준견적서)를 그대로 받아들이는 경우는 거의 없다. 고객은 어떤 조건이든 영업사원이 제안한 견적서는 협상의 여지가 충분히 있는 것으로 받아들인다. 영업사원이 초기 제안을 할 때 가격을 깎아서 제안하면 그만큼 협상의 여지가 줄어들게 되고 그것은 곧 영업사원의 입장을 불리하게 만든다.

영업사원은 사전협상에서 협상을 타결하려는 시도는 하되 조급증을 버리는 것이 좋다. 사전협상을 통해 영업사원은 고객의 협상의지, 협의가 필요한 조건의 수와 차이 정도, 고객의 상황(구매예산, 구매시기, 구매권한 등)을 충분하게 파악해 다음 본 협상을 위한 준비에 만전을 기해야 한다. 이 초기 단계에서 파악되는 고객의 초기 요구조건은 대부분 영업사원의 권한을 벗어난 경우가 많다. 그리고 영업사원이 내부 관련 부서와 협의가 필요한 조건도 있을 것이다. 이 단계에서 거래조건간에 차이가 많이 난다고 해서 영업사원은 압박을 받거나 계약을 받지 못할 것에 대한 걱정은 하지 않아도 된다. 고객 역시 자신의 요구조건을 처음 제안할 때는 협상의 여지를 두고 제안하기 때문이다. 고객이 가진 협상의 여지가 어느 정도인지를 파악하거나 예측하는 것은 등거리 법칙[상호 제안조건의 수준 차이의 100% 혹은 50%를 더하거나 빼는 것으로 상대의 협상 여지(협상 폭)를 예측]을 활용하면 된다.

영업사원의 초기 제안인 표준견적서 조건이 변경될 수 있듯이 고객의 초기 제안도 얼마든지 변경될 수 있다. 영업사원은 표준견적서로 초기 제안을 할 때 그 조건을 고객이 받아들이도록 설득력 있는 메시지로 설득하는 노력을 하여야 한다. 그때 고객이 영업사원의 제안수준을 보고 놀라거나 검토 가능성이 낮다고 하면 "협상을 해야 하지 않겠는가?"라고 대응하면서 고객의 요구수준을 끌어내고 협상을 지속할 수 있는 기회를 확보하는 것이 중요하다. 그 후 영업사원은 본인이 가진 권한 내에서 합의를 시도한다. 이때에도 영업사원은 자신의 권한을 한꺼번에 모두 사용하지 않는 것이 좋다. 영업사원은 이 단계에서 어떠한 경우든 협상이 지속되도록 분위기를 이끌어야 하고 고객과 다시 만날 수 있는 기회를 확보해야 한다. 사전협상은 서로의 상황과 입장, 요구수준, 개인적인 니즈(골프 등)를 파악하고 탐색하는 단계이다. 이 사전협상에서 파악된 정보들은 본 협상을 준비하고 진행하는 데 기초가 된다.

영업사원이 사전협상에서 보여주는 태도와 커뮤니케이션 기술, 그리고 상황을 이끌어가는 기술은 앞으로의 협상에 큰 영향을 미친다. 이 단계를 올바르게 이끌지 못하면 협상의 주도권을 고객에게 넘겨주게 되기 때문이다. 이 사전협상을 이끌어가는 시나리오는 부록에 자세하게 정리해두었다.

2) 본 협상 – 조직과 상의하라

사전협상을 통해 파악한 고객에 대한 정보(합의를 원하는 거래조건과 요구수준, 고객의 상황, 구매권한, 협상전략, 구매시기 등)를 기초로 영업사원이 조직 또는 상사와 협의를 통해 합의 가능한 거래조건을 개발하고 본격적인 협상에 임하는 단계를 본 협상이라고 한다. 영업사원이 가진 권한을 벗어난 수준의 고객의 요구에 대응하기 위해 조직과 함께 협상을 준비하고 전개하는 것이 본 협상의 주요 전개방식이다.

이 본 협상에서는 이번 계약의 구체적인 이익률 수준을 결정하고, 내부 관련 부서의 상황을 파악해 거래조건들에 대한 협상 가능 범위를 결정하고 협상전략과 전술을 개발한다. 그리고 개발한 전략과 전술로 고객을 설득하는 논리와 협상 테이블에서 보여 줄 책략도 함께 개발한다. 물론 앞으로의 협상 진행에 대한 시나리오를 결정하기도 한다. 필요하다면 팀으로 협상을 전개하는 것을 결정할 수도 있다.

본 협상 준비에서는 고객의 구매전략과 협상전술, 협상책략을 면밀하게 예측하고 효과적인 대응방법도 구상해야 한다. 협상을 유리하게 이끌기 위한 정보 활용의 수준도 결정한다. 영업사원은 필요하다면 협상의 권한을 위임받고 그 범위 내에서 협상의 타결을 시도하는 노력을 해야 한다. 영업사원의 타결 시도가 결렬되었다면 다시 내부협의를 통해 새로운 목표, 전략, 전술 들을 개발한다. 이러한 절차가 여러 번 반복될 수도 있다. 따라서 본 협상이 얼마나 잘, 효과적으로 준비되는가에 따라 협상의 기울기를 유리하게 만들 수 있고 또 영업사원의 협상 진행에 대한 자신감을 강화시킬 수 있다.

본 협상을 준비하는 과정을 통해 고객과의 협상 진행상황이 내부에서 공유되고 고객에게 일관된 메시지를 전할 수 있다. 이를 통해서 영업사원의 상사가 임의대로 고객사의 관리자와 협의하는 실수를 방지할 수 있게 된다. 따라서 영업사원에게는 자신의 권한으로 타결할 수 없는 거래상황에 대해서는 모든 진행 내용을 상사 혹은 내부 관계자들과 공유하고 대책을 마련하는 내부협의를 지혜롭게 활용하는 것이 중요한 협상능력이 된다.

본 협상을 준비하고 진행하는 시나리오에 대해서는 부록에서 자세히 설명을 해놓았다.

협상목표!
이렇게 달성하라

Chapter 3.   협상목표! 이렇게 달성하라

[실전사례]

　다음 사례는 한 학습자로부터 얻은 협상 성공사례이다. 역시 비밀을 위해 회사이름은 대명사로 대치하였다.

　　당사는 A사로부터 항공기엔진배관 부품의 개발제의를 받았다. 제안받은 부품을 개발하기 위해서는 자동 용접기가 필요한 상황이다. 필요한 자동 용접기의 구매비용은 5,000만 원이었다. 당연히 이 비용은 부담이 되었다. 하지만 A사는 자신들이 원하는 부품의 개발이 완료되면 구매비용 중 1,000만 원을 지원해주겠다고 한다.
　　당사 영업부는 A사와 거래를 통해 항공기엔진배관 산업의 숙원을 해결하고자 했으며, 자동 용접기를 도입하여 현재 부하가 걸린 용접라인의 생산성도 높일 수 있을 것이라 기대하였다.
　　1년 전 A사는 당사로부터 긴급한 샘플을 공급받으면서 제품의 품질과 기술력을 경험하였다. 최근 A사는 유럽의 항공기 생산업체와 제휴하여 항공기엔진 산업에 진출하고자 기술력을 인정받은 당사와 거래를 원한다.
　　당사는 A사와 항공기엔진배관 부품 개발 협약을 체결함으로써 항공기엔진 부품사업에 참여하고, A사와 다른 부품에 대한 거래량도 확대하고자 한다. 단 제품 개발의 성공 여부가 불확실하기 때문에 자동 용접기 도입에 따른 투자 부담을 회피하고자 한다. 이를 위해서는 A사로부터 최대한 많은 지원을 이끌어내야 한다.

이에 당사는 A사와 협상을 통해 자동 용접기의 구매에 따른 부담을 줄이고 이후 비즈니스 관계 구축의 기반을 마련하려 한다.

위 상황에서 당사는 어떻게 A사와 협상을 전개하는 것이 좋을까? 어떤 조건을 협상 테이블 위에 올리고 각 조건을 어느 정도 수준에서 합의를 보면 유익한 결과가 될 것인가? 당신이 이 거래를 이끌어온 영업사원이라면 어떤 조건으로 어떻게 협상을 마무리할 수 있을 것 같은가?

협상의 목표는 명확하다. A사와 거래를 시작하는 것이고(이를 위해서는 부품 개발을 성공적으로 해야 함) 자동 용접기 구입비용에 대한 부담을 최소로 하는 것이다. 이 두 가지 목표 달성을 위해서 어떤 조건들의 합의가 이루어지면 좋을까? 우선 당사만의 이익을 주장해서는 안 된다. A사가 얻을 수 있는 이익도 고려해야 한다. 물론 당사가 성공적으로 개발한다면 A사는 유럽 항공기 생산업체와의 거래를 성사시키는 것이 가장 큰 이익이 될 것이다. 협상 테이블에서 영업사원은 이 부분을 지속적으로 강조할 필요가 있다.

이 협상에서 당사는 다음의 조건을 협상 테이블에 올리기로 하였다. 자동 용접기 구입비용에 대한 부담, 요구한 부품 제작에 소요되는 제반 비용, 개발한 부품에 대한 유지·보수비용, 유럽 항공기 생산업체와 테스트를 할 샘플 제작비용, 샘플이 부적합할 때 추가 자재비, 생산 공정에 대한 승인수준, 용접에 대한 승인수준을 함께 협의하는 것이 좋겠다고 내부적으로 결정하였다. 따라서 당사가 A사에 제안한 초기 조건은 다음과 같다.

조건	당사의 제안
자동 용접기 구입비용	A사 전액 지원
부품 제작비	A사 제작비 전액 지원
부품 유지, 보수비	당사 전액 부담
샘플 제작비	일백오십만 원/대당
부적합 시 추가 자재비	1회에 한해 무상사급
공정 승인	A사 공정 승인
용접 승인	A사 공정 승인

당사의 제안에 대한 A사의 역제안은 다음과 같다.

조건	A사의 제안
자동 용접기 구입비용	개발완료 시 1,000만 원 지원
부품 제작비	당사 반액 부담
부품 유지, 보수비	당사 전액 부담
샘플 제작비	추후결정
부적합 시 추가 자재비	추후결정
공정 승인	유럽 항공사 승인
용접 승인	유럽 항공사 승인

당신이 위의 조건을 제안받았다면 어떤 결과를 끌어낼 수 있겠는가? 하나의 항목(유지 보수)을 제외하고는 너무 차이가 나지 않는가? 하지만 거래를 성사시키기 위해서는 합의를 끌어내야 한다. 물론 A사의 요구조건을 모두 수용하는 것도 하나의 방법이다. 하지만 그렇게 한다는 것은 협상을 애초부터 하지 않는 것이다. 물론 A사 입장에서도 당사의 요구조건을 모두 수용한다면 협상에 시간과 에너지를 낭비할 필요가 없다. 협상을 하는 목적과 이유는 서로에게 유리한 조건의 합의를 위한 것이다.

협상 테이블에 올려진 모든 조건은 상호 간의 이익에 영향을 준다. 그리고 그 조건들이 필요한 이유 또한 매우 다양하다. 위의 사례에서 왜 A사는 공정승인과 용접승인을 A사의 조건이 아닌 유럽 항공사 승인을 요구할까, 그래서 A사가 얻는 이익은 무엇일까, 왜 자동 용접기 구입비를 개발 완료 후 일정액만 지원해주겠다고 하는가, 당사는 유지 보수에 대해 왜 100% 책임지겠다는 제안을 먼저 할까 등등에는 이면의 이유가 있다. 이 이유에는 상당한 비즈니스의 이익(비즈니스의 기회, 경제적 이익 등)이 잠재되어 있는 것 역시 사실이다. 영업사원은 이러한 내용을 파악해 협상 테이블에서 상대를 설득하는 지혜가 필요하다.

사례의 협상결과는 다음과 같이 나왔다.

조건	합의 결과
자동 용접기 구입비용	A사 구입 – 당사 개발 후 무상임대
부품 제작비	A사가 제작비 전액을 지원
부품 유지, 보수비	당사가 전액 부담, 설계가 당사에서 이뤄짐으로써 소유권은 당사에 귀속
샘플 제작비	일백오십만 원 지원/대당
부적합 시 추가 자재비	1회에 한해 무상사급
공정승인	유럽 항공사 승인
용접승인	유럽 항공사 승인

놀라운 결과가 아닌가? 당사로서는 최선의 결과를 얻어낸 것으로 평가할 수 있다. 물론 A사 입장에서도 당사의 성공적인 개발로 유럽 항공기 제조사와 비즈니스를 하는 이익을 얻을 수 있다. 그리고 몇 가지 고려할 내용도 있다. 자동 용접기를 A사가 당사에 무상으로 임대하는 조건에서 만일 A사의 유럽 항공기 제조사와 거래가 단기간에 종료되어 그때 자동 용접기를 회수한다면 당사는 그것에 대한 적절한 보호조

치가 필요할 것이다. 임대기간을 정하거나, 유사시에는 감가상각을 통해 현가로 구매한다는 등 단서조항들이 필요할 것이다.

이 사례가 주는 또 하나의 교훈은 협상에서 많은 조건들을 개발해 합의를 시도하는 것이 협상의 결과에 상호 만족할 수 있다는 것이다. 만일 자동 용접기 구입비용만을 협상의 조건으로 다루었다면 위와 같은 바람직한 결과가 나오지 않았을 가능성이 있다.

영업사원의 제안
- 가격: 5,000원/개당
- 결제: 현금
- 납기: 15일
- 무상 서비스 1년

고객의 요구
- 가격: 4,600원
- 결제: 3개월 어음
- 납기: 5일
- 무상 서비스 2년
- 고장 시 다른 제품으로 교체 혹은 보상(1일 - 5만 원)

위의 내용에서 영업사원의 제안과 고객의 제안에 상당한 차이가 있다. 영업사원의 제안에는 20%의 이익이 보장된다. 고객의 요구조건을 그대로 수용하면 어느 정도의 마진이 확보될 수 있을까? 만일 고객의 요구를 그대로 수용한다면 7%의 마진만 남는다. 회사는 12% 이상의 마진을 원하고 영업사원에게는 4%의 권한만 주어져 있다. 어떻게 협상을 전개하여야 할까? 고객이 진짜 원하는 수준은 어느 정도일까? 그것을 어떻게 파악하고 협상에 활용할 수 있을까?

---

① 이것이 협상의 목표이다

영업사원 또는 영업조직에게 협상의 목표는 분명하다. 계약의 마진 (이익율) 수준을 보호하거나 확보하는 것이다. 어느 조직이든, 어떤 영업사원이든 이 목표를 잊어서는 안 된다. 고객과의 지루한 협상보다 빨리 협상을 타결하는 것이 협상의 목표가 되어서는 안 된다. 협상은 타결을 추구하지만 그것이 협상의 목표가 되어서는 안 된다. 협상의 목표는 유리한 조건으로 계약을 수주하는 것이다. 따라서 어떤 조건으로 협상을 타결하는가가 목표 달성 여부를 결정할 것이다.

1) 영업사원이 달성해야 하는 협상목표

영업사원이 고객에게 다음과 같은 조건의 표준 판매조건을 제안한다.

```
<제품: 첨단 사무용 기기>
가격: 1,450,000원/대
결제: 현금
배송/납기: 계약 후 3일
품질보증: 1년
소모품: 1년-무료, 1년 후 정가
회원제: 품질보증기간 경과 후
연회비: 100,000원/대
월 1회 정기점검
소모품: 30% 할인
```

위에서 제안한 표준 거래조건의 이익률 수준이 25%라고 하자. 즉, 위 조건대로 계약을 받으면 25%의 마진을 확보하는 것이다.

영업사원이 제안한 거래조건을 검토하던 고객이 다음과 같은 거래
조건을 역제안한다.

가격: 1,232,500원/대
결제: 3월 후 현금
배송/납기: 2일
품질보증: 1년, 추가−기계 고장 시 수리 기간 동안 새로운 기
계로 대체−업무의 연속성을 위해
추가 조건: 신제품이므로 고장이 나서 발생할 업무의 차질에 대
한 손해보상으로 3% 추가 가격할인 요구(품질 보증기간 지난 후)
회원제 가입
−회비: 60,000원/연/대당
−소모품비: 50% 할인
주문량: 10대
사용법 교육: 4시간을 제안한다.

영업사원은 고객의 제안에 대해 어떻게 대응하여야 하고 또 어떤 조
건으로 역제안을 할 수 있을 것인가?
만일 고객의 요구조건을 그대로 수용한다면 과연 얼마의 이익이 확
보될 것인가? 이익률의 수준을 분석하기 위해서 영업사원은 다음의 비
용을 계산하여야 한다. 고객의 가격할인율, 결제방식의 변화에 따라 발
생하는 비용, 납기를 단축시킴으로써 발생할 내부비용, 기타 고객의 요
구조건을 수용하였을 때 발생할 추가비용을 계산하여야 한다. 다음의
비용을 고려한 이번 거래의 이익률 수준은 5% 이하로 떨어진다.

가격: 15% 할인
결제: 현금 → 어음: 연 8%, 이자율 → 2% 추가 할인효과
기계고장의 보상: 3%
회원제 조건의 할인: 회비−40%, 소모품−20% 추가

영업사원 혹은 조직은 고객의 요구수준을 그대로 수용하기 어려울 것이다. 그럼 어떤 조건으로 협상을 마무리하여야 하는가? 이 수준을 결정하는 것은 얼마만큼의 이익률을 확보할 것인가에 달렸다. 이 이익률 확보의 수준이 협상의 목표이다.

위에서 영업사원이 고객에게 제안한 표준 판매조건의 이익률은 25%라고 계산하였다. 여기서 영업사원이 보호할 희망수준의 이익률은 25%이다. 그리고 고객의 요구조건을 그대로 수용한다는 것을 중심으로 계산한 이탈수준의 이익률은 5%로 나왔다. 즉, 20% 이상의 이익을 포기해야 한다는 말이다. 영업사원에게 얼마만큼의 권한이 주어졌든 이 고객의 요구수준을 그대로 받아들일 수는 없다.

이익률을 %로 정하는 것은 일정한 폭이 있다는 것을 의미한다. 물론 회사에서는 5% 이하의 마진이 남더라도 계약을 받아야 하는 상황에 처해 있을 수도 있다. 이것은 최후의 결정사항이고, 이 결정을 하기 전에 영업사원과 조직은 고객의 요구수준을 낮춰 자신에게 유리한 수준으로 바꾸도록 하는 노력을 하여야 한다. 이번 거래에서 얼마의 마진을 남길 것인가를 일정 폭(?~?%)으로 결정해야 한다. 고객 역시 자신이 구매할 때 전제 구매비용을 두고 얼마만큼의 구매비용을 줄일 것인가를 내부적으로 결정한다. 고객 역시 최고로 구매비용을 줄이는 것과 최소로 구매비용을 줄이는 것 사이에 일정한 폭을 갖고 있다.

따라서 다음이 협상목표의 종류이다.

① 희망수준: 협상에서 달성하고자 하는 가장 높은, 이상적인 수준-영업은 가장 높은 마진, 고객은 가장 낮은 구매비용
② 수용수준: 희망수준과 이탈수준 사이에 존재하는 수용 가능한 수준

③ 이탈수준: 거래를 포기하는 가장 낮은 수준 – 영업은 가장
　낮은 마진, 고객은 가장 높은 구매비용

　협상은 이 3가지 목표수준 내에서 합의가 된다. 협상 당사자는 서로
가 원하는 희망수준에서 협상이 타결되기를 원한다. 물론 자신의 이탈
수준에서 멀어진다면 당연히 유리하게(목표달성에 가깝게) 된다. 이 3
가지 수준은 1) 계약의 전체 이익률 수준, 2) 각 거래조건의 수준으로
나눠서 생각해야 한다. 특히 첫 번째 목표(영업이익률) 달성을 위해 거
래조건의 수준을 결정하는 두 번째 수준인 거래조건별로 희망수준~
수용수준~이탈수준을 정하는 것은 매우 중요한 협상의 기술이다. 가
격만으로 이 두 가지 목표수준을 결정해서는 안 된다. 가격을 조금 깎
아주었더라도 다른 조건의 양보 혹은 교환을 하는 것은 전체 마진의
폭을 줄어들게 하기 때문이다. 따라서 영업사원은 고객과 합의를 봐야
하는 모든 조건의 목표수준을 계산한 후 전체 거래의 마진수준에 맞춰
야 한다. 따라서 가격만이 유일한 목표가 되어서는 안 된다.

　위의 첨단 사무기기 거래에서 영업 측의 희망수준은 표준 판매조건
이다. 고객의 희망수준은 고객이 처음 제안한 수준이다. 그럼 서로의
이탈수준은? 그것은 내부적으로는 결정되어 있더라고 상대방으로서는
알 수 없다. 어쨌든 상호 간에 이 이탈수준이 정해져 있기 때문에 협상
이 가능(희망수준~이탈수준)하게 된다.

　따라서 서로의 희망수준을 파악한 후 상대의 이탈수준을 예측해 협
상 가능 범위를 판단하는 기술이 필요하다. 이 방법이 등거리 법칙이
고 뒤에서 자세히 알아볼 것이다.

2) 목표를 돌판에 새기지 마라

영업이든 구매든 협상의 목표는 움직이지 않는 절대적인 것이 아니다. 돌판에 새겨진 목표는 지우거나 수정하기가 어렵다. 그렇게 되면 협상할 수 있는 여지가 줄어들거나 없어져 협상 타결의 가능성이 낮아지거나 손해를 보는 수준으로 협상을 타결할 수밖에 없는 상황에 처하게 된다. 영업성과의 이익수준을 결정하는 협상의 최종 목표는 내부 이해관계자들과의 협의를 통해 결정하지만 그 목표는 협상 파트너의 제안수준에 따라 역동적으로 변한다. 기본적으로 영업사원의 희망수준인 표준 판매조건은 고객에게는 이탈수준이 된다. 이와 마찬가지로 고객의 첫 제안수준은 고객의 희망수준이 되고 영업사원에게는 이탈수준이 된다.

여기에서 영업사원이 반드시 알고 활용해야 하는 중요한 사실이 하나 있다. 영업사원이 협상의 여지를 확보하기 위해 일정 수준의 이익 확보를 위해 협상의 폭(희망수준~이탈수준)을 정하듯이 고객 역시 협상의 여지를 확보해서 자신의 구매비용을 줄이기 위해 협상목표를 일정수준의 폭(희망수준~이탈수준)을 두고 제안한다는 것이다. 따라서 고객의 첫 제안은 고객이 가진 희망수준이 된다. 이 말은 고객의 제안수준은 영업사원에게 유리하도록(고객의 이탈수준에 가까워지거나 혹은 영업사원의 희망수준에 가까워지는) 얼마든 변할 수 있다는 것을 의미한다. 그리고 영업사원은 고객이 가진 이탈수준(고객이 구매를 포기하는 수준)이나 수용가능한 수준을 파악하는 기술을 활용해 고객의 협상 폭을 예측할 수 있어야 한다. 고객의 어떠한 제안이든 고객 역시 협상의 여지를 두고 제안을 한다는 것이다. 협상의 여지를 둔다는 것은 각 거래조건에 대한 협상의 목표(구매수준의 폭)와 수립과 전술(거래조건들 간의 양보, 교환, 절충 등)을 활용할 수 있다는 것을 의미한다.

그리고 만일 위의 첨단 사무기기 제안조건에서 영업사원 혹은 영업조직이 2%의 마진(내부에서 정한 이탈수준)까지 거래조건을 최대한 양보할 수 있다고 가정해보자. 이때 고객이 제안한 조건은 4.5%의 마진 수준이다. 이렇게 되면 영업사원과 조직의 이탈수준은 2%에서 4.5%로 올라가면서 기본적으로 4.5%(2.5＋2%)의 마진을 확보한 상태에서 추가적인 마진을 얻어내기 위한 협상을 하게 된다. 영업조직의 마진수준은 고객이 제안한 수준보다는 절대로 낮아지지 않는다. 얼마만큼의 마진을 더 많이 확보하느냐를 위해 협상을 하는 것이다. 물론 반대의 경우도 마찬가지이다. 예를 들어, 구매담당자는 사무기기의 긴급한 필요로 영업사원이 제안한 표준조건(고객의 이탈수준)으로 계약할 의사가 있다. 그렇지만 고객은 이 사실을 숨긴 채 영업사원의 제안조건을 보고 "비싸다"라고 하자 영업사원이 "그럼 가격을 4% 깎아드리면…"라고 깎은 가격을 제안한다면 고객은 가격에 대해 4%의 구매비용을 절감하는 이익을 얻고 고객의 구매가격 이탈수준은 4%가 낮아진 가격이 된다. 즉, 영업사원이 가격을 낮춰 제안하는 만큼의 구매비용을 절감하게 되는 것이다. 따라서 영업사원은 고객에게 거래조건을 제안할 때 고객과의 관계 등을 생각해 미리 깎아줌으로써 협상의 여지를 줄이거나 희망수준을 낮추어서는 안 된다. 이유로 대부분의 고객은 영업사원이 선의로 가격을 깎아주는 것에 대해 추가적인 양보를 요구하지 영업사원의 제안을 그대로 수용하거나 대가로 다른 조건의 양보를 하지 않기 때문이다. 따라서 영업사원은 고객의 제안을 끌어내어 고객의 희망수준을 먼저 파악하고 고객의 협상 가능성을 파악하는 노력을 하여야 한다.

여기서 또 하나의 핵심은 영업이든 구매든 자신의 이탈수준을 상대가 알아서는 절대로 안 된다. 물론 상대의 이탈수준을 알아내기만 한다면 협상에서 매우 유리한 위치를 점할 수 있다. 만일 영업사원이 고객의 구매 긴급성과 구매예산의 충분한 확보, 그리고 영업사원의 제안 가격을 그대로 수용할 수 있다는 것을 파악하였다면? 반대로 고객 입장에서 영업사원 혹은 영업조직이 2%의 마진만 확보되어도 된다는 사실을 파악하였다면? 이 둘 중 하나의 상황만 전개되어도 협상은 엄청나게 다른 결과를 가져올 것이다.

이렇게 협상 파트너 상호 간의 목표는 협상상대의 목표와 제안수준에 영향을 받는다. 영업사원은 자신이 제안하는 거래조건은 얼마든지 고객에게 유리하게 변경될 수 있듯이 고객이 제안하는 거래조건 역시 항상 영업사원에게 유리하게 변경될 수 있다는 가능성을 갖고 협상에 임하는 것이 중요하다. 고객의 요구조건이 변경 불가능하다는 고정관념을 갖지 않도록 하라.

② 협상목표를 달성하는 방법

협상의 목표를 달성하기 위해서는 잘 준비된 전략과 전술이 있어야 한다. 위에서 알아본 것과 같이 협상에서는 서로의 제안을 주고받고, 서로의 협상 여지(가능 범위)를 판단하며, 다양한 거래조건들을 어떻게 활용하는가(협상의 전술)에 따라 협상의 목표 달성 가능성이 결정된다.

1) 협상에서 전략은?

협상의 전략은 "협상에서의 목표와 방법, 그리고 행동순서를 전체적으로 결합시키는 기획"을 말한다. 협상전략을 수립할 때는 1) 상호 의

존관계에 있는 상대방의 선택과 행동에 대한 면밀한 분석이 필요, 2) 상대방의 선택과 대안에 따른 결과와 그것이 자신에게 미치는 영향을 예측하고 분석, 3) 상대방의 예상되는 선택과 행동에 근거한 행동계획 수립, 4) 이러한 전략을 구체적으로 수행할 전술의 개발이 필요하다. 일반적으로 전략이 필요한 이유로는 자원의 한계가 첫 번째 원인이다. 영업사원이 고려해야 하는 자원은 영업의 이익률 수준과 내부 관련 부서의 상황이 된다. 고객의 자원은 구매비용이 된다. 이 자원의 한계 또는 부족이 협상의 목표를 수립하게 하고 전략적인 실행을 요구한다. 전략이 필요한 두 번째 이유로는 상대가 전략적으로 움직이기 때문이다. 어떠한 상황에서든 상대가 선택할 수 있는 모든 행동을 고려해 나의 행동을 구체화하는 작업이 필요하다.

협상전략을 수립할 때 고려해야 하는 요소로는 1) 선택의 문제가 있다. 이 선택은 협상에서 자신의 행동, 태도를 포함한다. 2) 우연성의 문제가 있다. 협상을 진행하면서 나타나는 상호 간의 요구사항과 수준, 내부 이해관계의 흐름 변화, 예상하지 않은 조직 내·외부 변화 등이 협상의 결과에 영향을 미치게 된다. 따라서 협상 중에 발생하는 우연한 상황변화를 예의 주시하고 협상에 활용할 수 있어야 한다. 3) 상호 의존성의 문제이다. 한 번의 거래로 끝나는 협상과 앞으로 지속적인 관계를 전제로 둔 협상은 전략의 선택에 있어서도 차이가 난다. 다음의 그림이 그 관계를 나타낸다.

		<갈등의 인식 정도 - 상호 목표의 상충>	
		높음	낮음
관계중요도	높음	관심의 균형상황 (비즈니스 협상, 합작투자, 합병) 전략: 문제 해결, 안 되면 타협, 교환	관계 중시 상황 (결혼, 우정, 업무팀 내) 전략: 동조(수용), 문제 해결, 타협
	낮음	거래상황 (이혼, 집 판매, 시장거래) 전략: 경쟁, 문제 해결, 타협	묵시적 협조상황 (도로교차로, 항공기좌석) 전략: 회피, 동조, 타협

리처드 셸. 『협상의 전략』, 김영사.

4) 불완전한 정보의 문제이다. 정보는 협상목표와 전략 수집 그리고 전술과 책략의 실행에 큰 영향을 미친다. 하지만 협상을 진행하면서 파악되는 정보의 정확성의 수준이 항상 문제이다. 협상 테이블에서 보이는 상대의 태도 또는 상대가 제공하는 정보 역시 정확한 의미를 판단하는 데 어려움이 따른다. 이 때문에 협상전략 수립과 상대의 전략을 간파하고 예측하고 대응하는데 많은 어려움이 발생한다. 이러한 정보의 한계가 협상전략을 수립하는 데 영향을 미친다.

(1) 협상전략의 종류

협상전략은 상대방과의 관계와 협상성과를 고려한 다음의 5가지 전략이 있다.

		실제 성과가 중요한가?	
		그렇다	아니다
서로의 관계가 중요한가?	그렇다	협동전략 절충·타협	수용전략
	아니다	경쟁전략	회피전략

협동전략은 상대와의 관계가 중요(장기거래 등)하고 협상의 성과 역

시 중요할 때 선택하는 전략으로 WIN-WIN의 결과를 얻을 필요가 있을 때 선택하는 전략이다. 협동전략을 선택할 때는 파이를 정해놓고 이것을 나누는 것보다는 파이를 키우고 협상의 상황을 창의적으로 해결하는 방법으로 협상에 임한다. 수용전략은 상대방과의 관계를 협상의 성과보다 중요하게 생각할 때 선택할 수 있는 전략이다. 상대의 요구조건을 그대로 받아들이면서 자신의 요구조건은 제안하지 않는 전략으로 이 전략을 선택하면 어느 한쪽이 원하는 것을 모두 얻는 일방적인 협상결과가 나온다. 경쟁전략은 협상의 성과가 상대방과의 관계보다 중요할 때 선택하는 전략이다. 대부분 1회성 거래이거나, 기회비용이 없을 때 선택하는 전략이다. 회피전략은 그냥 협상이 흘러가는 대로 따라가는 전략으로 자신의 제안도 요구하지 않고 상대와의 관계도 고려하지 않는 전략으로 많은 문제를 야기할 수 있는 전략이다. 마지막으로 절충·타협 전략으로 협상의 성과와 상대방과의 관계를 적절하게 균형을 맞추는 전략으로 볼 수 있다.

영업사원이 어떤 전략을 선택해 고객과 협상에 임할 것인가는 협상의 성과와 고객과의 관계도 중요하지만 고객이 어떤 전략을 사용하는가에 영향을 받는다. 수년간 거래를 해온 고객이 갑자기 입찰형식으로 구매하겠다는 구매방법을 선택하였다면 경쟁전략을 선택했다고 볼 수 있다. 이런 상황에서 영업사원과 조직은 협상전략을 선택할 때 신중해야 한다. 맞불전략을 선택할 수도 있겠지만 거래의 전체적인 상황을 보고 전략을 선택하는 것이 필요하다.

각 협상전략은 다음의 상황에 적절하게 사용될 필요가 있다.

상황 대응전략	적절한 상황	부적절한 상황
윈윈 중심 통합· 협동전략	1. 이슈가 복잡할 때 2. 좀 더 나은 해결책을 고안하기 위해 상대와 아이디어를 종합하는 것이 필요할 때 3. 성공적인 실행을 위해 상대의 확약이나 약속이 필요할 때 4. 문제 해결을 위한 시간적 여유가 있을 때 5. 한쪽만으로는 문제를 해결할 수 없을 때 6. 공동의 문제를 해결하는 데 상대가 소유한 다양한 자원이 필요할 때	1. 과제나 문제가 단순할 때 2. 즉각적인 결정이 요구될 때 3. 상대의 이익에 대해 관심이 없을 때 4. 상대가 문제 해결기술이 없을 때
관계 중심 양보· 수용전략	1. 당신이 틀렸다고 생각할 때 2. 상대에게 쟁점이 더 중요할 때 3. 향후의 중요한 거래를 위해 어떤 것을 상대에게 양보할 필요가 있을 때 4. 당신이 약자의 입장에서 쟁점을 다룰 때 5. 관계가 중요하다고 인식할 때	1. 쟁점이 당신에게 중요할 때 2. 스스로가 옳다고 생각할 때 3. 상대가 옳지 않거나 비윤리적일 때
거래 중심 투쟁· 경쟁전략	1. 쟁점이 사소할 때 2. 빠른 결정이 필요할 때 3. 평판이 좋지 않은 행동을 실행해야 할 때 4. 단정적이고 억지를 부리는 상대를 압도할 필요가 있을 때 5. 상대가 내린 불리한 결정이 당신에게 큰 피해가 될 수 있을 때 6. 기술적인 결정을 내리는 데 상대의 능력이 떨어질 때 7. 쟁점이 당신에게 중요할 때	1. 쟁점이 복잡할 때 2. 쟁점이 당신에게 중요하지 않을 때 3. 양쪽 모두 힘이 동등할 때 4. 결정을 빨리 내릴 필요가 없을 때 5. 상대가 높은 경쟁력을 갖고 있을 때
무관심 회피전략	1. 쟁점이 사소할 때 2. 관계와 이득 모두 자신이 없을 때 3. 냉각 시간이 필요할 때	1. 쟁점이 당신에게 중요할 때 2. 당신에게 결정의 책임이 있을 때 3. 상대가 미루고 싶어 하지 않고, 쟁점이 해결되어야 할 때 4. 신속한 관심이 필요할 때

절충
타협전략
	1. 목표가 상호 배타적일 때
	2. 양측이 동등한 힘을 가질 때
	3. 합의가 이루어지지 않을 수 있을 때
	4. 호혜적 또는 강압적 협상 스타일이 성공
	   적이지 못할 때
	5. 복잡한 문제에 대한 일시적인 해결책이
	   필요할 때
		1. 한쪽의 힘이 더 강력할 때
		2. 문제가 너무 복잡해서 '문
		   제풀기식' 접근방법이 필
		   요할 때

출처 '최고의 협상' 로이 J.레위키 외 김성형 번역 sb

또 다른 협상의 전략으로는 이익의 분배를 중심으로 분배전략과 통합전략으로 구분한다.

  i) 분배전략은 ① 일방승리, 일방패배식 협상, ② 경쟁적 관계, ③ 고정된 가치 분배, ④ 자신의 이익 극대화를 추구하는 전략이다.

  ii) 통합전략은 ① 모두가 승리하는 협상, ② 협력적 관례, ③ 양자의 노력에 의해 가치 창출, ④ 자신과 상대의 이익 고려, ⑤ 전제조건-공통이익, 공유된 이익, 결합이익의 발견과 실현과정 개발, ⑥ 성공조건-상대방의 필요와 목적 이해, 정보, 창의적 아이디어 공유, 공통점과 유사점에 집중, 진지한 노력이 필요한 전략이다. ⑦ 관계 유지를 위해서는-공통의 목적 추구, 생산적 관계를 위한 상호 동기부여, 상호 신뢰, 정확하고 명확한 의사소통, 상대의 필요와 목적 수용 등의 방법을 보여준다.

서로가 처한 입장에 따른 협상전략으로는

연성입장협상	경성입장협상
자신의 입장이 없이 끌려가는 협상	완강한 상대를 상정하고 대응하는 협상
1. 당사자들은 친구이다.	1. 당사자들은 적이다.
2. 목적은 합의를 이루는 것이다.	2. 목적은 승자가 되는 것이다.
3. 관계를 돈독하게 하기 위해 양보한다.	3. 관계 유지 대가로 일방적 양보를 요구한다.
4. 상대와 협상이슈에 대해 유순하다.	4. 상대와 이슈에 대해 모두 완강하다.
5. 상대를 믿는다.	5. 상대를 극도로 불신한다.
6. 자신의 입장을 쉽게 바꾼다.	6. 자신의 입장을 고수한다.
7. 먼저 제안을 한다.	7. 위협을 한다.
8. 최대 양보선을 공개한다.	8. 최대 양보 선에 대해 상대의 오판 유도한다.
9. 합의를 위해 일방적 양보를 한다.	9. 합의에 대한 상당한 양보를 요구한다.
10. 당사자 모두가 만족할 대안을 탐색	10. 자신만 만족할 대안을 찾는다.
11. 합의를 주장한다.	11. 자신의 입장만 주장한다.
12. 의지의 경합을 피한다.	12. 의지의 경합에서 승리하려 한다.
13. 압력에 굴복한다.	13. 압력을 가한다.

출처 '협상론' 이달곤저 법문사

(2) 협상전략 선택 시 고려사항들

좋은 전략은 상대의 전략에 영향을 미치고 협상의 전체적인 흐름을 유리하게 이끌도록 도와준다. 따라서 위의 전략들 중 어떤 전략을 선택할 것인가는 다음의 사항들을 고려하는 것이 도움이 된다.

선례 찾기	과거의 유사한 협상경험 분석(성공 또는 실패) 상대가 이용할 수 있는 선례
대안(BATNA) · 무기 개발	선택과 유연성의 힘을 강화한다. 상대의 수를 읽는 데 도움이 되고 난관에 빠지지 않는다.
관심거리	이익의 가치를 판단(나와 상대방) 상대의 요구사항을 알면 쉽게 협상을 마무리 지을 수 있다.
데드라인	협상의 제안시간은 강한 무기이기도 하지만 약점이기도 하다.
강점과 약점	자신의 약점과 상대의 강점을 평가절상하지 마라. 상대의 강점을 감정이 아닌 분석적으로 접근하라.
최고의 목표와 물러날 위치	이상적인 목표와 물러날 위치를 결정하라. 협상을 하지 않는 것이 때로는 유리하다.
전략과 팀	당신의 협상력을 강화할 팀을 구축하고, 상대팀을 분석하라. 양보, 버티기 등의 전략을 개발하라.

협상의 목표와 마찬가지로 협상의 전략 역시 협상이 진행되면서 변한다. 영업사원은 고객이 선택한 협상전략이 어떠하든 그 전략은 협상이 진행되는 상황에 따라 그리고 영업사원이 보이는 전략에 따라 어느 정도는 변할 수 있으며 영업사원의 전략으로 고객의 전략을 변화시킬 수도 있다는 것을 알아야 한다. 비록 고객이 경쟁적인 전략으로 감정을 폭로하고 압박을 가하더라도 평정심을 유지하면서 여유를 갖고 감정적 반응의 원인을 제거하면 고객의 전략은 바뀔 수 있다. 이제껏 타협 혹은 통합의 전략으로 협상해오던 고객이 공개입찰이라는 강경전략을 선택할 수도 있다. 이러한 고객의 강경전략에 적절하게 대응(공개입찰을 통해 구매비용 ─가격─을 낮추더라도 낙찰받은 기업이 가격할인에 대한 보상으로 품질을 떨어뜨릴 수 있다. 그러면 ~의 손실이 예상된다. 그래도 좋은가?)하는 것이 유능한 영업사원의 협상능력이다.

2) 협상전술과 도구들

협상전술은 전략을 실행하는 구체적인 방법들이다. 전략은 협상목표를 달성하기 위한 대응방법이다. 그러므로 협상전술은 협상목표를 달성하기 위한 구체적인 거래조건의 합의를 이끌어내는 협상 실행기술이다. 이 실행기술을 펼치는 데 필요한 구체적인 협상의 도구는 합의를 봐야 하는 거래조건들이다. 각 거래조건들을 어떤 수준으로 고객과 합의를 끌어내는가에 따라 협상목표의 달성 여부가 결정된다. 대부분의 영업사원들은 고객과 협상을 한다면 곧 가격수준을 합의하는 것, 고객의 가격할인 요구를 어떻게 수용할까라는 고정관념을 갖고 있다. 고객과 협상에서 합의를 끌어내야 하는 것은 가격만이 유일한 조건은 아니다.

다음의 항목들 모두가 협상전술의 도구(합의를 볼 거래조건들)가 될 것이다. 따라서 비즈니스의 유형과 상황, 고객과 영업조직의 상황에 따라 적절한 거래조건들을 개발하는 것이 중요하다. 이 조건들을 협상의 의제라고도 하고 쟁점이라고도 한다.

대금 지불조건
대금 지불방법
통화의 종류 – 국제거래
할부와 기간
어음 또는 지연결제
선불 시 가격할인 여부
선불 혹은 후불 가능성
취소 불가능 계약서
3자 결제 방식
결제 시기
결제 위약 시 처리방법

납품조건
수량
포장 단위의 변경 및 비용부담
운송·보험관계
보관 중 피해의 책임소재
포장지에 구입자의 상표명 사용 가능성
용기의 방수, 방풍, 방충 문제
잔여 물량의 보관방법
보관비용 부담방법
인도 시 물품 검사방법

규격, 품질
규격과 품질에서 필수 요건 합의
품질의 변동 없이 규격 변동 가능성

품질의 95% 유지 가능성
내구성과 가격의 관계
규격조건과 가격
More or Less에 대한 허용과 기준
잔여 물량에 대한 규격조건 적용 여부
이상적인 규격조건과 실제 사용상 필요조건

수급관계
독점 공급업체로서 누릴 수 있는 특혜
여러 공급업체와의 거래 필요성
독점 공급 시 적정 계약기간
계약기간 중 가격 조정 가능성
독점 계약 시 광고 및 홍보비 분담
판매 홍보의 분업
배송에 대한 책임
특수 배송 조건

위험
보험료 부담 가능성
보험 종류
불량품 교체 시 부담 여부
계약 불이행 시 책임
품질 보증기간
품질 검사 담당 여부
제품 성능 측정
보험금 분담 가능성
보험 적용 가능 항목
특허권, 저작권 위반 시 책임
세금 및 기타 부채 책임

시간
물품인도 시기와 방법
계약기간

최종 인도시점
물품의 사용 가능 시기
계약 진행상황 체크 여부
계약 이행 세부절차 확인
납품 후 검사기간
납품일정의 조정 가능성

필요하다면 영업사원은 더 많은 조건을 개발하고 합의를 이끌어내는 노력을 하는 것이 좋다. 고객 역시 자신 혹은 기업에 필요하다면 계약에도 없는 조건을 제안하고 합의를 시도할 것이다. 각 조건의 중요도와 우선순위는 영업조직과 구매기업의 상황에 따라 다르다. 이 중요도와 우선순위에 따라 거래조건을 어떻게 다룰 것인가가 협상의 전술 여섯 가지이다.

3) 협상전술의 여섯 가지와 활용 캔버스

영업사원에게 주어진 협상의 권한은 3%이다. 대부분 이 권한을 가격을 깎아줄 수 있는 권한으로 이해한다. 실제적인 권한은 마진의 3%까지 허용한다는 것이다. 영업사원은 합의가 필요한 모든 조건의 수준이 마진에 미치는 영향을 판단해 3%의 마진을 확보할 수 있는 거래조건들의 수준을 결정해야 한다. 어쨌든 협상 중인 고객이 영업사원이 제안한 조건을 보고 가격을 5%는 깎아야 한다고 한다. 결제도 여유를 달라고 한다. 물론 영업사원은 자신에게 부여된 권한을 벗어난 5%를 수용할 수 없다. 그리고 결제 또한 현금에서 다른 내용으로 바꾸면 그것이 곧 마진을 떨어 뜨리는 비용이 될 것이다. 어떻게 대응하면 자신의 권한 내에서 협상을 마무리할 수 있을까? 이때 요구되는 것이 협상전술이다.

영업사원이 활용해야 하는 영업협상의 전술은 다음의 표에 잘 정리되어 있다.

〈협상전술의 종류〉

전술	변경항목 수	내용	사용시기
교환	2	고객과 당신은 상응하는 가치를 서로 주고받는다 (가격과 결제방법의 교환).	모든 경우에(최선안) 고객도 많이 사용하는 전략
강화·덤	1 (이견과 무관)	고객은 요구하지 않은 다른 것을 받는다. 당신은 비용이 적게 드는 것을 준다.	고객의 요구를 만족시키는 데 있어서 유연성을 발휘하기 힘들 때 상대의 태도 변화를 위해 고객에게 가치 있는 조건을 덤으로 제공
절충	1 (이견과 관련)	당신과 고객 모두 원하는 것의 일부만을 받는다.	중요한 이견을 해결할 때 (조속한 결론의 유도가 필요할 때) 양측이 동등한 가치를 가질 때 타협을 하는 것
양보	1 (이견과 관련)	고객은 원하는 것을 받는다. 당신은 원하는 것을 포기한다.	마지막 단계에서 사소한 견해차를 해소할 때 향후 거래의 보장을 위해 관계가 중요하다고 판단될 때
포기	–	거래를 포기한다.	양쪽 당사자들 중에 한쪽이 손해를 보게 될 때 냉각기를 가질 필요가 있을 때
강경	–	자신의 입장과 제안수준을 고집	쟁점이 매우 중요할 때 거래조건의 우선순위가 높을 때 결정의 책임이 있을 때

영업사원은 위의 여섯 가지 전술을 거래조건의 우선순위와 내부목표에 따라 그리고 고객의 요구조건 항목과 수준에 따라 적절하게 혼합해 사용할 수 있어야 한다. 모든 거래조건을 두고 위의 전술을 활용해 목표 달성을 가능하게 하는 다양한 조건의 조합인 경우의 수를 만들어 내야 한다. 이를 틀 짜기라고 한다. 틀 짜기에 대해 알아보도록 한다.

(1) 전술수행 방법 – 협상의제와 전술의 접목(틀 짜기)

앞에서 알아본 첨단 사무기기 거래에 대한 내용을 상기해보자. 일단 고객은 영업사원의 제안에 대해 부정적인 반응을 보이면서 자신이 원하는 구매조건(가격할인과 결제)을 제안하였다. 영업사원이 고객의 요구조건을 수용할 수 없는 것은 당연하다. 물론 영업사원은 우선적으로 자신의 권한으로 협상을 타결(가격을 조금 덜 깎는 조건과 결제방법을 바꾸는 방법을 제안하는 것 등)하는 시도를 해야 한다. 그렇다고 고객의 다소 무리한 요구조건에 놀라 협상을 시도하기도 전에 거래를 포기하는 것은 영업사원으로서는 바람직하지 않은 반응이다. 이러한 상황(영업사원의 권한을 벗어난 고객의 요구조건)에서 영업사원은 어떤 작전을 짜야 하겠는가? 영업사원이 자신의 권한으로 협상을 마무리하지 못하고, 고객 역시 무리한 요구(영업사원이 결정할 수 없는 요구)를 할 때 조직과 함께 본 협상을 준비하는 방법을 중심으로 알아보도록 한다. 물론 이 방법은 영업사원이 사전협상을 할 때도 적극 활용하는 것이 좋다.

영업사원은 자신의 권한을 벗어난 고객의 요구조건에 대해 다음의 방법으로 협상 전략을 수립할 수 있어야 한다.

협상전술 수립원칙

협상 준비팀을 구성한다. 영업사원은 조직의 다른 관련 부서실무자 또는 책임자, 상사 또는 의사 결정권자와 이번 협상 건의 대응전술을 수립하기 위한 내부협상을 실시한다. 고객과의 거래가 중요하고 고객의 요구가 영업사원의 권한을 벗어난다면 거래마다 이러한 활동이 필요할 것이다. 영업사원이 이 내부협상을 주도하고 이끌 수도 있고 상사에게 부탁을 할 수도 있다.

상대방의 협상목표, 전략과 전술, 요구와 욕구, 관심, 입장 및 태도, 정보, 행동에 대한 조사 분석 및 공유-올바른 협상전술 수립을 위해서는 상대에 대한 분석이 반드시 필요하다. 이 분석의 수준에 따라 대응전술의 가치가 결정될 수도 있기 때문이다. 영업사원은 영업활동 하는 모든 순간에 파악되는 정보를 정리하는 것이 필요하다. 그리고 고객의 요구와 욕구를 명확히 파악하고, 협상 스타일, 구매 프로세스, 구매전략, 고객의 현재 상황(구매시기, 재고수준, 권한, 시간적 한계 등)에 대한 정보를 조사하여야 한다.

나의 목표, 전략과 전술, 문제점, 한계 등을 분석-영향력 있는 협상전술을 수립하기 위해서는 자신의 분석 역시 중요하다. 의사 결정권자와 내부 관련 부서와의 협의를 통해 이번 거래에서 달성할 목표(이익률 수준), 각 거래조건의 우선순위와 한계수준(희망수준과 이탈수준), 고객과 협의할 다른 조건들과 관련된 다른 부서의 현재 상황들에 대한 분석이 요구된다.

선례 수집 분석-영업사원이 수집하고 분석할 선례는 몇 가지로 나뉜다. 1) 거래를 협의하고 있는 고객이 기존고객이라면 이전의 거래에서 어떻게 협상이 진행되고 마무리되었는가를 수집하고 분석하는 것이 요구된다. 2) 신규고객의 경우에는 자사 내부에서 동일한 제품을 다른 고객들과 어떻게 협상하였는지를 조사 분석한다.

우선순위 결정-영업사원은 고객과 합의를 봐야하는 거래 조건들의 내부 우선순위를 파악한 후 고객에게 제안할 거래조건들의 경우의 수를 개발해야 한다. 거래 조건의 우선순위에 따라 적용할 전술이 달라져야 하기 때문이다. 이 원칙이 협상전술 수립의 핵심이다. 내부의 모든 상황을 고려하고, 상대(고객)에 대한 정보를 바탕으로 고객을 설득할 수 있는 거래조건의 조합으로 구성된 경우의 수를 만들어낸다. 이러한 방법으로 각 조건의 내부 우선순위에 따라 어떤 협상전술(교환, 강화, 양보, 포기, 절충, 강경)을 어떻게 적용할 것인가를 결정하는 것이다.

제안의 순서를 정하고 논리를 개발한다. 개발된 거래조건 경우의 수에 대한 우선순위에 따라 설득력을 개발하여 고객이 영업사원의 제안을 수용하도록 설득의 논리를 개발한다. 그리고 경우의 수를 제안할 때는 복수의 제안(2~3개 정도)을 통해 고객에게 선택권을 넘겨주도록 하는 것이 좋다.

내부협상을 마무리하고 그 결과를 실행하기 위한 기획을 한다. 내부 이해관계자들과의 협의를 통해 협상의 목표와 전술들이 수립되면 영업사원은 내부협상을 마무리한다. 그리고 그 내용을 실행하기 위한 실행계획을 수립한다. 이 실행계획은 협상의 전략과 전술이 합쳐진 책략이 된다. 또 그 내용에 따라 팀으로 협상을 전개할 수도 있다.

협상전술 수립방법 1 - 거래조건들을 별개로 다룰 때: 일반적인 협상전술 수립방법

영업사원의 협상전술 수립방법 중 첫 번째로는 아래 표의 내용을 활용하는 방법이 있다. 아마도 가장 많이 그리고 빈번하게 사용할 수 있는 방법이다. 그리고 고객이 거래조건을 일괄적으로 타결하려 하지 않고 거래조건을 양파 껍질을 까듯 하나씩 하나씩 다루려 할 때 대응할 수 있는 전술 수립의 방법이다.

〈협상전술 수립 1〉

쟁점 (거래조건)	우선순위 (내부)	목표수준			전술	설득논리
		희망수준	수용수준	이탈수준	교환, 절충, 양보, 강화, 포기, 강경	

　쟁점은 고객과 합의를 봐야 하는 거래조건을 나타낸다. 우선순위는 가 거래조건 중 내부상황과 협상의 목적에 따라 그 우선순위를 정한다. 우선순위에 따라 협상의 전술이 달라질 것이다. 목표수준은 각 조건에 대해서 희망수준과 이탈수준을 정한다. 그리고 전략은 각 조건의 우선순위를 두고 6개의 전술을 적절하게 혼합하여 사용한다.

　앞에서 알아본 첨단 사무기기에 대한 협상전술을 수립하기 위해 우선 그 내용을 정리해보자.

〈협상전술 수립 1 - 사례실습 1〉

쟁점 (거래조건)	우선순위 (내부)	목표수준			전술	설득논리
		희망수준	수용수준	이탈수준	교환, 절충, 양보, 강화, 포기, 강경	
가격	1	145만		140만		
결제	3	현금		1달		
AS	5	1년		1년		

배송	–	3일		1일		
소모품	4	100%		85%		
회원제 (소모품)	2	10만 (7만)		8만 (5만)		
보상할인	0	0%		3%		
사용법 교육	–	영업사원 현장교육		4시간		

쟁점(거래조건 중)고객이 요구한 보상할인(기기 고장 시 업무지연 혹은 차질에 대한 보상으로 3% 가격할인 요구)조건은 예상하지 못한 조건으로 매우 중요한 조건이 되었다. 이제껏 한 번도 다루지 못한 조건일 수도 있고, 고장에 대한 가능성이 불투명하기 때문에 이 조건을 어떻게 처리하는 것이 좋을지에 대해 충분한 고려를 해야 한다. 사용법 교육에 대한 조건도 고객이 별도로 요청한 것이기 때문에 협의할 조건에 추가시켜야 한다. 아마도 고객에게는 이 조건의 우선순위가 높을 수도 있을 것이다. 나머지 조건들을 포함해 내부협의를 통해 조직이 달성하고자 하는 이익률 수준을 기준으로 희망수준과 이탈수준을 정한다. 이렇게 정해도 대부분의 조건이 고객의 요구조건과 차이가 날 것이다. 이 차이에 대해서는 2, 3, 4차 협상이 진행될수록 줄어들 것이기 때문에 지레 겁을 먹을 필요가 없다.

그리고 고객 역시 영업사원이 제안한 조건을 두고 <협상전술 수립 1-사례실습 1>과 같이 자신들의 내부 우선순위와 각 조건의 목표수준을 정한다. 따라서 모든 조건에 대해서는 일정한 수준의 협상 폭(목표수준)이 존재한다는 것을 알아야 한다.

이러한 내용을 토대로 구체적인 협상전술을 수립해보자.

〈협상전술 수립 1 – 사례실습 2〉

쟁점 (거래조건)	우선 순위 (내부)	목표수준			전술	설득논리
		희망 수준	수용 수준	이탈 수준	교환, 절충, 양보, 강화, 포기, 강경	
가격	1	145만		140만	– 강경 · 타협, 강경 · 결제와 교환	구매로 인한
결제	3	현금		1달	– 타협 혹은 가격과 교환	업무효율 ___%
AS	5	1년		1년	– 업계의 관례로 밀고 나감.	향상, 협상으로
배송	–	3일		1일	– 가격 혹은 결제의 양보를 유 도하기 위해 강화 혹은 양보	구매비용 __원 절감
소모품	4	100%		85%	– 타협	
회원제 (소모품)	2	10만 (7만)		8만 (5만)	– 회원가입을 유인 → 적절한 양보, 소모품은 강경적 타협	
보상할인	0	0%		3%	– 강경, 아직 발생하지 않음, 발생 시 적정수준으로 타협	
사용법 교육	–	영업사원 현장교육		4시간	– 보상 할인, 가격 등의 조건에 따라 수용(양보) 혹은 타협	

<협상전술 수립 1 – 사례실습 2>와 같이 각 거래조건의 우선순위와 고객의 요구 속에 숨겨진 욕구를 파악해 협상의 목표 달성을 위한 다양한 전술을 수립한다. 모든 조건은 이탈수준을 벗어나서는 아니 된다는 것을 명심할 필요가 있다. 특히 영업사원이나 영업조직이 예견하지 않은 보상할인과 같은 조건에 대해서는 신중하게 대응하는 협상전술이 요구된다.

위와 같은 전술 수행을 위해서는 고객이 합의를 요구하는 조건의 수와 각 조건의 요구수준을 파악하는 것이 우선이다. 가능한 이 고객의

요구조건 내용과 수준의 파악은 사전협상에서 마무리해야 한다. 그리고 고객의 요구수준을 기준으로 각 조건에 대한 고객의 우선순위도 예측할 수 있으면 더 낫다. 물론 실제 협상을 진행하다 보면 영업사원이 생각하는 대로 협상이 흘러가지는 않는다. 하지만 위와 같은 다양한 전술을 준비해 협상에 임함으로써 자신감을 갖고 협상이 진행되는 상황에 유연하게 대처할 수 있을 것이다.

마지막으로 준비한 조건에 대한 설득 논리를 개발할 때는 다음 두 가지를 지속적으로 강조하는 것이 좋다. 하나는 구매를 통해 얻는 고객의 이익이다. 다른 하나는 협상을 통해 표준 거래조건보다 절감한 고객의 총 구매비용의 액수를 강조하는 것이다. 이 둘을 강조할 때는 고객이 얻는 이익을 가급적 숫자 혹은 금액으로 표현하는 것이 좋다.

협상전술 수립방법 2 - 쟁점 여러 개를 동시에 다룰 때

위의 첫 번째 방법보다 좀 더 복잡하지만 영업사원 입장에서 더 나은 성과를 달성하는 협상전술은 협상의 목표를 달성 가능하게 하는 여러 거래조건들에 대한 다양한 경우의 수를 개발해 고객에게 제안하고 고객을 설득하는 것이다.

예를 들어, 위 첨단 사무기기에 대한 협상에서 모든 조건은 다 합의가 이루어졌다. 단 가격, 결제, 그리고 보상할인에 대한 것만 합의가 되지 않고 있다. 고객은 이 3가지 조건을 별개의 항목으로 하나씩 다루려고 한다. 하지만 영업사원은 고객의 이 '양파껍질까기' 전술에 말려들어서는 안 된다. 이때 이 세 가지 조건을 중심으로 원하는 협상의 목표 달성을 가능하게 하는 거래조건들의 조합인 경우의 수를 개발해 대응하는 것이 고객의 전술(양파껍질 까기)에서 벗어날 수 있는 지혜로운 대응이다. 물론 여기서 개발한 경우의 수 역시 협상의 목표수준(희망수준~이탈수준) 내에 있어야 한다. 이를 활용하는 방법은 다음의 표에 나타나 있다.

〈협상전술 수립 2–경우의 수 조합〉

협상의제	가격	결제	보상할인
목표수준	A1: 144만 A2: 142만 A3: 140만	B1: 현금 B2: 2주 B3: 4주	C1: 0% C2: 발생 시 0.5% C3: 발생 시 1%
	조합선택	설득논리	
경우 수– 조건들의 조합	A1-B1-C1 A2-B1-C1 A3-B1-C1 . . .		

협상전술 수립 2-위의 페키지 조합에서 나올 수 있는 경우의 수는 총 27가지가 된다. 물론 영업사원에게 가장 유리한(많은 이익을 남기는) 조건은 A1-B1-C1이다. A3-B3-C3는 가장 불리한 그렇지만 조직으로부터 위임받는 가장 낮은 이익률의 수준이 된다. 이 1순위부터 27순위 중 하나의 조건으로 계약을 받으면 된다. 당연한 것이겠지만 1순위에 가까운 조건으로 고객을 설득하는 것이 영업사원에게 주어진 중요한 목표이자 미션이다.

이렇게 거래조건에 대한 다양한 경우의 수를 개발하는 것을 틀 짜기라고 한다.

영업사원은 고객과 협상할 때 '을'의 입장이라는 한계에 스스로를 구속시키지 말고 자신이 달성해야 하는 목표를 위해 고객의 상황, 반응, 제안수준, 상대의 한계(시간적 한계, 권한의 존재 여부와 한계, 대안과 BATNA의 한계 등), 고객의 협상전략, 전술 등을 파악해 적절하게 대응하는 전략, 전술을 개발할 수 있어야 한다. 영업조직 역시 이러한 영업사원의 협상전술 수립에 적극적인 지원을 아끼지 말아야 한다. 모든 것을 영업사원(제한적 권한, 제한적 역량을 가진)이 해결하도록 해서는 안 된다.

(2) 협상전략, 전술을 강화하는 방법

협상전략과 전술은 상대의 행동과 상대의 전술에 영향을 미쳐야 한다. 아무리 훌륭한 전술이라도 상대가 반응이 없거나 더 강력한 대응을 해온다면 전략/전술로서의 가치가 사라진다. 전략과 전술은 상대를 무력하게 해 내가 원하는 목표를 쉽게, 효율적이고 효과적으로 달성하도록 도와주는 도구이자 수단이다. 영업사원은 다음의 몇 가지 방법을 활용해 전략과 전술을 더욱 강하게 만들 필요가 있다.

상대의 말, 행동, 태도를 보고 대응하라

영업사원이 고객과 협상을 전개할 때는 협상 테이블에서 보이는 고객의 행동, 언어표현, 태도 등을 신중하게 살피고 고객의 전략 및 요구사항의 이면을 파악하는 능력을 갖춰야 한다. 협상은 전략게임이고 심리게임이다. 자신의 마음과 욕구를 숨겨야 하는 포커페이스를 요구한다. 고객은 영업사원과 거래상황과 거래조건의 중요성 등에 대해 이야기할 때는 항상 자신이 원하는 목표 달성을 위한 전략적이고 전술적인 행동을 취한다. 따라서 고객이 전하는 모든 메시지(행동, 언어, 말 등)

를 그대로 믿는 것이 아니라 그 이면을 파악하려는 노력이 필요하다.

의심나면 물어보고, 애매하면 확인하고, 무엇인가 숨겨져 있다는 것을 느낀다면 연기해보고, 상대의 이면을 파악하기 위해 정보를 활용한 탐색을 하고, 때로는 침묵을 지키거나 살짝 무시하는 듯한 반응을 보이면서 상대의 전략적인 의도를 파악하는 것이 필요하다.

전략적인 패배를 하라

이는 상대로 하여금 민감한 문제, 조건에 대해 선택을 하도록 하는 것이다. 내 손에 피를 묻히는 대신 상대가 결정하도록 하는 것이다. "과도한 엄살을 피우거나," "~한 부분만 도와주면 제안한 조건을 회사가 받아들이도록 하겠다" 등의 방법으로 대응할 수 있다. 지면서 이기는 게임을 하는 것이다

이 방법을 활용하기 위해서는 고객과 상황에 대한 많은 정보를 갖고 있어야 한다. 이번에 거래관계를 맺음으로써 추후에 더 많은 이익을 볼 수 있는 기회가 확실하다면 고객의 요구조건을 그대로 혹은 많은 부분을 수용해 줄 수도 있을 것이다. 자사의 경쟁력이 확실하고 차별화된 가치를 갖고 있다면, 신규거래이지만 한 번 상품을 사용하면 고객이 다른 상품으로 전환할 수 없을 만큼 효용이 크다면 첫 거래에서 이익을 포기하는 조건으로 협상을 마무리할 수도 있다. 이익은 이후의 거래에서 확보하면 된다. 반대로 첫 거래부터 유리한 조건으로 협상을 마무리할 수도 있을 것이다.

이 전략의 또 다른 사용법은 상대로 하여금 힘과 파워를 갖고 있다고 믿도록 하는 것이다. 그래서 상대가 그 파워를 어떻게 사용하는가를 보고 대응할 수 있을 것이다. 특히 고객이 강경하고 감정적이면서 양자택일을 요구할 때 어려운 상황을 극복하는 좋은 전략, 전술이 된다.

핫 핸드 전략, 전술을 추구하라

자신의 약점을 노출해 상대가 그 약점을 집중 공략할 때 강점으로 활용해 그 상황을 극복하거나 다른 사람을 활용해 목표를 달성하는 전략이다. 스포츠 경기에서 우수한 한 명의 선수를 막기 위해 상대팀의 수비가 집중할 때 다른 선수를 활용해 기회를 만드는 전략이기도 하다. 또는 오른손 슛이 강한 농구 선수가 상대팀의 집중적인 오른손 슛의 수비를 극복하기 위해 왼손으로 슛하는 능력을 강화해 상대 팀이 왼쪽도 수비해야 하는 부담을 주면서 그 사이 수비가 놓친 오른손으로 슛을 하는 방법이다. 거래조건 중 우선순위가 낮은 것을 처음에 강하게 요구하다가 나중에 어쩔 수 없이 양보하면서 다른 조건(우선순위가 높은)의 양보를 얻어내는 전술을 구사할 수 있다.

이 전술을 수행하기 위해서는 팀으로 협상에 임하는 것이 유리하다. 한 명은 고객을 도와주려는 태도와 행동을 보이고, 다른 한 명은 강경한 태도를 고수함으로써 고객의 결정을 촉구하는 방법이다.

모방하라

이는 상대가 보이는 패에 따라 나의 패를 준비하는 것이다. 모든 비즈니스가 우호적인 분위기가 형성되고 상호 이익이 되는 결과가 나오지 않는다. 특히 협상에서는 신뢰의 딜레마(영업사원이 고객을 믿는 만큼 고객 또는 영업사원을 믿을 것인가?)와 윤리적 딜레마(내가 솔직하게 말을 하면 상대방도 솔직하게 말을 할 것인가?)가 있다.

상대가 협상의 전략, 전술을 어떻게 펼치든 영업사원이 그대로 따라함으로써 상대 스스로가 자신의 전략, 전술을 바꾸도록 하는 방법이다. '영업사원은 협상에서 전략 혹은 전술을 펼칠 수 없다'라는 고정관념을 극복하고 고객을 움직이는 전술을 펼치는 데 영업사원의 부담을 줄일 수 있는 유용한 방법이다.

때로는 강경해져라

이는 비타협적인 힘(경쟁전략, 전술)을 사용하는 것이다. 강경한 협상 스타일을 갖고 있거나 자신이 상대방보다 훨씬 우월하다는 생각을 갖고 있거나, 특정 조건이 너무 중요해 고객의 요구를 수용할 수 없을 때, 협상을 포기하는 것이 유리한 상황이 될 때 활용하는 방법이다. 협상의 진행 여부는 상대가 결정하도록 하는 것이다. "그 가격에는 팔 수 없다. 다음에 준비가 되면 그때…" 하면서 장사꾼이 물건을 팔지 않으려는 듯한 행동을 하는 것이 이 방법이다.

이 방법을 사용할 때는 고객과의 장기적인 관계를 고려하여야 한다. 그리고 비타협적인 고집도 그 수위를 잘 조절하여야 한다. 하지만 영업사원은 경우에 따라서는 강경한 입장을 고수하는 것이 상품의 가치를 재인식시키는 기회가 된다는 것을 알고 적절하게 활용하는 대담함이 요구된다. 이 방법을 통해 고객해 고객의 구매의지의 강도를 확인할 수도 있다.

선택의 수를 줄여라

선택의 수가 많은 것이 좋다고 일반적으로 생각들을 한다. 하지만 선택의 수가 많으면 의외로 결정이 지연되고 결정한 후에도 후회를 하게 된다. 뷔페식당을 이용한 후의 아쉬움을 생각해보라.

고객·상대에게 협상 테이블에서 선택안을 제한적으로 제시해 결정을 촉구하는 것이 좋다. 대체적으로 한 번에 2~3개 정도의 선택안을 제시하도록 하라. 이 방법을 사용할 때는 다수의 조건을 동시에 다룰 때 개발한 경우의 수 조합을 고객에게 제안할 때이다.

랜덤(Random)전술을 활용하라

누군가 나의 다음 행동을 정확하게 예측한다면 어떻게 될까? 협상 테이블에서 고객이 영업사원의 다음 행동과 반응을 정확하게 예측하다면 모든 거래는 고객이 유리할 것이다. 물론 영업사원이 고객의 다음 행동과 반응을 정확하게 예측할 수 있다면 그 거래는 영업사원이 유리하게 될 것이다. 따라서 이러한 상황에 빠지지 않는 방법은 상대가 다음 행동을 알아차리지 못하도록 행동하는 것이다. 상대가 나의 수를 읽지 못하도록 체계적이지 않은 패턴을 활용하는 것이다.

일정한 조건(가격을 10,000원)의 양보를 해야할 때 이 전략은 유용하다. 만일 가격을 10,000원 양보를 해달라고 고객이 요구한다. 영업사원은 가급적 10,000원 전체의 양보를 원하지 않는다. 어떻게 하면 가급적 덜 깎아주고 마무리할 수 있을까? 정액으로 5번 양보(2,000원씩)하는 방법, 4,000/3,000/2,000/1,000으로 양보하는 방법 또는 반대로 1,000/2,000/3,000/4,000으로 양보하는 방법 등은 바람직하지 않은 전략이다. 특히 세 번째의 경우에는 일정한 패턴이 있고, 양보의 폭이 커지기 때문에 고객은 더 많은 양보를 얻어낼 수 있을 것이라는 기대감으로 추가적인 양보를 요구한다. 랜덤전략은 2,200/1,450/1,150/950원 등의 불규칙하면서도 뒤로 갈수록 그 폭이 적어지게 양보하는 방법이다. 이렇게 하면 고객의 기대감이 낮아져서 추가 양보를 덜 하게 된다.

기회비용의 가치를 계산하라

영업사원이 고객과 협상할 때 항상 고려해야 하는 요소 중 하나가 기회비용이다. 고객과 진행 중인 협상의 기회비용이 크다면 협상전략과 전술 수립에 변화를 주어야 한다. 특히 다른 가망고객이 많은지, 적은지, 다른 계약 가능성의 규모가 어느 정도인지, 다른 가망고객의 비즈니스 가치에 따라 이 기회비용의 크기가 결정된다. 이 비용의 크기는 협상의 대안인 BATNA가 결정적인 역할을 하기도 한다. 고객 역시 가망 공급업체의 수와 역량에 따라 기회비용이 발생한다.

고객에게 시간적인 여유가 있는지, 오늘 결정을 하지 않아도 손해는 없는지, 다른 대안인 BATNA의 가치가 어느 정도인지를 알아야 한다. 대부분의 영업사원에게는 이 기회비용에 대한 준비가 부족해서 협상의 여지를 없애거나 협상에서 힘을 갖지 못하는 원인이 된다.

그리고 도가 지나친 전략은 없느니만 못한 결과를 가져올 수도 있다.

4) BATNA(최적의 협상대안) 개발과 활용, 그리고 대응

어떠한 것을 선택해야 하는 입장에서 선택안들이 많다는 것은 더 나은 선택을 위한 중요한 조건이다. 물론 선택안이 너무 많음으로써 갖는 선택 후의 후회와 선택하는 과정에서 가지게 되는 혼란스러움도 있다. 그리고 다양한 선택안들의 가치가 비슷하다면 선택하는 입장에서는 어느 하나를 선택하는 기회비용에는 차이가 없겠지만 반대로 선택받는 입장에서는 자신의 것과 비슷한 가치를 갖는 다른 대안들이 많다는 것은 입장을 불리하게 만든다. 물론 가치에 명확한 차이가 난다면 상황이 다르게 전개될 수도 있다.

협상에서 선택안인 대안(BATNA)의 종류와 가치는 협상전략을 결정하고 협상의 전술을 펼치는 데 상당한 영향을 미친다. 특히 영업사원들은 고객과 협상할 때 고객이 가진 대안(BATNA)들에 큰 영향을 받는다. 고객에게 대안(BATNA)이란 "지금 협의를 하고 있는 영업사원과 조직 외 다른 영업사원과 조직(다른 가망 공급업체)을 의미"한다. 그리고 지금 협의하고 있는 영업사원의 경쟁사 또는 대체재가 있고 그것을 선택할 수도 있다는 것을 영업사원에게 알리고 영업사원이 그것에 압박을 받아야 대안(BATNA)으로서의 가치가 있다.

이와는 반대로 영업사원이 활용할 수 있는 대안(BATNA)은 '다른 가망고객'이다. 즉, 지금 협의를 하고 있는 고객 외 계약 가능성이 지금의 고객보다 높거나 비슷한 다른 거래처(가망고객) 영업사원의 대안 즉 BATNA가 된다. 이 대안들은 계약 가능성의 수준과 계약의 규모와 특성(장기거래, 마진수준 등)에 따라 그 가치가 달라진다. 가치가 높은 대안이 많을수록 영업사원은 지금 협의하고 있는 고객과의 협상 마무리에 조급해 하지 않고 여유를 가지며 유리하게 이끌 수 있을 것이다.

영업사원이든 고객이든 자신이 가진 여러 가지 대안 중 가장 가치가 높은 대안, 즉 지금 협의 중인 거래와 거의 유사한 가치를 갖는 대안을 BATNA(Best Alternative To a Negotiated Agreement)라고 한다. 이것을 '협상 결렬 시 선택할 수 있는 최선의 대안'이라고 한다. 사실 영업사원이 고객에 비해 협상에서 영향력을 발휘하지 못하는 가장 큰 이유 중 하나가 대부분의 고객이 이 BATNA를 확보하고 있고 또 협상 중에 직접적으로나 간접적으로 언급하기 때문이다. 그리고 많은 영업사원은 이 고객의 BATNA 언급에 철저한 분석 없이 계약이 수포로 돌아갈 수 있다는 두려움을 갖는다. 그 결과 고객의 요구에 전략적으로 대응하지 못하고 불리한 계약을 하거나 고객에게 끌려다니게 되는 협상을 하게 된다.

따라서 영업사원은 고객의 BATNA 활용 전술에 지혜롭게 대처하는 역량을 키워야 한다. 고객이 자신의 BATNA를 강조하거나 언급할 때 영업사원은 다음의 방법으로 대응하도록 하라.

고객의 BATNA 언급을 그대로 믿지 마라. 고객이 말하는 자신의 BATNA는 있을 수도 있고 없을 수도 있다. 그렇지만 고객은 협상을 유리하게 끌고 가기 위해 이 BATNA를 기회가 될 때마다 언급한다. "다른 기업도 제안을 하였다", "다른 유리한 조건을 제안하는 기업들도 있는데 왜 굳이…" 등 말을 한다. 고객이 언급하는 BATNA의 존재 여부는 5:5이다. 물론 확실하게 BATNA를 선정해놓고 의도적인 경쟁을 시켜 유리한 조건을 이끌어내려는 전술을 펼칠 수도 있다. 영업사원은 고객의 말을 인정하되 곧이곧대로 믿어서는 안 된다. BATNA의 존재여부를 먼저 확인하려는 노력을 하는 것이 필요하다.

고객의 BATNA를 분석하라. 고객이 말하는 BATNA(다른 가망 공급업체)의 실상을 파악하는 것이다. 우선적으로 파악할 것은 BATNA의 실체 여부이다. 그다음으로 BATNA의 생산력, 생산성, 제품과 서비스의 품질수준, 배송, 거래조건, 비용 지불 등 그 기업의 거래역량을 전반적으로 분석할 수 있어야 한다. 그리고 고객의 BATNA 선택 가능성(내부 이사 결정권자와의 특수관계 등)을 분석할 수 있으면 더 좋다. 물론 고객은 이러한 사실을 숨기거나 과장해서 노출할 수도 있다. 어쨌든 영업사원은 다양한 채널을 통해 이러한 정보를 수집하고 분석하여야 한다.

고객의 BATNA 실체가 있다는 것이 확인 되었다면 자사의 차별화된 역량을 제안하도록 하라. 그리고 이 분석과 비교를 통해 고객이 BATNA를 선택하였을 때 예견되는 기회비용(전환비용, 업무 수행비용, 내부 정착비용 등)을 강조하라. 이때 절대로 고객의 BATNA에 대해 비난, 비평을 하지 마라. 선택결과에 대한 가치만을 비교해주도록 하라.

고객이 BATNA 언급을 통해 얻고자 하는 것이 무엇인지를 파악하라. 그리고 그것에 적절하게 대응하라. 만일 고객이 가격을 깎기 위해 BATNA를 언급한다면 가격을 다른 조건과의 교환을 제안하라.

영업사원은 고객의 BATNA에 적절하게 대응하여야 하지만 자신의 협상력을 키우기 위해 자신의 BATNA를 개발하는 노력을 하여야 한다. 영업사원에게 최고의 BATNA는 계약 가능성이 높은 거래처를 다수 확보하는 것이다. 이를 위해 영업사원은 끊임없이 신규고객을 발굴해야 한다. 기존고객에게 추가판매, 교차판매, 확대판매 등의 기회를 찾는 것도 유용한 방법이다. 그리고 내부협의를 통해 협상의 큰 방향과 틀을 마련하는 것도 좋은 방법이다. 이러한 방법으로 영업사원이 자신의 BATNA를 개발하였더라도 이 사실을 고객에게 직접적으로 알릴 수는 없다. 아니 알려서도 안 된다. 대신에 간접적으로 활용한다. 즉, 이 BATNA를 활용해 협상에 여유를 갖거나, 고객의 강경한 협상전략, 가격 양보를 요구하는 협상전술 그리고 고객이 협상 테이블에서 보이는 협상책략(압박하기, 감정적 대응 등)에 흔들리지 않는 태도와 자세를 견지하면서 협상을 이끌어가는 능력을 보여주면 된다.

5) 협상의 여지를 확보하라 – ZOPA(협상 가능 범위)와 등거리 법칙

(1) 협상 가능 범위(ZOPA)

협상 당사자 서로가 가진 협상의 여지에서 협상 가능 범위가 발생한다. 그리고 모든 협상은 이 협상 가능 범위 내에서 결정된다. 고객과 협의를 봐야 하는 모든 거래조건에는 협상의 여지와 그 속에는 협상 가능 범위가 있다. 이 협상의 여지와 협상 가능 범위가 공개되기도 하지만 대부분의 경우에는 공개되지 않기 때문에 영업사원은 고객에게 제안할 때와 고객의 제안을 들었을 때 이 협상 가능범위를 활용할 수 있어야 한다.

영업사원과 고객은 진행하는 협상에서 서로의 희망수준에 가깝도록 거래조건들을 합의하는 것이 각자의 협상목표를 달성하는 중요한 능력이다. 또 모든 협상 파트너는 상대에게 의제(거래조건)들을 제안할 때 협상의 여지를 갖기 위해 일정한 폭, 즉 희망수준과 이탈수준을 설정한 후 희망수준을 제안한다. 이 희망수준은 이탈수준에 가깝게 얼마든지 이동할 수 있다. 가격을 예를 들어보자. 영업사원은 가장 비싼 가격인 희망수준과 거래를 포기하는 가장 낮은 가격인 이탈수준을 갖고 있다. 고객 역시 가장 낮은 가격으로 구입하려 하는 희망수준과 거래를 포기하는 가장 높은 가격인 이탈수준을 갖고 있다. 이렇게 모든 거래조건은 일정한 폭을 갖고 있다. 이를 협상의 여지라고 한다. 그리고 서로가 가진 협상의 여지 중 중복되는 부분을 협상 가능 범위라고 한다.

그러나 실제 협상에서는 서로의 희망수준은 공개되지만 이탈수준은 공개되지 않는다. 하지만 서로는 자신이 제안하는 희망수준은 상대가 그대로 받아들이지 않는다는 것을 잘 알고 있다. 그래서 협상가능범위가 필요하고 어느 점에서 합의가 되는가가 협상의 성과를 결정한다. 다음의 그림을 보자.

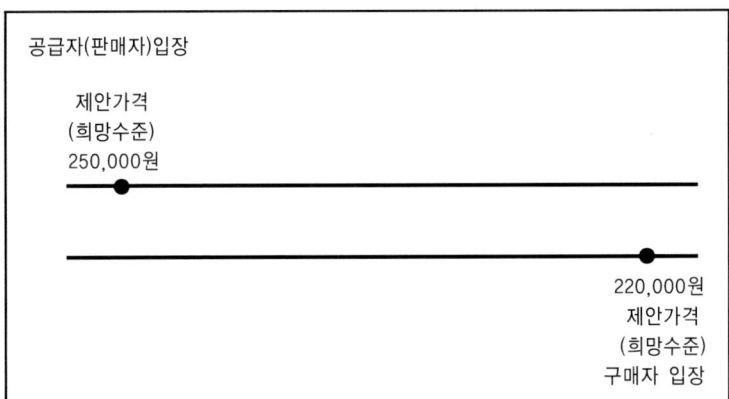

〈협상 가능 범위 1〉

위의 그림에서는 공급자인 판매자는 250,000원에 상품을 판매하려
고 250,000원을 제안하거나 가격표로 붙여둔다. 하지만 구매자는
220,000원에 상품을 구입하고자 220,000원을 제안한다. 이 초기 제안은
서로의 희망수준이다. 30,000원의 차이가 발생하였다. 이 차이가 해결
되지 않으면 거래는 발생하지 않을 것이다. 여기서 서로가 제안한 희
망수준 외 서로에게는 거래 여부를 결정할 가장 불리한 조건인 이탈수
준(판매자는 희망수준보다 낮으면서 판매를 포기하는 가장 낮은 가격,
구매자는 희망수준보다 높으면서 구입을 포기하는 가장 높은 가격)이
있다. 이 수준은 서로의 마음속에 있다. 여기서는 다음과 같이 서로에
게 이탈수준이 결정되어 있다고 생각해보자.

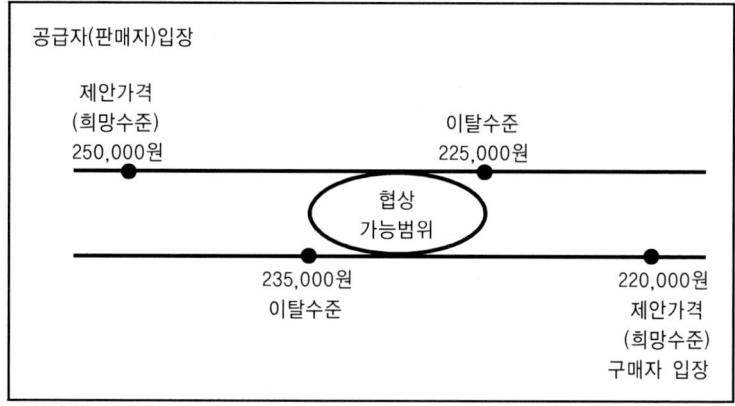

〈협상 가능 범위 2〉

판매자의 이탈수준은 225,000원이다. 판매자의 협상 여지는 250,000~
225,000원이다. 구매자의 이탈수준은 235,000원이다. 구매자의 협상 여
지는 220,000~235,000원이다. 그러면 서로가 제안한 가격수준 중 중복

되는 범위는 235,000~225,000원이 된다. 이 범위가 협상 가능 범위 (Zone of Possible Agreement)이다. 따라서 누가 더 협상을 잘하는가에 따라 상대의 이탈수준에 가깝게 타결된다. 즉, 자신의 이탈수준에서 멀리 벗어난 수준에서 합의가 된다는 것이다. 영업사원이 고객과 협의하는 모든 협상의제인 거래조건(결제, 배송, 서비스 기간 등)에 대해서도 항상 이 협상의 여지와 협상 가능 범위는 존재하고 이 사이에서 협상은 타결되어야 한다.

그러나 현실적으로 협상 테이블에서 상대가 가진 이탈수준을 알아내기란 어렵다. 하지만 이탈수준은 항상 존재한다. 따라서 영업사원은 고객의 초기 제안인 고객의 희망수준이 자신의 희망수준과 차이가 난다고 고객의 요구조건을 그대로 수용하는 방법을 찾거나, 협상 결렬의 두려움을 갖지 말아야 한다 핵심은 영업사원은 고객과 협상할 때 서로의 희망수준은 언제든, 어떤 수준으로든 변할 수 있다는 것을 알아야 한다.

여기서 중요한 것은 영업사원이 이 협상 가능 범위를 협상에 활용하기 위해서는 고객이 제안하는 초기수준이 희망수준에서 어느 정도의 협상의 여지가 있고 그것이 자신의 협상 가능 범위와 얼마나 중복이 되는지를 판단하는 기술이 필요하다. 이 기술을 등거리 법칙이라고 한다. 이후에는 이 등거리 법칙에 대해 알아보자.

(2) 등거리 법칙

위 사례에서 공급자인 판매자는 250,000원의 가격을 자신의 희망수준으로 정하고 고객에게 제안을 한다. 고객은 자신의 구매 희망수준인 220,000원을 제안한다. 이 가격 차이에서는 협상의 여지가 없어 보인다. 하지만 서로의 이탈수준을 예측해보면 협상 가능 범위를 발견할 수 있다. 이 방법이 등거리 법칙이다. 이 등거리 법칙의 핵심은 서로의 제안수준 차이의 50% 혹은 100%를 더하거나 빼는 방법으로 상대의 이탈수준을 예측하는 것이다.

예를 들어, 판매자의 제안가격인 250,000원을 듣고 구매자는 자신의 희망수준인 220,000원을 제안한다. 그러자 판매자가 "그 가격에는 판매를 할 수 없다"라고 한다. 그러면서 "최소한 240,000원은 받아야 한다"라고 한다. 이때 구매자는 판매자의 가격 제안이 250,000원에서 240,000원으로 내려간 것을 보고 그 차액인 10,000원을 더 뺀다. 즉, 판매자의 이탈수준은 230,000원까지 내려갈 수 있다고 예측한다. 그러면 구매자 입장에서는 자신이 속으로 정한 이탈수준인 235,000원과 판매자의 이탈수준인 230,000원 사이를 협상 가능 범위로 판단하고 협상에 임할 수 있다. 또 판매자가 낮춘 가격 10,000원의 50%를 활용하면 245,000원 가격을 깎을 수 있다고 예측하는 것이다. 그래서 "그럼 흥정을 하자"라고 하면서 재협상을 시도하여 거래 마무리를 시도하면 된다.

물론 판매자 입장에서는 반대로 생각한다. 구매자가 제안한 220,000원이 자신의 이탈수준(225,000원)을 벗어났지만 250,000원과 220,000원의 차액인 30,000원의 50%인 15,000원을 구매자의 제안가격에 더한다. 그러면 구매자의 이탈수준은 235,000원이 된다. 그러면 자신의 이탈수준인 225,000원과 구매자의 이탈수준인 235,000원이 협상 가능 범위가 되는 것이다. 이렇게 서로의 제안수준을 듣고 상대의 이탈수준을 예측해 협상 가능 범위를 추측하는 것이 등거리 법칙이다.

이 방법을 영업협상에 응용해보자. 영업사원이 제안한 회사의 표준 판매조건을 보고 고객이 "가격이 너무 비싸다. 우리는 6% 정도를 깎아야 한다"라고 한다. 이때 고객이 제안한 6% 가격할인 요구는 고객의 희망수준이다. 이 고객의 희망수준이 영업사원이 가진 가격을 깎아줄 수 있는 권한 내에 있을 수도 있고 벗어날 수도 있다. 이때 영업사원은 고객의 제안인 6%에서 그 절반인 3%를 빼면 고객의 이탈수준은 3%가 된다. 즉, 고객은 말은 6%를 깎아야 한다고 하지만 실제로 자신들이 받아들일 수 있는 수준은 3%만 깎아도 된다는 것으로 예측(고객의 협상여지는 3~6%)하고 협상에 임할 수 있어야 한다. 이때 영업사원에게 주어진 권한이 5%라고 하면 협상 가능 범위는 3~5%가 된다. 영업사원이 협상을 잘하면 3%에 가깝게 합의가 될 것이고, 협상에서 밀리면 5%에 가깝게 된다. 그래도 고객이 계속 6%를 고집한다면 다른 조건으로 교환을 시도하거나 상사 핑계를 대면서 다음 협상을 제안할 수 있다.

반대로 만일 고객이 "가격이 너무 비싸다. 가격 조정이 되지 않으면 구매하기가 어렵다. 얼마까지 깎아줄 수 있는가? 나는 6% 정도는 깎기를 바라는데"라고 묻자 영업사원이 "그럼 2% 정도 깎아드리면 될까요?"라고 대답하면 고객은 영업사원이 4%까지 깎을 수 있을 것이라고 예측(영업사원의 협상 여지는 2~4%가 된다)할 것이다. 이 상황에서 예상할 수 있는 협상 가능 범위는 3~4% 사이가 된다. 만일 고객이 협상의 권한을 가지고 있다면 이 수준에서 협상이 타결될 수도 있다.

다른 조건(결제, 납기 등)들에 대해서도 이러한 방법으로 서로의 이탈수준을 예측해 협상 여지를 판단하고 협상 가능 범위를 예측해 상대의 이탈수준에 가깝게 타결을 시도하는 것이 등거리 법칙을 활용해 협상에 임하는 것이다.

영업사원은 자신이 가진 가격할인의 권한이 4%이다. 이 권한 내에서 협상을 시도하고 마무리하고자 한다. 그렇다면 제안한 계약서에서 고객의 가격할인 요구에 대해 새로운 가격수준을 제안한다면 1% 혹은 2%로 수정 제안을 해야 한다. 그래야 영업사원은 자신의 권한 내에서 협상을 진행할 수 있고 또 그 수준에서 합의를 이끌어낼 수 있다. 영업사원이 만일 자신의 권한인 4%를 수정 제안하면 고객은 6~8%까지 기대를 하고 더 많은 가격할인을 요구함으로써 영업사원 입장에서는 협상의 여지가 작아지게 되거나 없어지게 되기 때문이다.

영업사원이 고객과 협상할 때 이 등거리 법칙을 효율적으로 활용할 수 있다면 협상목표 달성의 가능성을 올리고 협상을 좀 더 역동적으로 전개할 수 있을 것이다.

협상에서 유리한
위치를 차지하라

Chapter 4. 협상에서 유리한 위치를 차지하라

[실전사례]

다음의 실전사례는 실제 현장의 사례로 기업의 이름을 직접 활용하지 못하고 대명사로 대체한다.

<E 업체와 영업협상>

자사 대만지사의 시장정보로 대만 유저(자사의 기존고객)와 국내 E사와의 부품 개발 건이 있다는 정보를 입수한 후 국내 E사의 구매담당자와 접촉을 통해 개발 건이 있는지 물어보았으나 들은 것이 없다고 함. 이에 직접 장비를 개발하는 장비개발팀을 찾아가 개발 건이 있는지 확인하자 데모장비 3대 설계 중에 있다는 말을 듣고 자사의 부품을 사용해줄 것을 요청하자 적극 검토하겠다는 답을 들음. 그에 따라 현업부서(직접 장비를 개발하는 생산부)를 찾아가 자사의 부품이 개발제품에 적용될 경우 문제가 있을지 확인하자 다른 제품에서 잘 작동되기 때문에 전혀 문제없다고 함. 얼마 후 E사 설계팀으로부터 설계 요청을 받아서 제품 설계에 들어가 승인을 받음. 그 후 E사 구매팀으로부터 견적 및 납기 요청 연락을 받고 가격은 제품 1개당 50만 엔으로 견적서를 제출(40만 엔까지 NEGO 예상), E사 구매팀으로부터 35만 엔까지 깎아달라는 제안을 받은 후 자사 내부협의를 거친 후 2일 뒤에 45만 엔으로 2차 견적 제출하자 재차 35만 엔으로 역제안이 옴. 이에 고객에 대한 정보 파악을 위해 E사의 설계와 제조팀을 만나 이번 건에 대해 다른 경쟁사 제품도 검토 중인지 확인하자 내부적으로 자사제품으로 확정됨을 확인하였음. 이에 45만 엔에서 더 이상 가격할인이 어렵다고 연락하고 납기가 긴급하니 납기를 맞추기 위해서는 빠른 발주가 필요하다고 제안하자 3일 뒤 발주서를 받게 됨.

위 사례의 영업사원은 영업과 협상을 지혜롭게 수행한 것으로 판단된다.

1) 정보 수집을 통해 영업의 기회를 확보한 것. 영업의 기회는 다양한 이유와 상황에서 발생한다. 영업사원은 늘 이러한 정보 수집에 집중해야 한다. 이 능력은 영업역량이다.

2) 구매부만을 만나지 않고 현업부서를 적극 공략한 점. 때로는 구매부서가 현업부서에서 발생하는 업무를 사전에 파악하는 데 한계가 있다. 즉, 현업부서에서 구매 필요성이 발생하기 전에는 그 내용을 모르게 되고 그 내용을 알더라도 구매요청이 없으면 구매부가 먼저 구매하지 못한다. 영업사원은 구매부와의 관계 구축도 중요하지만 현업부서와의 관계 형성 역시 매우 중요하다. 이 역시 영업역량이다.

3) 내부 협력으로 고객의 요구에 신속한 대응을 한 점. 고객의 요구와 문제를 극복하는 것은 결국 영업사원이 속한 조직 내부의 역량이다. 영업사원은 자사의 역량을 최대한 활용해 고객의 니즈와 요구에 신속하고 정확하게 대응할 수 있어야 한다. 고객의 요구가 무엇인지를 정확하게 파악하는 것도 중요하고 그 내용을 조직 내부에 전달해 최적의

솔루션을 개발하도록 협력을 끌어낼 수 있어야 한다. 이것 역시 영업역량이다.

4) 가격제안을 하면서 협상 가능 범위를 확보한 점. 영업사원이 자신이 결정을 내렸든 회사와 협의를 하였든 가격을 40만 엔까지 깎아서 제안할 수 있었지만 45만 엔을 제안한 것은 그만큼의 협상 여지를 확보한 것이다. 그리고 고객이 제안한 가격 35만 엔에 흔들리지 않고 고객의 추가 정보를 파악하려 한 것은 훌륭한 협상태도이다. 여기서부터 협상역량이 발휘되었다.

5) 고객사 내부정보를 파악해 BATNA에 적극 대응한 점. 협상에서 레버리지를 유리하게 만들기 위한 정보의 상당한 부분은 현업부서에 있다. 고객(구매담당자)은 이러한 이유로 가급적 영업사원이 현업부서를 만나는 것을 꺼린다. 하지만 영업사원 입장에서는 최선을 다해 고객사 내부의 정보를 파악해야 한다.

6) 상대의 시간적 한계를 활용한 점. 고객은 자신들의 업무에 필요한 물품을 구매할 때 항상 구매시점이 있다. 그리고 구매부서에서는 현업부서에서 요청한 날(납품일 등)을 지켜야 한다. 영업사원은 고객의 시간적 한계를 잘 활용할 필요가 있다.

7) 목표수준에 말뚝을 박고(45만 엔) 제안한 후 상대의 반응을 기다린 점. 때로는 굉장히 어렵고 힘든 협상태도이다. 하지만 확실한 정보에 의한 기다리기는 그 성과가 좋게 나올 것이다. 영업사원이 가진 협상 여지를 모두 사용하기 전에 더 이상 물러설 수 없다는 강경한 입장을 보여주는 것도 유용한 협상전술이 된다.

8) 가격을 5만 엔 깎아주고(당근) 납기를 강조(채찍)하는 협상전술을 활용한 점. 첫 제안의 가격에서 5만 엔을 깎아줌으로써 고객은 구매비용을 줄였다. 이것에 대해 고객이 어느 정도 만족할지는 모르지만 고

객 입장에서도 수용 가능한 수준이 될 수 있다. 영업사원은 이 부분의 이익을 강조하는 것이 필요하다. 그리고 고객이 선택할 수 있는 경우의 수를 줄이는 것 역시 유용한 협상기술이다. 고객이 더 이상 결정을 지연하면 받게 될 불이익을 간접적으로 강조하면서 고객의 의사 결정을 촉구할 수 있다면 좋은 결과를 가져올 수 있을 것이다.

협상에서 유리한 위치를 차지한다는 것은 곧 협상의 결과를 유리하게 만들 수 있다는 것을 의미한다. 협상 파트너는 자신의 협상성과를 올리기 위해 자신의 영향력(파워－상대를 움직일 수 있는)을 키우는 데 상당한 노력을 한다. 다음의 상황을 생각해보자.

당신은 긴급한 일로 해외 출장을 갔다. 공항에 도착한 당신은 목적지에 가기 위해 택시를 선택했다. 사전에 파악한 정보로는 택시요금이 한화로 25,000원이 나온다는 것을 알았다. 하지만 목적지에 도착한 택시 요금계에는 45,000원이 기록되었다. 당신은 화가 나서 택시기사에게 "당신이 먼 길로 돌아와서 요금이 많이 나왔다. 25,000원 이상을 줄 수 없다"라고 하자 택시기사는 그렇지 않다고 하면서 45,000원 모두를 달라고 한다. 한참 승강이를 벌이던 중 화가 난 택시기사는 말을 하지 않고 택시를 돌려 당신이 출발한 공항으로 돌아와 당신보고 내리라고 한다. 이 협상에서 누가 더 큰 이익 혹은 손해를 보았을까? 당신도 택시기사도 얻는 것 없이 협상은 둘의 실패로 돌아갔다. 어쩌면 당신의 손실(기회비용)이 더 클 것이다. 비즈니스 약속을 지키지 못한 것… 하지만 상황을 되돌려 당신이 목적지에 도착한 후 택시에서 내린 후 당신의 짐 역시 택시에서 모두 내리고 택시 밖에 서서 창문을 통해 요금 협상을 하였다면? 결과는 달랐을 것이다. 이것이 협상에서 유리한 위치를 확보하는 것의 이익이다. 요금협상을 택시를 탄 채로 할 수도 있고, 택시에서 내려 창문을 통해 협상할 수도 있다. 어쩌면 이 상황은 순간의 선택이 될 수도 있다.

협상에서의 파워, 즉 영향력은 고정되어 있는 것이 아니다. 얼마든지 변한다. 영업사원은 고객과 협상할 때 항상 불리한 위치에 있는 것역시 아니다. 언제, 어떤 상황이 영업사원에게 파워, 영향력을 주는지는 그때그때 협상상황과 시점, 서로의 입장과 목표, 전략과 전술 그리고 파악한 정보의 수준과 협상의 책략 등이 결정한다.

① '갑'과 '을'의 한계를 극복하라

최인호 작가의 『상도』라는 책에 다음의 내용이 나온다. [주인공인 임상옥과 청국 약제상들과의 인삼거래에서 임상옥이 인삼거래에서 주도권을 잡고 높은 가격으로 거래를 성사시키기 위해 인삼을 불에 태우는 내용이 나온다. 임상옥이 인삼을 불에 태우기까지 많은 상황이 전개된다. 특히 청국의 약제상들이 담합해 조선상단의 인삼가격을 낮추려고 입찰에 참여하지 않고, 거래시기를 늦추면서 조선상단에 시간적인 압박을 가한다. 청국 땅에서 재배한 인삼으로 만든 홍삼(대체재, BATNA)을 시장에 유통시키면서 조선상단을 압박해 입찰을 위한 공시가격을 낮추려 한다. 누가 봐도 구매자인 청국 약제상들이 유리한 위치에 있어 보인다. 하지만 임상옥은 상대의 대안을 분석해 품질의 조악함을 확인하고, 홍삼의 가치를 정확히 파악해 공시가격을 낮추기보다는 오히려 올린다. 마지막에는 청국 약제상들이 보는 앞에서 홍삼을 불에 태움으로써 홍삼의 희귀성을 올리고 청국 약제상들을 혼란에 빠

뜨린다. 결국 임상옥은 목표로 한 가격으로 거래에 성공한다.]

　성공의 핵심 중 하나는 임상옥이 인삼을 태우는 행동을 멈추지 않을 것을 청국 약제상들이 믿게 한 것이다. 이를 벼랑 끝 전술 혹은 책략, 전략(강경·경쟁전략)이라고 한다.

　또 하나의 중요한 핵심은 인삼(홍삼)의 가치이다. 청국 약제상들에게 홍상은 자신들의 사업에 반드시 필요한 상품이다. 그들은 인삼을 구매하지 못해 자신의 사업을 망치고 싶지 않다. 단 구매비용을 낮추기 위해 담합한 것이고 구매시기를 늦추는 등 전략과 책략을 활용한 것이다.

　영업사원들에게 고객과 협상할 때 어려움이 무엇인지 질문하면 대부분의 영업사원은 영업은 '을'이기 때문에 협상에서 힘을 펴지 못한다고 한다. 다른 답으로는 고객이 무리한 요구를 하기 때문에, 고객의 직급이 영업사원보다 높아서, 권한이 부족해서 등이 나온다. 반대로 고객이 무리한 요구를 하지 않고, 직급도 영업사원과 같거나 비슷하며, 권한이 많이 주어진다면 협상을 잘할 것인가? 아마도 아닐 것이다. 영업사원이 만나는 고객 중 무리한 요구를 하는 고객이 얼마나 많을 것인가? 또 영업사원이 만나는 고객이 직급이 높으면 얼마나 높겠는가? 영업사원이 받아온 계약서 중 얼마나 많은 계약서가 영업사원의 권한을 많이 벗어난 것인가? '을'이기 때문에 협상에서 불리하다는 말을 하는 영업사원들에게 그럼 내가 필요해서 물건을 구입할 때 협상(가격을 잘 깎는가?)을 잘하는가라는 질문을 하면 답은 그렇지 않다고 한다. '갑'인데도 협상을 하지 못하는 것이다. 이유로는 시간이 없어서, 기회비용이 높아서, 정찰제 가게이니까 등의 답이 나온다.

　영업사원은 고객과 협상할 때 '갑'과 '을'이라는 한계를 극복할 수 있어야 한다. '영업'과 '구매', 그리고 '갑'과 '을'이라는 관계는 절대로 변하지 않는다. 하지만 이 고정관념에서는 벗어나야 한다. 비록 고객인 구매담당자가 '구매자'라는 힘을 사용할 때 조차도 고객의 힘에 흔들리지 않아야 한다. '갑'의 요구는 늘 수용해야 하고, '갑'에게 다른 조건의 양보를 요구하는 것(교환전략의 사용)은 바람직하지 않은 행동이라는 것은 버려야 하는 잘못된 생각이다.

협상의 파워와 협상의 기울기에 영향을 주는 것은 '갑'과 '을'이라는 관계 외 다양한 요소들이 있다. 이 요소들을 이해하고 효과적인 활용을 통해서 영업사원은 '을'이라는 한계를 극복하고 '갑'이라는 한계에 도전할 수 있어야 한다. '갑'도 구매자로서 구매할 때 한계와 힘의 나약함이 있다. 때로는 이 나약함과 한계를 숨기려고 의도적으로 감정적으로 나오거나, 압박을 가하거나, 직급을 높이기도 한다. 입찰이라는 방식으로 구매전략을 바꾸기도 하고, 구매할 듯 할 듯하면서 영업사원의 애간장을 녹이기도 한다.

'갑'과 '을'의 한계를 극복하기 위해 협상에서 유리한 위치를 차지하기 위한 방법들과 협상 파워에 영향을 미치는 요소들에 대해 알아보자.

❷ 협상 파워의 종류와 개발

1) 어떤 것이 협상 파워에 영향을 미치는가?

협상에서 파워는 "협상의 과정과 결과가 자신이 원하는 조건과 결과를 얻는 데 영향을 미칠 수 있는 상대적인 능력"으로 정의된다. 협상에서 파워는 상대가 인정하고 그 파워의 활용에 어떤 식으로든 영향을 받아야 의미가 있다. 즉, 협상의 한쪽이 얼마나 파워를 많이 갖고 있는

가보다 그 파워가 다른 한쪽의 협상목표, 전략, 전술에 영향을 미쳐야 파워로서 역할을 한다는 것이다.

영업사원이 협상에서 파워를 갖지 못하는 것은 자신의 파워 개발에 소홀할 뿐만 아니라 판매를 하려는 조급증이 큰 원인이 되고, 고객의 구매결정을 이끌어내는 영업활동을 하는 것이 아니라 고객의 결정을 기다리는 영업활동을 하기 때문이다. 즉, 고객인 기업은 제품과 서비스를 필요할 때, 필요한 만큼, 좋은 조건으로 구매한다. 하지만 영업사원은 어떤 고객이든 오늘 만나면 오늘 그 자리에서 계약을 받고자 한다. 그래서 항상 계약을 해달라는 부탁을 하듯이 영업을 하기 때문에 협상을 효과적으로 준비하지 못한다. 따라서 고객의 구매 프로세스와 구매전략, 구매시기 등을 파악해 영업활동을 전개하고 적절할 때 협상을 준비하는 치밀한 영업계획을 세워서 활동을 하지 않는다면 영업사원은 불리한 위치에서 고객과 협상할 수밖에 없다.

영업사원이라고 항상 협상에서 불리한 것은 아니다. 고객 역시 항상 협상에서 힘을 갖는 것은 아니다. 어떤 요소들이 협상의 파워에 영향을 미치는지를 알고 이를 적절하게 활용한다면 비록 영업사원이라도 협상에서 어느 정도의 힘을 가질 수 있을 것이고 협상의 기울기를 유리하게 만들 수 있을 것이다.

환경적인 힘: A는 B보다 자신의 환경을 더욱 유리하게 조성할 수 있고, 주변 환경의 어려움을 더욱 잘 극복할 수 있다. 그렇다면 A가 B보다 협상에서 유리해질 수 있다. 고객과 협상을 하고 있는 영업사원에게 가장 힘든 상황은 다른 경쟁사 혹은 대체재의 존재, 자신의 영업실적에 대해 압박을 받는 상황, 구매약속을 한 고객이 구매를 철회하거나, 기존거래처의 이탈, 고객의 구매계획이 바뀌거나, 구매시기가 연기

되는 등 상황이 발생할 때이다. 물론 고객 입장에서도 긴급구매 상황이 발생하거나, 고객의 경쟁사 움직임, 기존 공급자의 협상력 강화 등으로 급하게 공급처를 바꿔야 할 상황이 전개된다면 구매협상에서 불리한 위치에 처할 수밖에 없다. 따라서 영업이든 구매든 자사 내외부의 상황이 어떻게 전개되고 변하는가에 따라 협상에서의 입장에 영향을 받는다. 영업사원은 자사 내외부의 변화뿐 아니라 고객사의 내외부 상황변화를 예의 주시해야 한다.

관계적인 힘: A가 자신에게 유리하도록 B에게 더 큰 영향력을 미치거나, B의 저항을 극복할 수 있는 능력은 그 반대의 경우보다 크다. 그렇다면 A가 B보다 협상에서 더 큰 힘을 가질 수 있다. 구매를 하는 고객 입장에서 구매하려는 제품의 대체재가 없거나 다른 공급업체로 전환하는 비용이 높거나, 기존의 구매제품이 자사제품에 필수적인 의존성이 높다면 협상에서 유리한 위치에 있는 것이 아니다. 물론 반대의 경우는 당연히 파워를 갖고 활용할 수 있다. 영업사원은 자사의 제품이나 서비스, 자사의 경쟁력이 고객에게 어떤 가치가 있는지, 고객의 비즈니스와 업무에 어떤 영향을 미치는지를 파악해 협상에 활용할 수 있어야 한다.

개인의 힘: A는 B보다 자신이 원하는 바를 더 잘 만족시킬 수 있다. 그렇다면 A가 B보다 협상에서 더 많은 것을 얻어갈 것이다. 이는 상대방에게 개인적인 영향력을 발휘할 수 있어야 한다는 것을 의미한다. 자신이 원하는 결과를 얻기 위해서는 상대를 설득할 수 있어야 한다. 개인적인 친밀감을 활용하든, 전문가로서의 지식을 활용하든 개인적으로 상대방을 내가 원하는 방향으로 움직일 수 있다면 협상에서 유리한

성과를 가져올 수 있을 것이다. 개인의 내면 욕구를 발견해내고 그 욕구를 충족시켜 줄 수 있는 욕구 중심의 영업활동을 하고 감성적인 메시지를 개발해 활용한다면 개인적인 영향력을 강화시킬 수 있을 것이다.

위의 3가지 외 협상 파워에 영향을 미치는 요소로는 다음의 것들이 있다.

힘의 원천	내용
정보와 전문성	－어떤 사안에 대한 상대의 관점이나 입장을 파악하고 변화시키기 위한 자료수집 및 제시, 특정 문제나 사안에 대해 인정받을 만한 정보의 축적과 그 정보의 완전성 －무엇을 얼마나 정확하게 알고 있는가?
자원에 대한 통제	－동의를 유도할 수 있는 당근과 협력하지 않을 경우 채찍으로 사용할 수 있는 돈, 원료, 노동력, 시간, 시설 등의 축적 －협상목표의 탄력성과 거래조건의 협상 여지의 폭 －내부협의를 이끌어내는 수준
메시지의 특성	－협상 시 전달하는 메시지의 내용을 효과적으로 구성하고 전달하는 능력 －상대의 메시지 이면을 파악하고 욕구를 파악하는 능력 －협상 커뮤니케이션을 이끌어가는 능력
조직구조 내 위치	－조직 혹은 의사소통 구조 내에서의 특정 위치에서 나오는 힘은 －위계조직 내 주요 위치를 차지하는 데서 오는 공식적 힘 －네트워크상의 위치로부터 나오는 정보나 공급의 흐름에 대한 접근성 혹은 통제력 －권한 위임을 받는 능력과 권한의 수준 －팀으로 협상을 준비하고 전개하는 능력

2) 어떻게 힘을 키울 것인가? 분위기에서 힘을 키워라

협상 분위기는 협상 당사자들의 심리와 정서에 영향을 미쳐 협상의 진행과 결과에까지 영향을 준다. 일반적으로 사람들은 자신이 익숙한 분위기에서는 쉽게 마음을 열고 양보를 하는 경향이 있다고 한다. 직급이 높고 권한을 가지고 있는 사람은 그 권한을 사용하고 싶어 한다. 테이블을 두고 마주 앉는 것과 모서리를 두고 대각선으로 앉는 것, 그리고 옆에 앉거나 원탁 테이블에 앉는 것 역시 협상 당사자들에게 보이지 않는 영향을 준다.

협상의 분위기를 어떻게 만들어가는 것이 협상 진행과정과 성과에 영향을 준다면 분위기 조성에도 신경을 써야 하고 또 분위기에 압도당해 실수를 하거나 불리한 결정을 해서는 안 된다. 협상장소의 환경을 통제함으로써 심리적인 안정감을 가질 수 있다. 이를 위해서 협상장에는 항상 먼저 도착해 분위기에 익숙해질 필요가 있다. 가능하다면 테이블의 위치나 의자위치에 변화를 줄 필요도 있다. 자신이 좋아하는 형태로…

협상 진행상황을 통제할 수 있다면 자신감을 갖고 협상을 이끌 수 있어야 한다. 이를 위해서는 협상을 이끌어가는 시나리오가 필요하다. 이 시나리오는 부록을 참조하라. 그리고 협상 테이블에서 다룰 의제를 미리 선정하고 협상 진행상황도 자신이 메모를 하며 협상 진행시간도 미리 합의해 설정해두는 것이 좋다.

따라서 분위기 조성을 위해서는,
- 주변 환경을 점검하라.
- 방해물을 사전에 제거하라.
- 홈그라운드의 이점을 활용하라.
- 자리 배치에 신경을 써라. 당신과 사적인 조언이 필요한 사람은 옆에, 논쟁이 예상되는 사람은 맞은편에 배치
- 장시간의 협상이 예상되면 휴게실을 따로 준비하는 등의 노력이 필요하다.

3) 협상의 기울기를 유리하게 만들어라

이제 구체적으로 협상의 파워를 개발하는 방법에 대해 알아보자. 협상의 파워는 상대성이라는 것을 기억하라. 다음의 파워들은 영업사원이 개발해 활용하기도 하지만 고객 역시 활용할 수 있음을 알아야 한다.

경쟁의 힘 - 당신이 소유하고 있는 무언가에 대해 경쟁을 유발하면 언제나 그 소유물의 가치는 올라간다. 고객은 경쟁구매, 입찰구매, BATNA 등을 언급하면서 이 힘을 협상 테이블에서 활용한다. 영업사원은 자사의 제품과 서비스를 구매하기 원하는 가망고객을 많이 확보해야 이 힘을 활용할 수도 있다. 차별화된 제품의 경우에는 구매고객을 선별하거나 거래량을 할당함으로써 이 힘을 활용할 수도 있다.

합법성의 힘 - 영업사원은 이익이 되는 경우 합법성의 힘을 최대한 활용하고 그 반대라면 그 합법성에 지혜롭게 대응할 수 있어야 한다. 비합법적인 전략이나 전술, 책략들을 사용하면 그만큼 협상에서의 파워는 떨어진다. 영업사원은 어떠한 경우든 먼저 이 방법의 사용을 사용해서는 안 된다. 고객이 먼저 제안을 한다면 이를 수용할 것인지에 대해서는 영업사원이 결정하지 말고 조직이 결정하도록 하라.

위험을 감수해야 하는 힘 - 위험을 감수하는 힘이 있을수록 협상에서 파워를 갖는다. 도박판에서 횡제를 하려면 먼저 기계에 돈을 넣어야 한다. 사람들이 무언가를 반드시 가져야 한다고 느낄 때 그들은 항상 높은 가격을 지불하게 되어 있다. 적당한 양의 위험을 조금씩 올려라. 큰 내기를 할 때 항상 따르는 위험을 나누거나 협동으로 해결할 방법을 생각하라. 모든 일에 도전을 하기 전에 먼저 승산이 있는지 계산하라. 이성적으로 행동하고 충동적이어서는 안 된다. 절대로 자존심, 성급함 또는 성급하게 처리하려는 욕구 때문에 위험을 감수하지는 마라. 시간적인 여유를 갖고 조급하게 계약에 매달리지 않아야 한다.

동참에서 얻는 힘 — 다른 사람에게 도와달라고 설득하라. 계획과정과 결정에 그들의 참여를 유도하라. 동참의 이익 — 1. 전반적인 힘을 분산시킴으로써 좋은 기회를 잡을 수 있다. 2. 동료들의 참여로 당신의 스트레스를 해소한다. 3. 상대의 일치된 헌신은 힘을 더한다. 영업사원이 고객(구매 담당자)을 구매과정에 깊숙이 개입 시킬 수 있다면, 그래서 이를 통해 고객이 찾는 솔루션의 최선안이 영업사원의 제안이라는 것을 확신시킬 수 있다면 협상의 기울기를 유리하게 만들 수 있다.

전문지식의 힘 — 필요의 지식이 갖는 힘으로 어떤 상황에 처해 있는 개인과 거래를 하더라도 그 사람이 진정으로 필요로 하는 것을 충족시켜 주면 성공을 거두게 된다. 영업사원은 고객으로부터 전문가(제품의 가치와 고객 니즈의 연결, 고객 산업과 업무에 대한 지식 등)라는 이미지를 인정받아야 한다. 더욱이 구매 담당자의 결정이 고객사의 성장과 발전에 도움이 된다는 것을 확신시킬 수 있다면 영업사원은 협상을 주도적으로 이끌 수 있게 된다.

투자의 힘 — 이는 매몰비용과 관련이 있다. 고객이든 영업사원이든 이번 거래를 위해 시간, 에너지, 비용 등을 얼마나 지불하였는가에 따라 다른 대안인 BATNA를 선택하는 비용이 올라가 협상에서 불리한 위치에 처하게 된다. 매몰비용이 클수록 협상에서 불리하게 된다. 영업사원은 자신의 매몰비용(고객 발굴~현재까지 들인 시간, 에너지, 제안서 등)이 협상에 영향을 미치지 않도록 해야 한다. 그리고 고객의 거래비용을 강조하면 협상에서 다소 유리한 입장을 만들 수 있다.

보상과 처벌이 갖는 힘 —구매 후 고객이 얻는 이익과 영업사원이 거래조건의 일부 양보를 통해 얻는 고객의 구매비용 절감은 보상이다. 고객이 구매하지 않거나 다른 공급처와 거래 시 발생되는 비용들이 처벌이다. 이 보상과 처벌이라는 파워는 협상의 책략(채찍과 당근)에도 많이 활용된다.

동일시의 힘 —당신이 고객과 협상할 때 고객과 공감하는 내용이 많을수록 힘을 갖는다. 특히 공동의 이익과 목표를 공유함으로써 단순한 영업과 구매가 아닌 비즈니스 파트너로서 인정을 받는 것이 필요하다.

도덕성의 힘 —비윤리적인 요구(커미션, 언더 테이블 머니 등)는 협상 파워를 떨어뜨린다. 영업사원은 어떤 경우든 이 비윤리적인 방법으로 협상의 힘을 키우려 해서는 안 된다. 고객 역시 자신이 이 방법을 쓴다면 불리한 입장에 처해진다는 것을 잘 알고 있다. 그럼에도 불구하고 고객이 방법을 사용한다면, 대가(다른 조건과 교환 또는 양보요구)를 요구하거나 조직이 결정하도록 하는 것이 바람직한 방법이다.

선례의 힘 —한정된 경험이 보편적인 진리를 나타내는 것 처럼 행동하지 마라. 당신의 가정을 시험해보면서 당신을 가두는 경험세계의 밖으로 밀고 나가라. 고리타분한 일 처리 방식에 자신을 묶어두지 마라. 고객과 협상할 때 좋은 선례(교환전술, 타협전술 등을 사용하는)를 남겨야 한다. 나쁜 선례(고객의 힘에 휘둘리고, 고객의 요구는 무조건 수용하려는 태도 등)는 다음의 협상에도 영향을 미친다. 협상을 제대로 이끌어가는 선례를 남기도록 하라.

끈질김으로 인해 얻는 힘—고객의 구매시기(구매를 위해 의사결정을 하는)가 다가오기 전에는 계약을 받으려는 조급증을 보이지 마라. 고객이 무리한 조건을 요구한다고 포기하지 말고 협의 가능한 다른 조건을 제안하거나 전술(교환, 절충, 양보, 덤 주고받기 등)을 활용해 인내하면서 협상에 임하는 것이 협상에서 파워를 키우는 방법이다.

설득력의 힘—상대가 무엇을 원하는지를 이해하고 설득에 활용하라. 상대를 압도한 증거와 논리를 제시하라. 상대의 욕구가 충족될 것이라는 말을 하라. 고객의 의문(왜, 어떻게 등)을 해소하는 메시지를 개발하고 활용하라. 인간적인 감성을 자극해 고객의 마음을 얻으라. 설득력은 곧 상대를 내가 원하는 결정을 하도록 하는 것이다. 설득력이 힘이다.

일에 임하는 태도가 갖는 힘—여유를 가져라. 긴장감을 갖지 마라. 협상에서 기대를 높게 설정하고 달성 가능할 것이라는 믿음을 가져라. 이러한 믿음이 태도로 나와서 상대에게 전염되어 유리한 결과를 얻을 수 있다.

희소성의 힘—사람들은 소유하기 어렵거나 불가능한 것에 가치를 둔다. 자신이 원하는 이익을 누릴 수 있는 기회가 한정되어 있는 것에 가치를 높게 둔다. 고객이 얻을 수 있는 가치를 제공하는 기회가 무한하다는 것처럼 말하지 마라. 고객이 자신이 원하는 것을 얻기 위한 기회가 제한되어 있다는 것을 알리면서, 그것을 얻기 위해서는 기꺼이 비용을 치러야 한다는 것을 강력하게 알리도록 하라.

③ 정보가 힘이다 — 탐색으로 힘을 길러라

영업사원이 협상에서 자신의 파워를 강화하는 또 다른 방법의 하나는 협상상대에 대한 정보 수집이 최선의 방법이다. 정보 수집은 "협상을 준비하고 자신이 원하는 협상결과를 끌어내기 위해 협상에 대한 전반적인 정보(자신, 상대방)를 파악, 수집 그리고 활용방법을 모색하는 것"으로 정의할 수 있다.

특히 정보 수집은 상대방, 즉 고객에 대한 정보 수집이 중요하다. 정보 수집을 통해 고객의 현재 상황과 입장을 알고, 고객의 약점과 장점을 파악하며 고객의 요구와 욕구를 분석하고 고객을 설득할 수 있는 핵심을 파악할 수 있다. 영업사원이 협상의 기울기를 유리하게 만들기 위해 파악해야 하는 정보는 상당히 많다. 다음의 정보들을 파악해 협상에 활용하도록 하라.

1) 파악할 정보의 내용

(1) 고객사 내부의 정보
영업사원은 협상 중인 고객사에 대해 파악해야 하는 내부정보로는 고객사의 재고수준, 구매시기—시간적인 한계, 협상 당사자의 권한, 내부의사 결정 프로세스, 내부협의 수준, 구매전략과 협상전략, 그리고 전술들,

합의를 봐야 하는 거래조건들과 수준, 거래조건들의 우선순위와 각 거래조건에 대한 협상의 여지 등에 대한 정보를 파악해야 한다. 특히 위의 정보는 협상 중인 구매담당자를 통해서 파악하기 어려운 경우가 있다. 이때는 다른 이해관계자(사용부서 등)를 통해 파악하는 것이 좋은 방법이다.

(2) 고객사 외부의 정보

고객이 구매하는 이유 중에는 고객사의 외부요소들도 있다. 이 외부요소들이 고객사에게 새로운 전략 수립, 제품개발, 품질향상, 원가절감, 기능혁신, 기술개발, 공정혁신 등을 요구한다. 따라서 이러한 요소들은 결국 고객의 협상력에도 영향을 준다. 외부요소들이 주는 압박의 강도가 강할수록 고객의 구매 필요성은 강하게 될 것이고 이것이 고객의 협상력을 떨어뜨린다 영업사원이 협상에서 이 정보들을 활용하기 위해서는 고객을 발굴하는 순간부터 이러한 정보들을 끊임없이 수집해야 한다.

세부내용으로는 고객사가 속한 산업의 경쟁구도, 고객의 구매자가 가진 협상력, 고객의 기존공급자(영업조직의 경쟁사)의 협상력, 신규진입자, 거시환경의 변화 그리고 고객의 경영목표·비전과 전략, 현업부서의 업무목표 등에 대한 정보를 파악할 필요가 있다.

(3) 협상 상대방에 대한 정보

협상 테이블에 앉아 있는 협상상대방에 대한 정보는 협상의 분위기와 협상의 파워를 결정하는 중요한 요소이다. 협상의 결과에 미치는 영향 또한 크다. 특히 상대방과의 친밀감을 쌓고 감성적인 협상 전술과 책략을 사용하기 위해서는 개인적인 정보를 수집하고 활용해야 한다. 다음의 정보들을 파악하는 데 노력하라.

－이름 등 개인적으로 고객에 대해서 얼마나 아는가? (취미, 연고지 등)

－상대방과 당신과의 관계는? 개인적으로 친밀한가?

－상대방의 경력은?

－상대방이 조직으로부터 받은 권한은?

－고객사의 협상내용에 대한 정책은?

－협상자가 협상의 결과로 받는 보상은?

－상대가 가진 시간적인 제약은?

－상대가 회사로부터 받는 압력은?

－상대의 회사 내 영향력은?

－상대가 최종적인 의사 결정권자인가?

　아니면 누구이고, 그 사람을 직접 만날 수 있는가?

　우리 회사 내 의사 결정권자를 아는 사람은?

　그 사람의 도움을 받을 수 있는가?

－고객이 가진 협상목표의 상한선과 하한선은?

－당신에 대한 협상자의 태도는?

－당신 회사에 대한 협상자의 태도는?

－이번 거래와 관련한 태도는 우호적인가?

－상대방의 협상 스타일은?

－과거 상대와 협상을 한 사람이 우리 회사에 있는가?

　있다면 누구?

　그 결과는?

－상대가 사용할 수 있는 전술은?

　대응방법은?

－상대방의 개인적인 니즈는?

2) 정보 파악의 방법

고객과 협상을 진행하면서 영업사원이 원하는 정보를 파악하는 것은 쉽지 않다. 개인적인 노력과 네트워크, 인터넷 등을 통해 정보를 파악해야 하지만 협상 테이블에 앉아 있는 상대와 커뮤니케이션을 통해서도 파악을 할 수 있어야 한다. 다음의 방법으로 협상을 이끌고 유리하게-만들 수 있는 정보를 파악하라.

(1) 계속해서 물어라

- 무엇이? (what)
- 그 외에 또 뭐가 있는가? (what else)
- 어느 것인가? (which)
- 이유가 뭔가? (why)
- 왜 그 조건이 중요한가?
- 어떤 조건의 양보가 가능한가?
- 좀 더 구체적으로 이야기해 달라.

(2) 가정법을 사용하라

- 이렇게 생각해보자.
- 혹 ____라고 가정을 해보자.
- 만일 ____이라면?
- 만일 ____을 수용하면 ____을 양보할 수 있는가?

(3) 정보를 활용하고 추가 탐색을 하라

- 고객이 권한이 없을 때: "그럼 누가 권한을 갖고 있는가?"
- 고객이 시간을 끌 때: "잘됐다. 우리도 지금 다른 기업에 납품할 물량이 부족해서…"
- 고객의 구매시기를 확인: "그럼 ___까지 합의가 되면 되는가?" 등의 질문으로 고객의 상황을 파악하는 기술을 활용하라.

3) 협상 시 활용하면 좋은 유용한 질문

유용한 질문	예
의문사형 질문: 누가? 왜? 무엇을? 어떻게?	'이번 협상에서 그 입장을 취하는 이유는 무엇입니까?' '어떤 조건을 합의하면 될까요?'
개방형 질문: 상대가 가진 생각이나 정보를 얻기 위한 질문	'우리 제안을 어떻게 생각합니까?' '어느 정도를 원하십니까?'
유도성 질문: 대답의 방향을 지적	'우리 제안이 타당하고 합리적인 제안이라고 생각하지 않습니까?'
냉철한 질문: 감정을 배제	'가격을 깎아주는 대신 무엇을 얻을 수 있을까요?'
계획된 질문: 미리 개발해놓은 일련의 논리적인 질문	'그럼 가격과 결제조건을 서로 교환하면 어떨까요?' '원하는 예산에 맞춰 물량을 조정하는 것은 어떨까요?'
대우형 질문: 질문을 하는 동시에 상대를 칭찬하기	'당신의 뛰어난 통찰력으로 이 문제를 좀 도와주지 않겠습니까?' '당신이 권한으로 결정할 수 있지 않나요?'
창문형 질문: 상대의 속을 들여다 보는 것을 돕는 질문	'어떻게 그러한 결론에 도달하게 되었는지를 말해줄 수 있겠습니까?' '일단 상사에게 보고를 해보는 것이 어떨까요?'
지정적 질문: 특정문제에 초점 맞추기	'결제를 연기하는 대신 물량을 얼마나 늘릴 수 있나요?' '배송문제는 어떻게 하면 좋을까요?'
의향 캐기 질문: 상대가 어떻게 느끼는지를 확인	'우리 제안에 대해 어떻게 느끼세요?' '_한 조건은 우리가 다른 기업보다 유리하지 않나요?'

4) 협상에서 사용하지 않으면 좋은 질문

정보파악을 위한 질문도 적절하지 않으면 부정적인 반응을 유도할 수 있다. 따라서 영업사원은 다음의 질문들을 사용하지 않도록 주의를 해야 한다.

유용하지 못한 질문	예
폐쇄적 질문: 당신의 방식대로 상대가 상황을 볼 것을 강요하는 것	'이번 거래에서 당신의 이익만 고려하는 것 아닙니까? 그렇죠?'
지나친 유도성 질문: 상대의 답변과 상관없이 상대를 특정한 입장에 위치시키는 것	'당신은 이것밖에는 수용할 수 없다고 말하고 싶은 거죠?' '다른 기업과도 이런 식으로 협상을 합니까?'
감정적 질문: 감정이 개입되어 있고 감정적 대응을 자극하는 질문	'그 우스운 제안을 검토하느라 우리가 시간을 얼마나 낭비했는지 아십니까?' '당신의 권한이 이것밖에 되지 않습니까?'
충동적 질문: 아무 계획 없이 갑자기 질문을 하고, 대화를 원점으로 되돌리려는 질문	'우리와 협상을 하는 동안, 우리와 유사한 제안을 한 다른 업체에도 이렇게 하십니까?'
책략적 질문: 솔직한 대답을 요구하는 것처럼 보이지만, 실제로는 질문자의 의도가 담긴 질문	'우리 요구를 수락할 겁니까? 아니면 이 문제를 중재에 넘길 생각입니까?'
숙고하는 책략적 질문: 상대가 당신의 관점에 동의하는 것으로 생각하는 것	'이것이 내가 이 문제를 보는 방법입니다. 당신도 동의하지 않습니까?'

5) 곤란한 상황에 활용하면 좋은 질문

협상 진행이 교착상태에 빠지거나 원만한 협상이 되지 않는 이유는 다양하다. 영업사원은 협상상황의 어려움을 이겨내고 협상을 정상화시키기 위해서는 다음의 질문들을 활용하는 것이 좋다.

상황	가능한 질문
'그것을 갖든지 말든지 마음대로 하세요' 식의 최후통첩 상황일 때	'이보다 더 합리적인 제안을 찾아낼 수 있는데 우리가 당신의 제 안을 받아들이거나 말거나 하기를 바랍니까?' '꼭 지금 결정을 내려야 합니까? 아니면 생각할 시간을 좀 더 가질 수…' '이 협상을 빨리 끝내도록 압박을 받고 있습니까?'
비합리적인 최종기한까 지 어떤 식으로든 반응 을 보이라고 압력을 받 을 때	'최종기한에 대해 왜 협상을 할 수 없습니까?' '당신이 만약 최종기한을 지키는 데 부담을 느낀다면, 그 부담을 줄이기 위해서…' '꼭 오늘 오후에 해결해야 하나요? 내일 아침 일찍 다시…' '그렇다면 __조건을 양보해주실 수 있는지요? 그러면…'
지나치게 낮은 가격을 요 구할 때	'이 요구 뒤에 숨겨진 당신의 욕구는 무엇입니까?' '내가 보기엔 합리적인 제안인데, 당신은 어떻게 생각합니까?' '최종적인 해결방안에 적합한 기준은 무엇이라고 생각합니까?'
교착상태에 빠졌을 때	'우리의 입장 차이를 좁히기 위해 할 수 있는 것은 무엇일까요?' '지금 당장 이 문제를 해결하기 위해 당신에게 무엇을 양보해야 할까요? 당신은 어떤 양보를 할 수 있는지요?' '계약 후에 우리가 이 계약을 돌아볼 때 우리가 이 협상에 포함 시킬 것과 후회할 만한 것은 무엇일까요?'
상대가 제안을 받아들 일 것인가, 말 것인가를 결정하지 못할 때	'나의 제안을 지금 받아들이지 못한다면 당신의 최고 제안은…' '이 제안을 거절할 경우 나에게서 얻는 것보다 더 큰 이익을 주 는 제안이 있는지요?' '이번 달까지 결정을 하면 지난번 가격으로 가능합니다. 다음 달 부터는 가격인상이 되기 때문에…'
상대가 압력을 가하거나, 통제하거나 조정하려고 할 때	'우리 모두가 이 협상에 대해 만족하면서 자리를 떠야 하지 않겠 습니까?' '입장을 바꿔서 지금 내가 받고 있는 압박감을 당신도 느낀다면 기분이 어떻겠습니까?' '이 협상을 끝내라는 압력을 받고 있습니까?'
당신의 제안이 다른 기 업들에 제안한 것과 동 일한 것인지를 물을 때	'무엇이 정당한 제안이라고 생각…? 그렇다면 나의 제안에 대한 당신의…?' '당신을 차별대우하면 나에게 큰 이익이 된다고 생각하시는 거죠?' '왜 그것이 중요한가요?'

협상에서는 파워와 협상의 레버리지인 기울기를 결정하는 것은 협상에 임하는 당사자의 능력도 있지만 정보도 중요한 역할을 한다. 그리고 유용한 협상을 주도적으로 이끌 수 있는 기회를 제공하기도 한다. 협상을 진행하면서, 또는 협상을 준비하면서 영업사원은 늘 이 점을 기억하고 협상에 임해야 한다.

창의적이 되라

Chapter 5. 창의적이 되라

영업사원이 고객과 진행하는 협상은 상호 이익이 되는 거래목표 달성을 위해 거래조건의 합의를 추구하는 커뮤니케이션 활동이다. 영업사원과 고객은 자신들에게 유리한 조건의 계약을 원한다. 따라서 합의가 필요한 거래조건에 대해 이해관계가 상충되고 이것이 때로는 갈등으로까지 이어지기도 한다. 따라서 이 이해관계의 상충 또는 갈등을 원만하게 해결하고 상호 만족하는 수준의 합의를 위해서는 창의적인 해결방법을 찾을 수 있어야 한다. 협상에서 창의성을 발휘하는 것은 영업사원에게 매우 중요한 능력이다.

그리고 영업사원은 고객이 어떤 요구를 하든, 어떤 행동과 태도로 협상 분위기를 험악하게 만들든 그것에 흔들리지 말아야 한다. 그리고 거래조건과 거래상황에 대해 요구조건의 수준과 인식의 차이를 극복할 수 없는 장애물로 받아들이지 말아야 한다. 진짜 해결할 수 없는 문제는 문제가 아니다. 우리가 문제라고 인식하는 것은 해결책이 있다는 것을 의미한다. 때로는 한 걸음 물러서거나, 상대의 마음속의 욕구를 끌어내거나, 새로운 협상 분위기를 만드는 방법 등으로 해결책을 찾을 수 있어야 한다.

영업사원이 창의적으로 어렵고 곤란한 협상상황을 극복할 수 있는
몇 가지 방법에 대해 알아보도록 하자.

① 요구와 욕구를 파악하라

창의적인 협상과 관련해 잘 알려진 이야기 하나가 있다. 이야기를
통해 요구와 욕구의 차이가 무엇이고 그 결과가 어떻게 나오는지 알아
보자.

[오렌지 하나를 두고 두 자매가 서로 갖겠다고 싸운다. 이 광경을 한
참 지켜보던 어머니가 오렌지를 반으로 갈라 두 자매에게 나눠주었다.
그러자 언니는 오렌지 껍질을 벗기고 나서 알맹이는 버리고 껍질을 갖
고 부엌으로 간다. 동생은 자신이 받은 반쪽의 오렌지 껍질을 벗기고
껍질을 버리고 알맹이를 먹었다.]

자! 당신은 이 상황에서 어머니의 해결책에 대해 어떻게 생각하는
가? 반쪽을 받은 자매의 다음 행동을 몰랐거나 행동이 없었다면 어머
니의 해결책은 나쁘지 않다. 하지만 반쪽 오렌지를 받은 자매의 행동
을 보면 어머니의 해결책은 훌륭한 방법이 아니다. 즉, 두 자매의 이익
을 더 키울 수 있는데 그러지 못했기 때문이다. 여기서 요구와 욕구의
차이가 있다. 두 자매의 요구는 오렌지를 차지하는 것이다. 하지만 언
니의 욕구(마음속의 니즈, 필요)는 껍질이었고, 동생의 욕구는 알맹이
를 먹는 것이었다. 이 욕구의 차이를 파악하였다면 자매가 오렌지를
통해 얻는 이익은 두 배가 될 수도 있었다.

영업사원은 고객과 협상할 때 고객의 요구와 욕구를 파악하고 요구
보다는 욕구를 충족시킬 수 있는 창의적인 해결안을 개발해 제안할 수

있어야 한다. 고객이 협상 테이블에서 제안하는 조건들은 대부분 고객의 요구수준이다. 고객이 협상에서 합의하고자 하는 진짜 수준이나 영업사원에게 원하는 조건은 숨겨져 있다. 이 조건들과 조건의 수준이 고객의 욕구이다. 고객은 더 많은 것을 요구해 욕구 이상을 충족시키려고 한다. 이 욕구는 고객의 상황, 고객유형에 따라 다르다. 예를 들어, 대리점을 운영하는 대리점주가 본사 영업사원에게 다음 해부터는 매입가격을 10% 깎아야 하겠다고 제안을 한다. 그렇지 않으면 거래처를 다른 곳으로 옮길 것이라고 말한다. 이러한 제안을 받은 영업사원은 어떻게 대응을 해야 할까? 고객인 대리점주가 원하는 것은 무엇일까? 대리점주의 요구는 가격을 10% 깎아서 매입하는 것이다. 그럼 대리점주의 마음속에 있는 욕구는 무엇일까? 물론 매입가격을 깎는 것일 수도 있다. 그래서 가격을 깎아주었다. 하지만 대리점주의 욕구가 그것이 아니라면? 그래서 대리점주가 또 다른 조건의 수정을 제안한다면…? 만일 대리점주의 욕구가 이익 또는 매출을 10% 더 올리고 싶은 것이라면? 대리점주가 안고 있는 재고에 대한 비용 부담을 줄이기 위한 것이라면? 영업사원은 어떤 제안을 통해 가격을 그대로 유지하면서 거래를 지속하고 또 거래량을 늘릴 수도 있을까? 그리고 대리점주가 제안한 10%는 절대적인 수준일까? 진짜로 원하는 수준은 어느 정도일까? 이 수준을 예측하는 기술이 앞에서 알아본 등거리 법칙을 활용하는 것이다.

또 다른 사례를 살펴보자.

[국내 중소기업이 제품을 개발했다. 기술적으로 탁월함을 가진 제품이라 미국의 한 거래처에서 생산하는 제품을 전량 독점수입 하겠다는 조건으로 가격을 개당 1달러로 제안해왔다. 하지만 국내 중소기업은 그런 조건으로는 거래할 수 없다는 답을 했다. 미국 거래처는 가격을

2달러로 올려 새로운 제안을 하였다. 그래도 국내 중소기업이 반대하자 결국 미국 거래처는 가격을 5달러까지 올려 제안하였지만 계약을할 수 없었다. 초초해진 미국 거래처는 협상전문가를 선임해 한국의제조업체와 협상을 해달라고 하면서 한국으로 파견을 보냈다. 한국에파견 온 협상전문가는 단 하나의 질문으로 협상을 타결했고 계약했다. 그 협상전문가가 던진 질문은 "왜 안 되는가?"였다. 한국 기업의 대표는 자신이 생산하는 제품의 일정량을 조카가 가져가 사업을 하는데 미국으로 전량 수출하면 조카 사업이 어렵게 되기 때문이라고 했다. 해결책은? 당연히 조카에게 필요한 물량을 제외한 것에 대한 계약을 체결하였다.] 이렇듯 협상 상대의 욕구를 제대로 파악하면 협상은 쉽게타결될 수 있다.

영업사원들은 고객의 요구를 고객의 진짜 욕구로 받아들이는 경우가 많다. 단순히 고객이 영업사원을 떠보기 위해 제안하는 것을 고객의 최종적인 제안으로 생각하고 내부비용을 들여서라도 수용하는 방법을 찾는다. 영업사원은 고객의 요구와 욕구를 분명히 파악해 적절하게 대응할 수 있어야 한다. 고객의 초기 제안은 고객의 요구일 뿐이다. 또 고객은 자신이 제안을 할 때는 항상 협상의 여지를 두고 제안을 한다는 것을 알아야 한다. 합의할 의제의 수(거래조건의 수) 역시 가격만이 아니다. 고객의 욕구를 제대로 파악하기 위해서는 다른 조건의 수정이 가능할 수 있다는 것을 전제로 조건 간의 교환전술로 역제안을하거나 타협전술을 활용해 고객이 진짜로 원하는 조건과 수준이 어느정도인지 파악할 수 있어야 한다.

② 파이 나누기 – 내가 자르고 네가 먼저 선택해

협상이 가진 하나의 매력은 협상은 심리게임이라는 것이다. 협상 파트너들이 협상의 결과에 대해 만족수준을 판단할 때 성과로서의 숫자도 있지만 협상과정에서 자신이 어떤 역할을 하였고 어떻게 협상을 진행하였는지도 있다. 처음부터 상대에게 끌려다닌 협상이라면 업무적인 성과뿐 아니라 심리적인 만족도도 떨어질 것이다. 특히 주어진 파이를 나눠야 할 때 파이를 나누는 과정에 서로가 얼마나 영향력을 발휘하였는가가 협상결과에 대한 만족수준을 결정하는 중요한 기준이 된다.

> 두 형제(영수, 철수)가 피자를 먹고 있다. 마지막 한 조각이 남자 남은 조각의 피자를 서로 먹겠다고 다툰다. 이를 지켜보던 아빠! 어떤 방법으로 피자를 나눠주면 두 아들은 싸우지 않고 만족할까? 단 아빠가 피자를 추가로 사주는 것은 해결책으로 생각하지 마라.

어떤 방법으로 피자를 나눠 먹게 하면 두 형제도 만족하고 아빠의 지갑도 열리지 않을까? 방법은 영수가 남은 피자를 나누고 철수가 두 조각 중 한 조각을 먼저 고르는 것이다. 영수는 자신이 피자조각을 나눴기 때문에 불만이 없고, 철수는 자신이 먼저 고를 수 있기 때문에 자신의 선택 결과에 불만을 갖지 않게 된다. 이보다 좋은 방법이 있을까?

고객과 협상하는 조건들 중에는 이렇게 파이를 키울 수 없는, 정해진 파이를 공정하게(심리적으로) 나눠야 하는 상황이 많다. 이러한 상황에서 영업사원은 위의 방법으로 합의점을 찾을 수 있을 것이다. 즉, 선택안의 개발과 선택의 우선순위를 분리시키는 것이다. 어느 것이든 파이를 나누는 과정에서 한쪽과 다른 한쪽이 자신의 영향력을 발휘할

수 있는 기회를 공유하는 방법이다. 때로는 그 영향력을 상대가 발휘
하도록 하는 것도 좋다.

③ 파이를 키워라

영업사원은 고객과 협상할 때 정해진 파이를 합리적인 방법으로 서
로가 만족하는 수준으로 나누는 것도 중요하지만 파이를 키워 서로의
만족도를 올리는 방법도 창의적으로 개발·활용할 수 있어야 한다. 다
음의 문제를 풀어보라.

> 농장을 유산으로 남기려는 아버지는 아들 셋을 불러 다음과
> 같이 유언을 남겼다. 농장에는 소가 17마리가 있다. 큰아들은
> 1/2을 갖고, 둘째는 남은 소의 2/3를 가질 것이며, 막내 또한
> 남은 소의 2/3를 가져라. 단 소를 분리하거나 죽여서 나눠서는
> 안 된다. 아들들은 아무리 생각해도 아이디어가 떠오르지 않
> 는다. 당신에게 도움을 요청하였다. 어떻게 해결해주겠는가?

방법은 소를 한 마리 빌려와 소를 총 18마리로 만든다. 그리고 아버
지의 유언에 따라 1/2인 9마리를 첫째가 갖고, 남은 소 9마리 중 2/3인
6마리를 둘째가 갖고, 마지막으로 남은 소 3마리 중 2/3인 2마리를 막내
가 갖는다. 그리고 남은 소 한 마리는 원래 주인에게 되돌려 준다. 간단
하지 않은가? 어떤 문제든 해결책을 알면 엄청나게 쉽게 느껴진다. 앞
에서도 언급하였지만 우리가 부딪히는 대부분의 문제는 해결책이 있다.
해결책이 없는 문제는 문제가 아니라 운명이다. 영업사원은 고객과 협
상할 때 역시 이러한 마인드로 고객과의 이해상충의 문제를 창의적으

로 해결해야 한다.

협상에서 파이를 키우는 손쉬운 방법은 합의할 거래조건의 수를 많이 만드는 것이다. 만일 고객이 가격만 언급하면서 가격을 깎아달라고 하면서 갈등을 일으키면 가격 외 다른 조건(결제방법, 물량, 자재지원 등)들을 협상 테이블에 올려 파이를 키운다. 가격과 다른 조건의 교환을 제안할 수 있을 것이고, 고객이 요구하지 않은 그렇지만 고객에게 가치가 있는 어떤 조건(영업사원에게는 비용이 들지 않거나 최소로 드는)을 덤으로 주는 것을 제안함으로써 가격을 깎으려는 고객의 요구수준을 낮추는 등의 방법을 활용할 수 있을 것이다. 이렇게 함으로써 고객은 자신이 원하는 구매비용을 줄이고 영업사원은 가격을 깎아주는 것의 일부분이라도 고객의 양보를 얻을 수 있다. 이것이 파이를 키우는 방법이다.

영업사원은 다양한 거래조건을 협상 테이블에 올리거나, 거래조건끼리 합치거나, 분리하거나 제거하는 방법으로 고객의 요구에 대응함으로써 협상의 성과를 올릴 수 있다. 고객이 창의적이지 않을 때 혹은 고객을 창의성으로 이끌어내기 위해서도 영업사원이 먼저 사고와 시각을 확장해 창의성을 발휘하는 것이 좋다.

④ 교착상태 극복

협상은 다양한 이유와 상황 전개로 정상적인 궤도를 이탈하는 경우가 많다. 협상 파트너의 견해 차이, 커뮤니케이션의 오류, 입장의 변화, 서로의 협상태도와 전략, 제안에 대한 오해, 서로에 대해 가지고 있는 선입견 등이 원인이 되어 협상이 진전되지 않고 그 자리를 맴돌게 된다. 협상이 이렇게 교착상태에 빠졌을 경우 대부분의 영업사원이 선택하는 해결안들은 고객에게 조건을 양보하거나 고객의 요구를 수용하는 것을 전제로 내부협의를 하는 것이다. 이것이 전적으로 나쁜 방법은 아니다. 하지만 고객이 의도적으로 협상의 진전을 방해하고 있다면, 고객이 자신의 약점을 숨기고 영업사원의 많은 양보를 얻어내려는 전술로 협상에 적극적으로 임하지 않는다면?

협상이 파괴적인 상황으로 전개되는 요소로는 1) 협상 상대를 불신하고 적대시하는 시각, 2) 협상의 의제가 모호해지고 정확히 정의되거나 합의되지 않은 상태에서 새로운 의제가 추가되는 경우, 3) 협상 파트너들이 서로의 입장에 큰 차이가 있다고 인식하는 경우, 4) 감정적이 되거나 긴장상태가 오래 지속될 경우, 5) 자신과 자신의 조직을 과신하고 차이에 신경을 쓰지 않는 경우가 있다.

협상에서 이러지도 저러지도 못하는 상태에 빠진 것을 교착상태에 빠졌다고 한다. 영업사원이 당황하는 만큼 고객 역시 이러한 교착상태를 자신이 의도적으로 만들지 않는 한 원하지 않는다. 하지만 어떤 교착상태든 작은 변화가 의외의 해결책이 될 수도 있다. 다음의 이야기 같이.

우회전을 하려는 트럭 두 대가 교차로에서 꼬리에 꼬리를 문 택시들에 가로막혔다. 택시운전사들은 경적을 울리고 핏대를 세우며 욕설을 하고 보행자들은 푸른 신호등에서도 길을 건너지 못하고 있다. 트럭도 움직이지 않을 것 같고 택시 또한 물러서지 않을 것 같다. 마침내 택시들 뒤에 있던 파란색 소형차가 왼쪽으로 살짝 움직여 앞으로 나갔다. 그 옆에 있던 택시가 약간 오른쪽으로 나가자 소형차 앞에 있던 10대의 택시가 하나둘씩 각도를 바꾸어 앞으로 빠져나갔다. 그러자 마침내 좁은 공간이 생겼고 트럭 두 대는 한 대씩 우회전을 하게 되었다.

협상은 서로의 요구조건을 합의하는 과정이지 협상상대자와의 인격적인 대립도 감정적인 싸움도 아니다. 영업사원은 고객과 협상이 잘 진전되지 않을 때 다음의 방법으로 협상을 정상화시키는 지혜를 발휘할 수 있어야 한다.

1) 장소를 변경한다

협상장소는 협상 당사자들의 심리에 영향을 준다. 협상의 분위기에도 영향을 준다. 새로운 장소에서 만나는 것은 새로운 기분과 분위기를 만들 수 있다. 지금까지 협상을 고객사에서 진행하였다면 영업사원의 회사로 장소를 바꿀 수도 있고, 아니면 제3의 장소를 협상장소로 새로이 선택할 수도 있다.

2) 협상상대를 바꾸어라

이는 협상을 회피하는 것이 아니라 전략적인 조치이다. 영업사원이 이 방법을 선택하고 상대에게 제안할 때는 상대 때문에 협상 파트너를 바꾸는 것이 아님을 명확히 알려야 한다. 영업사원의 권한을 벗어난 조건 때문에 어쩔 수 없이 그 권한을 갖고 있는 누군가와 교체해야 한다는 것으로 고객을 설득하는 것이 좋다. 고객이 만일 다른 누군가를 협상 파트너로 교체하겠다고 하면 그가 누구인지, 어떤 역할을 하는지, 권한은 어느 정도인지를 파악하도록 하라.

3) 중재자(조직 외부 협상전문가)를 불러라

실제적인 영업협상 상황에서 중재자를 부르는 경우는 거의 없다. 외부 협상전문가를 중재자로 활용해야 하는 정도의 거래라면 매우 규모가 큰 거래일 것이다. 하지만 대부분의 영업사원이 진행하는 협상은 조직 내부의 역량으로 충분히 대응할 수 있다. 내부의 다른 부서와 함께 협상에 임하는 것도 좋은 방법 중 하나가 될 수 있다.

4) 이제까지 합의된 사항을 열거·검토해보라

지금까지 서로가 들인 노력과 에너지, 시간의 가치를 재강조하면서 협상 정상화의 필요성을 강조하는 방법이다. 그리고 합의된 사항들을 서로가 알게 됨으로써 협상의 종결시점임을 인식하게 되고, 협상 정상화의 필요성을 알게 된다.

5) 유머를 활용하라

당신은 중요한 거래를 앞두고 고객과 협상을 지루하게 벌이고 있다. 서로의 입장만을 고수하기 때문이다. 이때 당신은 협상을 다시 시작해야 될 것 같다는 생각이 든다. 그래서 당신은 일어서서 미소를 지으며 '안녕하십니까, ○○○ 씨 저는 ○○○입니다. 이제 ○○○에 대해 협상을 해야 하는군요'라고 말하면서 마치 오늘 처음 만나는 것처럼 인사한다. 그러면 상대방은 어떤 반응을 보일까? 유머를 통해 협상의 분위기를 전환하는 것도 교착상태를 극복할 수 있는 유용한 방법이다.

6) 멈추지 마라

영업사원은 어떤 상황이든 협상을 멈춰서는 안 된다. 협상이 지루하게 진행되고 고객이 자신의 입장에서 한 걸음도 물러서지 않고 영업사원을 압박한다고 해서 협상을 멈추거나 결렬시켜서는 안 된다. 어떻게든 다시 만나서 재협상을 할 기회를 확보해야 한다. 물론 조직이 협상 결렬을 결정한다면 어쩔 수 없을 것이지만…

7) 창의적이 되라

영업사원이 창의적으로 협상에 임하는 것은 고객에게도 새로운 돌파구를 마련해주는 계기가 될 수 있다. 고객 역시 협상이 교착상태에 빠지는 것을 원하지 않는다. 자신이 어쩔 수 없는 상황에 처해 있는 깃을 영업사원이 창의적인 아이디어로 빠져나올 수 있는 기회를 마련해준다면 고객 역시 협상을 정상화시키는 데 기여하려 할 것이다. 영업사원이 활용할 수 있는 창의적인 방법은 앞에서 알아본 파이를 키우는 법과 파이를 나누는 법에서 강조하였다. 그것에 더해서 봉인된 제안서(서로의 최종안을 정리해 봉투에 넣어 교환한다. 대신 합의하지 않은 상태에서는 절대로 봉투를 개봉하지 않는다는 약속을 한다. 그러면 심리적으로 상대가 준 봉투에는 더 나은 조건이 있을 것이라는 기대로 자신의 제안수준을 완화할 수 있다) 방법을 활용할 수 있다. 객관적인 외부의 기준(업계관례, 사회적인 증거를 활용)을 활용하는 것도 사용할 수 있는 방법이 된다.

⑤ 상대가 속임수로 나올 때

　영업사원이 경험하는 비윤리적인 상황은 고객이 허풍을 떨거나, 위장된 정보를 제공하거나, 선의의 거짓말을 하는 것, 위조하는 것 등을 말한다. 이러한 책략은 고객만이 사용하는 것도 아니다.

　영업사원은 이러한 고객의 책략에 쉽게 흔들려서는 안 된다. 고객의 이러한 책략에 대응하는 기본적인 방법으로는 다음이 있다.

　－탐색적인 질문을 하라. 상대의 진위를 파악하기 위해 상대의 상황
　　을 파악할 수 있는 질문을 활용하라.
　－상대의 전술을 알고 있음을 알려라.
　　때로는 전술을 무시하라. 상대의 제안이나 요구를 못 들은 척하는
　　것으로 상대의 진심을 파악할 수 있다.
　　상대의 전술을 알아챘음을 알려라.
　　필요하다면 상대와 같은 방법으로 대응하라.
　　당신이 알아챈 사실을 이야기하고 상대가 더 정직하게 나오면 돕
　　겠다고 제안하라.

　다음의 표에 나오는 것처럼 고객의 속임수에 적절하게 대응하도록 하라.

사용 가능한 전술	구체적인 방법
위협하기	−진실을 말하라고 한다. −상대를 비난한다. −도발적인 질문을 한다. '왜 그런 말씀을 하시는지요? 그것이 이 협상에 어떤 의미가 있는지?'
소용없음을 알린다.	−속임수가 소용없음을 알리고 위험에 처할 수 있다고 강조한다. '진실은 언젠가는 밝혀질 것입니다.' '만일 이것을 덮으려 한다면 앞으로 더 나빠질 것입니다.' '대부분의 고객이 그렇게 말하지만 실제로는 스스로 함정에 빠진다는 것을 알고 있습니다.'
허풍	−당신이 상대의 속임수를 이미 알고 있다고 믿도록 한다. −상대가 알고 있는 것을 당신도 알고 있음을 보여주면서 논의는 하지 않는다. '저희도 생산력에 한계가 있어서… 납기를 맞출 수 있을는지….'
적당히 찌르기	−상대가 계속 말을 하도록 해서 속임수와 진실을 구분하는 정보를 얻는다. 논의 주제를 정리해달라고 한다. −일부러 반대를 위한 반대를 한다. 장난 섞인 질문을 한다. '내부 보고를 위해서 필요하기 때문에 질문을 하는 것입니다.'
거짓행위 경시하기	−상대가 자신의 거짓에 대한 변명을 하도록 돕는다. −거짓행위의 결과를 최소화하고 다른 사람들이 행한 것이 더 나쁘다는 것을 보여주고 그들에게 비난을 돌린다.
모순	−상대의 말, 보고서에서 모순점, 비일관성을 찾기 위해 더 많은 이야기를 하도록 한다. −명확한 모순점에 대해서는 설명을 요구한다. −동일한 질문을 여러 번 해서 모순점을 찾는다. −상대를 압박해서 실수를 하게 하거나 말하고 싶지 않은 것을 말하도록 한다.
방어상 허점	−상대가 어떤 정보에 대해 작거나 부분적인 거짓이 있음을 인정하도록 하고 이것을 이용해 더 큰 거짓을 인정하도록 한다. '만약 당신이 이에 대해 거짓말을 조금 했다면, 다른 것에 대해서도 거짓말을 하지 않았다고 내가 어떻게 믿겠습니까?'
속임수 단서 지적	−상대가 거짓말을 하고 있다는 단서가 되는 행동(땀, 신경질적 행동, 목소리 변화, 표정, 시선 회피 등)을 지적한다.

6 협상 테이블에서의 갈등 해결

영업협상은 서로에게 이익이 되는 목표 달성을 위해 거래조건의 합의를 이끌어내는 커뮤니케이션 과정이다. 따라서 고객과 거래조건을 두고 서로의 입장을 제안하고 설득하는 과정에는 갈등이 필연적으로 발생한다. 영업사원은 이 갈등상황을 원만하게 해결하는 지혜를 갖추어야 한다. 협상 테이블에서 갈등이 발생하면 다음의 방법으로 갈등을 해소하도록 하라.

1) 긴장감을 줄이고 적대감을 단계적으로 완화시킨다

－"당신은 이 문제를 이렇게 보는군요!"
－"다시 생각을 해보니. 내가 한 말에 당신이 위협을 느끼고 당황을…"
협상상대가 기대 이상의 수준을 제안하고 또 다른 상대가 무리한 역제안을 한다면 협상 테이블에는 긴장감이 돌 수밖에 없다. 긴장감이 신속하게 해소되지 않으면 적대감으로까지 확대될 수 있다. 따라서 영업사원은 상황을 정리하는 방법으로 긴장감과 적대감을 단계적으로 완화시키도록 하라.

2) 의사소통을 강화하라. 서로의 관점에 대한 이해도를 높여라

－역할 바꾸기를 하라.
－상상하라.
원활한 의사소통은 서로에 대한 이해도를 높이고, 상대와 협력할 수

있는 기회를 포착할 수 있다. 협상 테이블 외 다양한 방법으로 상대방과 커뮤니케이션을 확대하는 것이 필요하다. 역지사지를 위해 상대방의 역할을 해보거나 상상을 통해 협상의 성과를 그려본다.

3) 논의하고 있는 쟁점의 수와 규모를 조정하라

협상 테이블에 올려진 쟁점의 수가 많거나 요구하는 수준의 차이가 클수록 협상 당사자들 사이에 갈등이 발생할 가능성이 커진다. 협상에 참가한 참가자들의 수가 많으면 참가자들 간의 이견이나 의견충돌로 인해 갈등이 발생할 수 있다. 서로에게 중요한 쟁점들을 선별하고 협상 참가자 중 이해관계가 약하거나 갈등을 유발하는 스타일의 참가자를 협상에서 배제시킴으로써 갈등을 줄일 수 있다.

- 참여자의 수를 줄여라.
- 관련된 실질적인 쟁점의 수를 줄여라.
- 구체적인 용어로 쟁점을 말하라.
- 절차적 선례나 본질적인 선례에 구속받지 마라.
- 큰 쟁점을 세분화하는 방법을 찾아라.
- 쟁점을 객관화하라.

4) 합의의 근거를 찾을 수 있는 공통점을 확립하라

협상의 갈등을 해결하는 또 하나의 방법으로는 영업사원이 고객과 공동의 목표를 수립하는 것이다. 고객이 구매를 통해 얻는 이익이나 해결하는 문제를 강조하면서 합의의 필요성을 강화하고 협상을 진행할 때 협상의 절차나 방법에 대해 합의를 하며 갈등의 원인이 무엇인지를 파악한 후 이를 공동의 적으로 만들어 함께 해결하는 방법을 모색함으로써 갈등을 완화하거나 해소할 수 있다.

- 공동의 상위목표를 만들어라.
- 공동의 적에 대응하는 전선을 구축하라.
- 공동의 절차에 따르라.
- 협상쟁점에 접근하는 공통적인 틀을 만들어라.

5) 서로 제시할 수 있는 바람직한 대안과 옵션을 강화하라

갈등은 이해관계 또는 목표의 상충으로 인해 발생한다. 이 상충되는 목표와 이해관계를 해결하는 각자의 대안을 다양하게 개발하고 상대가 수용할 수 있는 대안들을 공유함으로써 갈등 해결의 가능성을 높일 수 있다.

- 상대가 긍정적인 답을 하는 제안을 하라.
- 다른 대안을 요구하라.
- 위협만 하기보다는 달콤한 제안도 하라.
- 적법성과 객관적인 기준을 갖고 해결책을 평가하라.

❼ 다양한 상황 대응법 – 이럴 땐 이렇게

고객과 진행하는 협상이 영업사원이 생각하는 대로 진행되는 경우는 거의 없다. 오히려 고객이 어떤 전략을 구사하고 협상 테이블에서 어떤 전술(책략, 행동, 태도 등)을 사용하는가에 따라 협상상황이 결정된다. 게다가 영업협상 상황이 영업사원에게 유리하게 혹은 우호적으로 전개되는 경우 역시 거의 없다. 따라서 영업사원은 다양한 협상상황을 예측하고 각 상황에 유연하고 탄력 있게 대응할 수 있는 능력을 갖추어야 한다.

영업사원들이 부딪히는 대표적인 상황과 각 상황에서 어떻게 대응하는 것이 바람직한지 그 방법에 대해 알아보도록 한다.

1) 상대가 힘이 강할 때

협상에서 힘이 강한 파트너는 자신의 힘을 어떤 식으로든 사용한다. 자신이 가진 힘을 사용하는 목적은 자신의 협상 목표를 달성하기 위해서이다. 특히 영업사원들은 협상에서 자신들이 '을'이라는 고정관념에서 벗어날 수 없다. 고객은 '갑'으로서 영원한 힘을 갖는다고 믿는 것이 일반적인 영업사원들의 생각이다. 어쨌든 고객이 영업사원보다 협상의 파워를 더 강하게 갖고 있다면 고객은 그 힘을 사용할 것이다. 중요한 것은 그 고객의 힘에 영업사원이 힘조차 펴지 못하고 일방적으로 끌려가서는 안 된다는 것이다. 고객이 구매자라는 '갑'의 힘을 사용하거나 영업사원이 고객은 힘을 갖고 있다고 믿는 경우 다음의 방법으로 대응할 수 있어야 한다.

(1) **스스로를 보호하라.** 영업사원은 자신의 권한으로 스스로를 보호해야 한다. 조직이 영업사원에게 협상의 권한을 제한적으로 주는 이유와 목적, 그리고 그 사용법에 대해서는 앞에서 강조하였다. 고객이 구매자의 힘으로 영업사원을 압박한다면 고객의 요구사항을 파악하고 다음 협상을 약속받는 것이 좋다. 권한의 한계를 절묘하게 활용해 사

전협상을 잘 마무리하고 협상의 창구로서의 역할을 충실하게 하는 것이 좋다. 최종결정은 조직이 내리는 것임을 명심하라.

(2) **자신의 최선의 대안(BATNA)를 개발하라.** 협상의 힘을 결정하고 전략과 전술 선택에 영향을 미치는 중요한 요소 중 하나가 최적의 협상 대안, 즉 BATNA이다. 영업사원은 다양한 다수의 기존고객과 가망고객을 확보하고 있어야 협상에서 힘을 갖는다. 하나의 고객에게 모든 것을 맡긴다면 협상에서 파워를 갖지 못하게 된다. 고객이 강압적으로 숨통을 조여와도 여유를 갖고 대응하기 위해서라도 BATNA는 반드시 필요하다.

(3) **'올가미 경보체제'를 구축하라.** 협상을 하면서 위험수준을 설정해 놓고 이 위험수준을 고객이 침범하거나 자신이 위험수준을 벗어난 결정을 요구받을 때 스스로에게 경보를 알리는 선(조건의 수준)을 결정해놓아야 한다. 진행 중인 협상이 난항에 빠지거나 교착상태에 빠지는 징후를 사전에 확인해 놓고 이 신호가 협상 중에 나타날 때 적절하게 대응할 수 있어야 한다.

(4) **힘의 불균형을 교정하라.** 앞에서 알아보았듯이 '갑'과 '을'의 관계는 변하지 않는다. 하지만 이 차이가 협상에서 힘을 결정하는 유일한 요소는 아니다. 협상에서 중요한 것은 협상이 누구 쪽으로 유리하게 기울어지는가이다. 영업사원은 협상의 기울기를 자신쪽으로 기울어 지도록 만들 수 있어야 한다. 대부분의 경우 정보를 통해서 협상의 기울기가 결정된다. 고객에게 불리한 정보를 파악하고 자신의 정보 중 유리한 정보는 공개를 하되 불리한 정보는 가급적 고객이 알지 못하도록 보호해야 한다.

(5) **구매자라는 힘을 사용할 때**ー구매하는 고객은 항상 자신이 '갑'이라는 힘을 사용한다. 영업사원은 이 고객의 힘을 역이용하거나 고객의 요구에 흔들리지 않아야 한다. 다음의 방법으로 대응하고 구매자의 선물(고객이 자신이 원하는 가격의 합의를 위해 양보를 하거나, 덤으로 주거나 교환할 수 있는 거래조건들)을 받아낼 수 있으면 가장 좋다. 다음의 방법으로 협상에 임하고 기회가 생길 때마다 구매의 선물을 요구하라.

가) 대응기법

1. 인내하고 인내하라. → 조급함을 버려라.

2. 협박에 의연하게 대응하고 역으로 이용하라. 협박의 이유를 묻고 원하는 것이 무엇인지를 물어라. 고객이 자신이 원하는 것을 얻기 위해서는 대가를 지불해야 한다는 것을 알리도록 하라.

3. 어부지리를 이용하라. → 구매협상의 선물을 챙겨라. 고객이 언급하지 않은 조건의 양보를 요구하라. 영업사원에게 가치가 있는 조건을 덤으로 달라고 하라. 고객은 자신이 원하는 것을 위해 이러한 것을 기꺼이 줄 수 있다.

4. 상대의 패에 따라 적절한 카드를 제시하라. 고객이 가격을 깎기를 원하는 카드를 제시하면 영업사원은 물량으로 대응카드를 제시할 수 있어야 한다. 고객이 타협전술로 나오면 영업사원도 타협전술로 대응해야 한다.

5. 협상의 안건을 선별하고 우선순위를 정하라. 내부협의를 통해 협상쟁점의 우선순위와 중요도를 미리 결정해두고 고객의 전략, 전술에 대응하는 것이 최선의 방법이다.

6. 협상의 목표를 명확히 설정하라. 영업 측이라고 항상 고객에게 끌

려다닐 수는 없다. 내부협상을 통해 협상의 목표(마진의 수준)를 분명하게 설정해두고 협상에 임해야 한다.

7. 모든 낱낱의 사항을 서면으로 확인해두라. 협상 테이블에서 나오는 모든 이야기와 상호 교환하는 제안내용, 메시지 등을 꼼꼼하게 기록해두는 것이 좋다.

8. 갈등이 일어나면 제3자를 효과적으로 이용하라. 고객이 구매자로서 힘을 사용해 영업사원을 압박하면 상사 핑계를 대거나 권한의 한계를 이용해 누군가의 허락을 받아야 한다고 하라.

9. 기정사실화하라. 고객에게는 자사의 상품이 반드시 필요하고 꼭 구매를 해야 한다는 것을 기정사실화하고 협상에 임하는 것이다. 그리고 고객이 가격을 이미 수용했다고 전제를 두고 다른 조건의 합의를 시도하면서 고객의 반응을 살펴라.

10. 자기가 원하는 선에 말뚝을 박아놓고 상대를 설득하라. 영업 측이라고 거래조건을 무한정으로 양보할 수는 없다. 따라서 어디까지가 한계점(이탈수준)인지를 분명히 정해놓고 협상에 임해야 한다, 특히 영업사원은 자신의 권한을 벗어난 조건을 일단 수용한 후 조직 또는 상사로 하여금 그 조건을 수용해달라고 내부조직을 설득하려 해서는 안 된다.

나) 구매선물을 요구하라

기업의 구매담당자는 공급업체의 영업사원과 협상할 때 자신이 원하는 만큼의 구매비용(대부분 가격 깎기)을 절감하기 위해 다음의 조건들을 교환 혹은 양보의 도구로 준비한다. 따라서 영업사원은 기회가 될 때마다 다음의 선물을 요구할 수 있어야 한다.

1. 선급금 지급

2. 자재, 금형 대금 선지급
3. 대금 지급 조건개선
4. 가격 외 기타 거래조건의 수정, 절충
5. 장기 발주 보장
6. 매출처 알선
7. 매출량 증대
8. 기술지원
9. 원자재 구매 대행
10. 구매자 특허 사용 허용
11. 공동광고
12. 신제품 개발에 참여 기회 제공 등

2) 까다로운 상대 대응하기

영업사원은 협상 테이블에서 영업사원이 제안한 조건에 대해 내키지 않은 척하거나, 무리한 요구, 상품의 가치를 평가절하하거나, 상사 핑계를 대거나, 양자택일을 요구하거나 자신의 문제를 해결해달라는 요구를 하는 까다로운 고객을 만난다. 이러한 고객과 협상할 때는 다음의 내용을 기억하고 활용하기 바란다.

(1) **상대의 반응을 개인적으로 받아들이지 마라**. 상대의 까다로운 반응을 개인적인 거부의 반응으로 받아들이지 마라. 고객과 영업사원은 서로 필요한 비즈니스를 위해 만나고 협의하는 것이다. 고객이 까다롭게 나오는 것은 무엇인가 원하는 것이 있거나 또는 새로운 제안을 기대하는 반응이다. 이러한 고객의 반응을 개인적으로 받아들이면 다음

의 협상을 진행하는 데 어려움을 겪을 수 있다.

(2) **상대의 행동과 말에 감정적이 되지 마라.** 영업사원의 감정이 흔들리면 곧 협상에서 불리한 위치에 처하게 된다. 감정을 조절할 수 없을 때는 휴식시간을 가지자고 제안해 일단 감정을 조절할 시간을 확보하라.

(3) **만반의 준비를 하라.** 고객이 어떻게 나올지는 협상 테이블에서 만나기 전에는 알 수 없다. 고객이 우호적으로 나올 수도 있고, 적대적으로 나올 수도 있다. 영업사원은 언제나 예기치 않은 상황 전개에 대응할 수 있는 준비가 되어 있어야 한다.

(4) **속도를 늦추고 여유를 가져라.** 그리고 고객이 원하는 것이 무엇인지를 파악하라. 요구와 욕구를 구분할 수 있어야 한다.

(5) **상대가 분노하면**
– 분노를 다 표현해 사라질 때까지 기다려라.
– 그다음 고객의 감정이 안정되면 이유를 찾아라. 추측하지 말고 묻는 것이 좋다. 원하는 것이 무엇인지 등의 질문으로 감정표현의 이면을 파악하라.

(6) **우회하는 법을 배워라.** 때로는 협상을 연기하는 것도 좋은 방법이다. 상대의 상황을 이해하고 인정한다고 상대의 요구를 수용하는 것이 아님을 알고 활용하라.
– 상대가 받는 압박을 이해하라. 조직으로부터 받는 압박은 협상의

태도를 강경하게 만들 수 있다. 이러한 경우 고객은 더욱 까다로운 태도를 견지하게 될 것이고 영업사원을 압박해 원하는 것을 얻기 위한 강성전략과 경쟁전술을 선택하게 된다. 이때 영업사원이 고객이 받는 압박을 이해해줌으로써 고객의 마음을 한결 부드럽게 할 수 있다.

- 상대의 걱정을 인정해주라. 그리고 걱정을 해소할 수 있는 방법을 제안하라. 걱정이 기우임을 알도록 하라.
- 상대의 체면을 세워주라. 고객의 권한을 벗어난 조건을 영업사원이 제안함으로써 고객이 강경한 태도를 가질 수 있다. 자신의 권한이 제한된 것 때문에 체면이 상했을 수도 있다. 자신이 결정할 수 없기 때문에 감정적인 반응을 보일 수 있다는 것이다. 이때는 "상사에게 보고를 해보면 어떻겠는가?"라는 제안을 하는 것도 좋은 방법이다.

(7) 항상 주제, 현안, 문제에 집중하라.

어떠한 경우든 고객의 책략에 말려들지 말고 협상 테이블에서 달성해야 하는 목표에 집중하는 것이 좋다. 감정적인 동요없이 상대의 감정표현이 끝나면 협상을 처음 시작하듯이 논의가 필요한 조건을 자연스레 이야기 하면 된다.

(8) 상대가 영업사원의 능력과 경력에 대해 칭찬하면

- 양보를 얻기 위한 책략이다.
- '고맙다'고 하면서 현안에 집중하라.
- 달성해야 하는 목표에서 초점을 떼지 마라.

(9) 상대가 당신의 제안에 당황해하면서 어쩔 줄 몰라 하면

- 성급하게 그 자리에서 수정된 제안을 먼저 하지 마라.
- 그들을 이해하고 사태가 진정될 때까지 기다려라. 잠시의 침묵도 좋은 방법이다.
- 그리고 상대의 제안을 끌어내라. 무엇이 문제인지? 와 같은 질문을 활용해 상대의 이면을 파악하는 것이다.

3) 상대가 감정적이고 다혈질적이면서 협박을 할 때

(1) 상대가 협박을 할 때

- 어떤 상황에서든 상대가 누구든 협박하려 하지 마라.
- 상대의 상황과 입장을 인정하면서 정중한 방식으로 그들을 설득하는 데 집중하라.
- 듣는 사람에 따라 같은 말이 협박으로 들리기도 하고 설득으로 들리기도 한다. 당신에게 고객의 말이 협박으로 들리면 아래의 방법으로 대응하고, 설득으로 들린다면 역제안을 하라.
- 상대가 협박을 하면
  1. 말대꾸를 하거나 변명하려 하지 마라.
  2. 조용히 듣기만 하고 말을 끊으려고 하지 마라.
  3. 그냥 조용히 앉아 있으면서 심호흡을 하고 자제심을 잃지 마라.
  4. 정보를 수집하고 원인을 찾아라.
  5. 비즈니스의 가치를 재차 강조하고 최선의 솔루션임을 각인시키는 노력을 하라.

(2) 상대가 최후통첩을 할 때 – 위협과 최후통첩에 대처하기

- 위협을 무시하라. 평소처럼 행동하라.
- 그래서 상대가 자신의 최후통첩을 철회할 기회, 시간을 주라.
- 필요하면 상대가 다시 언급한다.
- 방법
    1. 다른 문제부터 다루자고 하라. 그리고 상대의 반응을 살펴라.
    2. 좀 더 노력하면 합의점에 도달할 것 같다고 하면서 현안에 집중하라.
    3. 좀 더 당신을 이해할 수 있도록 도와주라. 무엇이 원인이라고 생각하는가?
- 상대방의 추가 위협을 무력화하라.
    1. 미리 대비하라.
    2. 다른 힘이 있는 사람과 함께 협상을 진행하고 싶다고 제안하라.
    3. 상대방의 우려사항을 먼저 언급하면 상대의 적개심을 누그러뜨릴 수 있다.
- 위협이 설득력이 없다면 그 사실을 상대방에게 알려주라.
    1. 이해관계를 언급하라.
    2. 제약상황, 요소를 강조하라.

(3) 상대가 협상장을 박차고 나갈 때

- 상대의 의도: 당신을 구슬려 양보를 제시하도록 하며, 다시 협상하도록 하는 것
- 협상장을 절대로 먼저 떠나지 마라. 그리고 상대가 돌아올 때까지 기다려라.

－상대방이 퇴장할 때

1. 마음을 진정시키고 냉정하고 아무 말 없이 상대를 떠나보내라.

2. 약간의 시간이 흐른 뒤 협상을 재개하라. 자리로 찾아가 다시 협상을 시작하자고 하라.

3. 먼저 전화를 걸어라－아무런 문제가 없다는 것을 알려라. 상대의 반응에 영향을 받지 않았다는 메시지를 전하라. 다시 협상 일정을 잡도록 하라.

4. 말, 행동, 태도에서 불쾌감을 준 것이 있다면 사과하라.

5. 상대에게 제안을 하도록 요구하라.

(4) 화가 난 상대에게 대응하는 방법

－상대가 화가 난 원인을 파악하고 이해하라.

1. 상대를 비난하지 마라. "그 정도에 화를…"

－상대가 분노를 표출할 기회를 주라.

1. 화를 낼 때는 그냥 놔두라.

2. 그의 감정을 인정·이해해주라.

3. 생각을 물어봐라.

－감정에서 벗어나라.

1. 상대의 화를 자신의 분노로 만들지 마라. 맞대응하지 마라. 분노, 화를 내는 것은 창의적인 사고를 하지 못하게 한다.

2. 방관하고 피하라. 감정적인 반응을 보이지 마라.

－그들이 자신들이 얻을 수 있는 잠재이익을 깨닫도록 도와주라.

－상대의 욕구 파악을 위해 원하는 것을 묻도록 하라.

1. 어떻게 전개되기를 바라는가?

2. 어떤 것을 하고 싶은가?

3. 어떻게 하면 이 상황을 개선할 수 있을까?

4. 문제를 논의하기 전에 분명하게 해두고 싶은 것이 있는가?

(5) 상대가 솔직하게 나오도록 유도하는 방법

ㅡ거짓말 탐지 전략

1. 커뮤니케이션 기법

비언어적인 메시지, 태도, 제스처, 시선 등을 통해 파악하라.

2. 전략 1: 다양한 정보원으로부터 정보를 수집하라.

모든 정보원을 가동하라.

3. 전략 2: 함정을 놓아라.

이미 답을 알고 있는 질문을 던진 다음 상대의 답을 듣고 상대의 솔직성을 평가하라.

답을 듣고 '고려한다'고 하라. 상대의 답이 거짓이라고 해도 곧바로 공격하지 마라.

4. 전략 3: 진실에 대해 삼각측량을 하라.

한 가지 질문으로 거짓말을 탐지할 수 없다. → 여러 가지 질문을 던져 진실을 감각 측량하라.

활용: 고객이 "다른 기업의 제안도 받았다"라고 할 때

a. '그 제의는 언제 받았습니까?'

b. '경쟁사의 제안이 정확히 무엇입니까? 어떤 부분이 저희 제안과 차이가 나는지?'

c. '상품에 대한 __한 정보도 제공하였습니까?'

d. '서면으로 받으셨나요? 볼 수 있을까요?'

5. 전략 4: 당신의 질문에 대한 상대의 답을 잘 듣고 분석하라.

사람들은 거짓말을 하고자 하지는 않지만 상대의 오판을 지적하

지도 않는다.

상대의 말을 잘 들으면 상대의 이면, 전략, 목표를 파악할 수 있다.

6. 전략 5: 우발사건의 약정을 사용하라.

불확정 계약을 요구-고객이 발생하지 않았지만 미래에 발생할 가능성이 있는 상황을 두고 그 상황이 발생하였을 때 예상되는 손실에 대한 보상(가격 10% 할인을 요구)을 지금 협상에서 얻고 자 할 때 대응하는 협상기술로 손실이 실제로 발생하면 그때 보상하고 지금은 원래 제안한 가격으로 합의를 이끌어내는 것(이때도 실제 사건이 발생하였을 때 보상범위는 10% 아래로 낮추어야 한다)이 지혜로운 방법이다.

(6) 지연작전을 펴는 상대에 대응하기

-새로운 조건을 잇달아 끄집어낼 때

1. 작전인지를 파악-양파껍질 까기 책략의 활용으로 거래조건을 하나씩 추가시켜 영업사원의 매몰비용을 키우는 작전일 수도 있다.
2. 합의가 필요한 모든 조건을 파악한 후 패키지로 대응하는 것이 최선의 방법이다.
3. 새로운 조건의 추가는 이미 합의한 조건의 변경을 초래한다는 것을 분명하게 알린다.
4. 합의된 것은 서류로 남긴다.
5. 서두르지 마라.

-개인적인 이야기, 사담으로 시간을 끌 때

1. 협상을 진행하기 전 협상 어젠다를 합의하라.

오늘 상담의 주제, 시간, 방법, 목표 등

2. 어느 정도 대응을 한 후 현안에 집중하자고 한다.

3. 때로는 적절한 대답을 하면서 상대와 인간관계도 구축하고 상대의 이면을 파악한다.

a. 인간적인 관계를 중요하게 여기는 고객일 수 있다. 이러한 고객이라면 충분한 시간을 투자해 인간관계부터 구축하는 노력이 필요하다. 인간관계의 욕구가 충족되면 고객이 스스로 현안을 언급하기도 한다.

b. 고객에 대한 정보를 파악하면서 협상에 활용하도록 하라.

－양보만 요구하면서 결정을 하지 않을 때

1. 절충, 타협, 교환의 가능성을 타진하라. 협상의 전술을 적극적으로 활용해 고객의 요구를 약화시키거나 추가적인 협상의 기회(거래조건들을 다루는)를 확보하라.

2. 기회비용을 강조하라. 결정을 하지 않음으로써 고객이 받을 수 있는 비용 또는 불이익을 강조

3. 고객의 한계를 파악하고 활용하라.

구매 시한, 재고수준, 내부협의수준, 현업부서의 업무목표, 구매 프로세스, 압박 등을 파악해 고객의 요구수준을 조정할 수 있어야 한다.

4. 보다 큰 이익을 강조하면서 접근하라. 일방적인 양보요구는 협상의 결렬로 이어지고 그 결과 고객이 얻는 비즈니스 이익을 잃어버릴 수 있음을 알려라.

5. 상사 핑계를 대면서 여유를 가져라. 영업사원이 가장 유용하게 활용할 수 있는 협상기술이자 책략이다. 궁지에 몰렸거나 고객이 원하는 답을 할 수 없을 때는 조직 또는 상사를 핑계로 새로운 협상의 기회를 탐색하라.

6. 상대의 다른 이해관계자를 활용한다. 고객사의 내부 이해관계자를 통해서 구매담당자에게 압력을 행사하도록 노력하라.

7. 대안(BATNA)을 마련하고 조급함을 버려라.

8. 경청을 하고 이면을 파악하라. 고객의 진정한 욕구가 무엇인지를 파악하고 그것에 맞는 제안을 하라.

9. 상대를 진정으로 도와줄 마음이 있음을 보여주면서 상대의 요구조건을 말하도록 유도하라.

10. 이런 상대와 협상할 때는 미리미리 준비하고 협상에 들어가라.

11. 영업사원이 가진 시간의 한계라는 문제를 미리 해결하라. 가장 좋은 방법은 고객의 구매시기를 파악해 영업활동을 전개하는 것이다. 고객이 결정하지 않고 지속적으로 거래조건의 양보만을 요구한다. 그렇다고 다른 공급업체를 만나지도 않는다. 그렇다면 고객은 아직 구매시기에 여유가 있다는 것을 의미한다. 영업사원은 조급증, 오늘 결판을 내겠다는 마음을 접고, 새로운 대안(가망고객 확보)을 마련하면서 여유 있게 대응하는 전략이 필요하다.

협상을 주도하라

Chapter 6. 협상을 주도하라

[협상사례]

다음의 협상사례는 "비즈니스 협상에 있어 협상사전 단계의 특성변수가 협상성과에 미치는 요인에 관한 탐색적 연구-김승철, 조남신"의 논문에서 발췌한 것이다.

전자문서 시스템 구축 전문회사인 P소프트社의 유용선 영업팀장은 국가종합조달 나라장터(http://www.g2b.go.kr)에서 G공사에서 전자문서 시스템 구축 용역입찰 정보를 접하였다. 입찰에 대하여 꼼꼼하게 조항들을 살펴본 다음 입찰에 참가하기로 결정을 한 후 팀원들을 회의실로 집합시킨다. 협상의 전체 흐름은 다음과 같이 진행되었다.

협상준비 과정

P소프트社 유용선 영업팀장은 'G공사 전자문서 시스템 구축 입찰공고'에서 프로젝트 총 금액 113,871,000원의 공고를 접하고 입찰에 참여하기로 결정한 후 팀원들 회의 소집을 하였다. 유용선 팀장은 올해 영업목표 달성을 위해 여유가 있는 상반기에 어느 정도 매출확보를 하는 것이 목표 달성을 위해 필요

Chapter 6. 협상을 주도하라　209

하다고 판단하고 이 프로젝트 성공 여부가 중요한 사안임을 팀원들에게 전달하였다.

공개제안서 및 프레젠테이션

프레젠테이션 심사위원으로 관련 전공 교수들이 참여할 것으로 예상하여, 경험이 많고 이 분야 전문가로 통하는 주일영 이사를 프로젝트 책임자(PM)로 선정하고, 공개 프레젠테이션에 참여하였다.

공개 프레젠테이션 결과에 대해 프레젠테이션을 실시한 주일영 이사는 만족스러워하지 못하나, 유용선 팀장 및 장전진 과장은 해볼 만하다고 판단하였고, 그 후 P소프트社는 G기관의 제안서 평가 심사 결과 P소프트社와 경쟁업체인 S소프트社로 압축되었다는 사실을 알게 되었다.

1차 가격협상

G공사 담당자 신재일 과장은 P소프트社가 제시한 가격 1억 1,000만 원에서 대략 2,800만 원 이상이 깎인 8,500만 원을 제시하였다. 이 제안을 들은 유용선 팀장은 이 가격으로 프로젝트가 진행되기 힘들다고 난색을 표하자 고객인 신재일 과장은 9,500만 원을 다시 제안하였으나 유용선 팀장이 결정을 위한 시간이 필요하다고 하면서 말미를 달라는 의견을 남기고 1차 가격협상은 마무리되었다.

대책회의

P소프트社 영업이사는 장기적 관계를 고려하여 추후 수주기회를 잡기 위해 그냥 고객이 제안한 조건을 수용하면 어떻겠느냐는 의견을 제시하였고, 박영옥 대리는 가격은 G공사에서 제시한 대로 하고, 품질에서 중간수준으로 하면 어떻겠냐는 의견을 제시하였다.

담당자 유용선 팀장은 두 의견에 대해 부정적인 반응을 보이고 있으며 무척 난감한 상황임을 스스로 알고 있다. 이러한 상황에서 영업이사는 유용선 팀장에게 이 프로젝트 가격협상에 대하여 전권을 갖고 협상에 임해보라는 위임을 하였다.

2차 가격협상

다시 고객을 만난 유용선 팀장은 가격이 아닌, 프로젝트 상황 요소로 신재일 과장을 설득시키려고 시도하였으나, 고객은 가격을 깎아달라는 주장을 계속해 두 사람의 첨예한 이해 대립으로 밀고 당기는 상황이 지속되었다.

유용선 팀장은 최초 입찰공고 금액 113,871,000원에서 신 과장이 제시한 9,500만 원은 16.6%의 디스카운트이기 때문에 '너무하지 않느냐'는 논리를 펴면서, 유용선 팀장은 16.6%에 서로 반반씩 양보를 하자는 타협안을 제시하자 신재일 과장은 반대한다. 다시 신재일 과장은 10%로 하면 어떻겠냐고 제안하고, 유용선 팀장은 6.6%로 양보를 요구하였다. 유용선 팀장은 지속적으로 가격이 아닌 프로젝트를 통한 무형의 이익과 서로의 명분을 세워주는 것으로 신재일 과장을 설득하면서 2%만 더 양보해달라는 요구를 제시함. 신재일 과장은 2% 양보는 할 수 없으며, 1.5%에서 서로 양보를 하자는 제안을 하였다. 이에 유용선 팀장은 제안에 OK 사인을 보내고 최종적으로 최초 G공사의 신재일 과장이 제시한 16.6%에서 8.1%를 디스카운트하여 8.5% 가격을 보호한 수준에서 협상이 마무리되었다.

위 사례를 보면 협상에 임하는 당사자에게 권한이 명확하게 주어지는 것이 중요하다는 것을 알 수 있다. 그리고 협상은 거래조건을 합의하는 것이지만 협상이 존재하는 근본 목적은 상호 이익이 되는 무엇인가를 얻기 위한 비즈니스 관계 형성에 있다. 즉, G공사는 P소프트社의 상품과 서비스를 구매하려는 근본 목적이 있다. 영업팀장인 유용선 팀장은 이 부분을 적극 주장하면서 자사의 제안조건이 합리적이라는 것, 그리고 신재일 과장이 유용선 팀장의 제안을 수용해도 불리한 것이 없다는 것을 지속적으로 강조한 것이 유효했다고 볼 수 있다.

또 하나 중요한 사실은 상대가 제안하는 제안수준에는 항상 협상의 여지가 있음을 파악하고 이를 효과적으로 활용하였다는 것이다. 상대의 제안에 대해 적절한 타협안을 제안하면서 상대의 요구수준을 낮추는 협상기술을 유용선 팀장이 잘 활용하였다고 볼 수 있다. 이는 고객인 신재일 과장 입장에서도 마찬가지이다. 유용선 팀장이 제안하는 수준에도 역시 협상의 여지가 있다는 것을 적극 활용하여 영업 측의 제안수준을 낮추었다. 많은 영업사원들은 고객의 제안을 고정된 것으로 받아들이는 경우가 많다. 그리고 영업사원은 자신에게 주어진 협상에 대한 권한(대부분은 가격을 깎아줄 수 있는 권한)을 벗어난 고객의 요구에 당황하면서 고객의 요구에 포함된 협상 여지를 확인하기보다는 고객의 요구를 수용해야 한다는 고정관념을 갖고 있다. 영업사원이 협상을 잘하기 위해서는 이 사례에서 보듯이 상대의 제안에 숨겨져 있는 협상 여지를 예측－활용하는 것과 내부협의를 통해 권한을 위임받거나 제안할 다양한 조건의 페키지를 준비할 수 있어야 한다.

영업사원들에게 고객과의 상담(영업, 협상)을 주도하는 것은 말을 많이 하고, 고객을 구워삶는 것이라는 잘못된 편견을 갖고 있다. 그리고 고객과 상담할 때 침묵이 흐르는 것을 조금도 참지 못한다. 침묵이 흐르면 고객이 다른 판단이나 생각을 할까 매우 두려워하는 것이 사실이다. 특히 협상할 때 고객의 침묵을 영업사원의 제안에 대한 거절, 거부로 생각해 재빨리 양보하는 제안을 하는 경우가 많다. 사실은 고객은 영업사원의 제안에 대해 심사숙고를 하고 있는데…

성공적인 협상을 위해서는 많은 지식과 기술, 태도들이 요구되지만 가장 중요한 역량은 커뮤니케이션 기술이다. 결국 고객과의 모든 협의는 커뮤니케이션을 통해서 가능하기 때문이다. 협상 테이블에서 고객에게 끌려다니지 않고 고객과 당당하게 협상을 하기 위해서는 커뮤니케이션이 어떻게 일어나는지, 장애물은 무엇인지, 고객의 입을 열게 하는 방법은 어떤 것들이 있는지, 영업사원의 제안을 고객이 받아들이도록 논리적이면서도 설득력 있게 전달하는 방법은 무엇인지 등에 대해 알아야 한다.

① 협상은 커뮤니케이션이다

협상에서 커뮤니케이션은 "협상 당사자가 협상 테이블에서 협상안 (의제, 거래조건들)에 대한 서로의 입장과 주장, 그리고 반론을 제기하면서 서로가 가진 목표를 달성해가는 상호 교환적이며 역동적인 과정"으로 정의할 수 있다. 협상자들은 커뮤니케이션을 통해 자신의 목표, 전략, 전술 그리고 책략들을 활용한다. 때로는 의도적인 속임수를 쓰기도 하고, 전략적인 선택으로 의제들의 우선순위를 역으로 제안하는 등의 내용을 커뮤니케이션을 통해 전달하고 상대의 반응을 살피거나 설득을 시도한다. 따라서 영업사원이 가진 커뮤니케이션 기술과 수준이 곧 협상 테이블에서 협상을 주도하느냐 아니면 고객에게 끌려다니느냐를 결정한다고 볼 수 있다.

따라서 협상 커뮤니케이션의 특징은 다음과 같다.

상호 간의 정보 공유의 장이다. 협상 파트너들은 커뮤니케이션을 통해 정보를 공개하기도 하고 서로에 대한 정보를 파악하기도 하며 정보의 정확성을 확인하기도 한다. 따라서 영업사원은 협상 테이블에서 오가는 메시지들을 하나도 빠트리지 않고 메모해 상대를 분석하고 다음 협상에 활용할 수 있어야 한다. 물론 불리한 정보는 적극 보호해야 한다.

상호 간 인식의 차이가 존재한다. 동일한 상황, 동일한 메시지라도 그 해석은 다른 경우가 많다. 특히 협상 당사자들은 자신의 입장과 역할, 목표에 따라 모든 협상상황과 서로의 메시지를 해석한다. 이 해석이 일치하는 경우보다 차이가 나는 경우가 많다. 이 사실을 알고 커뮤니케이션을 할 때 주의해야 한다.

감정적인 접근은 실패를 부른다. 앞에서도 강조하였지만 감정적인 불균형은 사고의 흐름에 방해가 된다. 상대방의 메시지를 곡해할 수도 있고, 창의적인 아이디어를 끌어내는 데 방해가 된다. 메시지를 논리적으로 전달하지 못하게 한다. 물론 일방의 감정적인 반응이 상대의 감정적인 반응을 유도하기도 한다. 결국 대화가 단절되고 더 이상 협상을 진행할 수 없게 된다.

준비된 만큼 성공적인 협상이 이루어진다. 커뮤니케이션에 대해 잘 준비된 영업사원은 고객의 이면을 이해함으로써 욕구를 찾아내고, 고객의 마음을 움직이는 메시지로 설득에 성공할 수 있다. 비록 협상이 교착상태에 빠지더라도 이를 현명하게 극복할 수도 있다.

협상의 내용은 상호 간의 갈등이다. 이는 협상에 대한 정의를 할 때 강조된 것이다. 이 갈등의 해결수준은 어떻게 커뮤니케이션을 하는가가 결정한다.

이렇듯 협상에서 커뮤니케이션 능력은 협상 전체에 걸쳐 결정적인 영향을 미친다. 영업사원이 협상에서 알아야 하고 활용해야 하는 커뮤니케이션 기술은 다음과 같다.

1) 협상 커뮤니케이션 구조와 장애물 극복

(1) 협상 커뮤니케이션의 구조

협상 테이블에서 영업사원과 고객 간에 일어나는 커뮤니케이션의 흐름은 다음과 같다.

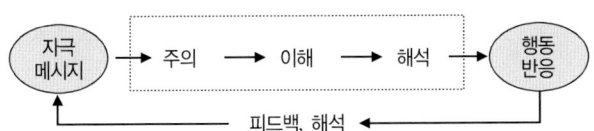

협상상대방 A가 자신의 제안을 한다. 그러면 협상상대 B는 그 제안을 듣고 자신의 반응(수용 혹은 역제안, 엄살 피우기 등)을 보인다. 이 B의 반응이 메시지를 전달한 A가 기대한 반응이라면 커뮤니케이션은 잘 이루어진 것이다. 영업사원이 자사의 표준견적서를 제안할 때 영업사원이 고객에게 바라는 행동은 그 견적서대로 계약을 하겠다는 반응이다. 고객은 자신이 받아본 견적서의 가격이 비싸다고 말할 때는 영업사원이 두말없이 가격을 깎아주기를 바란다. 하지만 이러한 반응은 거의 나오지 않거나 반대의 반응이 나온다. 이 반응을 A는 B의 피드백으로 보고 자기중심으로 B의 반응을 해석한다. 이 A의 해석이 B의 반응 내면의 내용과 일치하면 A와 B의 커뮤니케이션은 잘 이루어진 것이다. 물론 B가 반응을 보일 때는 또 자신 나름의 의미를 내포한 반응이다. 따라서 B가 반응을 보일 때 그 반응의 내용을 A가 그대로 해석한다면 이 커뮤니케이션 또한 잘 이뤄진 것이다. 하지만 대부분의 커뮤니케이션에서는 그렇지 않다. 그래서 위의 구조가 반복적으로 일어난다. A가 B에게 메시지를 전하고, B도 A에게 자신의 메시지를 반복적으로 전달하게 된다.

위 그림에서 주의-이해-해석의 단계는 각자의 내면에서 일어나는 현상이다. 협상 테이블에서 서로가 보여주는 반응은 이 내면의 활동결과이다. 간단해 보이지만 이 구조를 어떻게 이해하고 활용하는가가 협상 커뮤니케이션 역량이 된다.

(2) 협상 커뮤니케이션의 장애물과 극복

영업사원이 제안한 견적서를 보고 고객이 '가격이 너무 비싸다. 이 가격으로는 구매할 수 없다'고 한다. 그러자 영업사원은 '저희도 더 이상 가격을 조정할 수 없다'고 한다. 서로의 입장이 팽팽하다. 결국 거래는 성사되지 않았다. 서로가 자신의 메시지만 전하고 입장만 고수한 결과이다. 서로의 이면을 알아낼 수만 있다면 이 거래가 성사될 수도 있다.

여기서 협상 당사자들의 내부를 들여다보자. 고객은 영업사원이 가격만 약간 조정을 해주면 결제방법을 현금으로 바꿔줄 마음이 있다. 영업사원 역시 고객이 결제조건만 양보를 해주면 가격을 어느 정도 조정할 여지가 있다. 하지만 어떤 이유에서인지 서로는 이 내용을 파악하거나 공유하지 않고 가격에만 매달려서 서로가 원하는 조건으로만 계약을 하려 했다. 아마도 서로에 대한 선입견(고객은 무조건 가격을 깎으려 한다, 영업사원은 비싸게 팔려고 한다 등 잘못된 서로에 대한 부정적인 편견)을 갖고 있어서일 수도 있다. 이것으로 인해 서로의 반응에 대한 인식의 오류가 발생해 협상의 진행이 원활하게 이뤄지지 않는 것이다. 이것이 협상 커뮤니케이션에서 발생하는 장애물이다. 영업사원은 고객이 가격이 비싸다고 하는 말을 가격을 깎고 난 다음 다른 조건의 추가적인 양보를 요구하기 위한 전술로 받아들였고, 고객은 영업사원의 말을 표현 그대로 받아들인 것이다.

이러한 인식의 오류가 발생하는 원인으로는 다음과 같다.

선입견: 협상가는 자신의 요구사항, 동기, 개인적인 경험 때문에 상대에 대한 선입견을 가지게 되고 이것이 편견과 오류를 초래한다. 이 선입견에서 벗어나기 위해서는 다음의 생각을 갖는 것이 좋다. '고객은 무조건 가격을 깎은 다음 다른 조건의 양보도 요구한다. 그래서 함부로 양보를 해주어서는 안 된다.'

고정관념: 경험이나 지식 등에 의해 오랫동안 굳어진 생각으로 "영업은 '을'이기 때문에 협상에서 고객의 요구를 무조건 들어주어야 한다", "나이 든 사람은 보수적이고 젊은 사람은 무례하다", "고객의 요구를 들어주다 보면 끝없이 요구한다", "영업사원은 고객에게 양보를 요구할 수 없다", "인종, 종교, 그룹의 특성, 성별 등"

후광효과: 인상이나 외모 등 하나의 특성으로 전체의 특성을 일반화하거나 인식하는 오류 '미소 짓는 사람과 인상 쓰는 사람'에 대한 이미지. 어떤 행위를 긍정적으로 설명하면 모든 사람의 행위는 긍정적으로 보이지만 부정적으로 설명하면 그 반대로 보인다. '고객이 대기업이기 때문에 영업사원은 고객의 요구를 수용해야 한다' 는 것도 이 후광효과의 영향이다.

선별적 인식: 메시지 중 이전의 어떤 생각을 뒷받침해주는 특정 정보를 골라내거나 걸러내는 것. '제한된 정보와 잘못된 판단으로 메시지를 걸러내고 자신이 듣고 싶은 것만 듣고 기억하는 것', '또 가격 이야기를 하는 것을 보니 이번 거래도 힘들겠다.'

주관적 객관화: 상대를 평가할 때 자신의 성격이나 감정처럼 다른 사람들도 그럴 것이라고 생각하는 것. '내가 양보를 하지 않으면 상대가 알아서 양보를 하겠지', '고객인 내가 비싸다고 하면 영업사원이 알아서 가격을 깎아줄 거야', '비싸다고 하는 것을 보니 예산이 부족하구나. 그럼 결제조건을 바꾸는 것도 어렵겠는걸, 물량을 늘리는 것도 힘들겠고'

추가적으로 협상 당사자들은 다음의 이유로 인해 협상 테이블에서 커뮤니케이션을 할 때 서로가 전달하는 메시지에 대해 인지적 편견이 생긴다.

1. 협상상황에 발목이 묶일 때 – 누가 봐도 협상을 그만두는 것이 합리적인데 협상을 시작하면서 그만두지 못할 때
2. 파이는 고정되어 있다 – 나눌 수 있는 몫이 제한되어 있다는 생각으로 서로의 메시지에 대해 오해를 할 때
3. 기준점 설정과 조정 – 자신의 목표, 제안수준이 상대방보다 합리적이라는 생각으로 입장을 고수할 때
4. 쟁점과 문제의 틀 – 쟁점의 우선순위를 모르고 각 쟁점에 대해 협상의 가능성을 파악하지 못할 때
5. 정보의 유용성 – 파악한 정보의 정확성이 떨어지고 활용능력과 정보의 가치를 모를 때
6. 승자의 저주 – 협상에서 너무 쉽게 승리했을 경우, 협상 후 협상가가 협상 결과에 대해 불만족한 경험을 하였을 때
7. 지나친 자신감 – 자신의 능력에 대한 자신감이 지나치게 높아 협상의 모든 상황을 주관적으로 해석할 때
8. 소수의 법칙 – 작은 규모의 샘플에서 큰 결론을 이끌어내는 경향이 있을 때, 상대의 작은 태도(강경한 태도 혹은 유연한 태도)를 상대의 협상 전체적인 태도로 받아들일 때
9. 이기적인 태도 – 협상에서는 항상 내가 많이 챙겨야 한다는 이기적인 태도를 가질 때. 그래서 내가 쉽게 양보를 해서는 안 된다. 그러면 더 많은 양보를 요구할 것이다.
10. 상대에 대한 인지 무시 – 상대방에 대한 편견과 협상능력에 대해

평가절하를 하거나 상황에 대한 자신의 판단이나 추측을 쉽게 믿을 때

11. 반발적 평가절하―상대의 양보를 평가절하 해 다양한 협상전술을 활용하지 못할 때

이러한 편견과 커뮤니케이션의 장애물을 극복하는 효과적인 방법은 경청기술을 활용하는 것이다. 물론 상대에게 제안을 할 때 상대가 정확하게 이해하도록 제대로 말을 하는 것도 중요하다. 제대로 말하는 것은 다음 절에서 알아본다. 여기서는 제대로 듣는 경청기술에 대해 먼저 알아본다. 영업사원이 효과적이고 올바른 경청을 통해 얻을 수 있는 이익으로는 1) 상담을 주도할 수 있다, 2) 상대의 요구가 아닌 욕구를 파악할 수 있다, 3) 정보의 정확성을 올릴 수 있다, 4) 상대의 마음을 얻고 신뢰를 구축할 수 있다, 5) 필요한 정보를 파악할 수 있다―상대의 이면을 파악, 6) 상대를 설득할 수 있는 포인트를 발견할 수 있다 등의 이익이 있다. 따라서 영업사원은 고객과 협상을 할 때 말을 많이 하려는 노력보다는 다음의 경청기술을 활용하는 것이 협상에서 고객에게 끌려다니지 않는 유일한 방법이다.

경청을 위한 준비

당신의 말을 상대방이 듣지 않았을 때 당신의 느낌을 생각해보라. 상대방도 같은 느낌을 갖는다. 누군가가 당신의 말에 경청을 할 때 갖게되는 감정도 동일하다.

상대가 당신의 말을 경청하는지 않는지를 어떻게 알 수 있는가? 가장 기본적인 방법은 당신이 상대의 말을 경청하고 있다는 것을 상대가 알도록 하는 것이다. 다음의 방법을 활용하라.

말을 많이 하려 하지 마라.

방해하지 말고 들어라.

산만한 요소를 없애라.

상대의 말에 관심이 없어도 있는 것처럼 연기하라.

상대가 많은 말을 하도록 질문하고 대화를 이끌어라.

듣는 것 자체가 목적(상대의 이면과 욕구 파악)이 되도록 하자.

듣는 것을 멈추지 마라.

영업사원에게 요구되는 경청기법

위에서 언급한 경청의 이익 여섯 가지를 얻기 위해서 영업사원은 고객의 말을 잘 듣고 대화를 이끌어가는 경청기술을 적극 활용해야 한다. 행동으로 경청한다는 것을 보여주는 것으로는 한계가 있다. 언어, 즉 대화를 통해 상대의 말을 잘 듣고 있다는 것을 상대방이 알도록 하는 것이 중요하다. 다음의 방법을 기억하고 활용하라.

1. 말하지 마라. 어려운 일이어서 가치가 있다.

    끼어들지 말고 끝까지 들어라.

    당신의 감정을 개입시키지 말고 계속 들어라.

    긍정적인 반응을 보이고 공감을 표현하라.

    상대의 말을 미리 판단하지 말고 끝까지 들어라.

2. 흥미를 가져라. 그러면 흥미가 생긴다.

    받아 적어라.

    질문을 하라–5W1H를 활용하라.

    당신이 들은 내용을 정리하라.

    중간 중간 요약하라.

    상대의 메시지가 애매하면 묻고 확인하라.

판단하기 어려우면 당신의 생각이 맞는지 확인하라.

3. 몸으로 듣고 있다는 신호를 보내라.

눈을 맞추어라.

자세를 상대방 쪽으로 기울여라.

고개를 끄덕여라.

생각하라.

상대의 침묵도 메시지다. 침묵을 깨지 마라.

4. 방해물을 제거하라.

눈을 다른 데로 돌리지 마라.

소음을 제거하라.

주위를 정돈하라.

상대방으로부터 무시를 당할 때 기분을 생각하라.

5. 상대의 닫힌 입을 열게 하라.

적절한 미끼를 던져라.

때로는 적절한 정보를 공개하라.

If~ 법을 활용해 상대가 반응을 보이도록 하라.

상대의 권한을 활용해 도와달라고 하라.

6. 듣는 것이 최선의 해결책일 수 있다. 상대는 자신의 말을 듣기만
을 원한다.

상대방의 말을 듣는 것을 멈추지 마라.

듣는 방법을 배워라.

상대의 표현 속 이면을 찾아라.

상대가 표현하지 않는 감정을 터치하라.

2) 협상에서의 설득

이제 영업사원은 경청을 통해 고객의 마음을 얻고, 고객이 원하는 것이 무엇인지를 파악하였다. 영업사원은 자신이 준비한 메시지를 던져 고객이 영업사원의 메시지를 받아들이도록 해야 한다. 혹은 반대로 고객이 말을 많이 하지 않거나, 침묵을 지키거나 영업사원으로 하여금 먼저 제안을 하라고 할 때 영업사원은 준비한 메시지를 제대로 전달하여야 한다. '제대로'라는 단어를 강조하는 이유는 제대로 된 경청을 통해 이익 여섯 가지를 얻듯이 제대로 말을 함으로써 말을 하는 목적을 달성해야 하기 때문이다.

영업사원이 제대로 말을 해 얻고자 하는 목적은 고객으로 하여금 영업사원이 원하는 행동과 반응, 대답을 하도록 하는 것이다. 이를 위해서 사람들이 메시지를 어떻게 받아들이고 메시지 따라 행동하는지를 먼저 알아야 한다. 다음의 그림이 메시지를 수용하는 흐름이다.

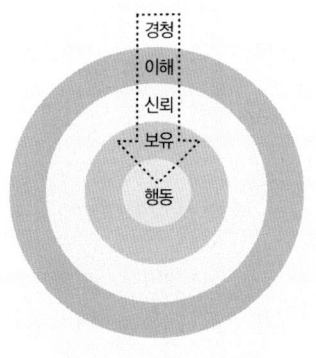

경청-사람들은 외부의 메시지에 대해 선별적으로 귀를 기울이고 집중을 한다. 이 말은 외부의 모든 메시지를 다 이해하고 기억하고 보유하지는 않는다는 것이다. 고객 역시 영업사원이 던지는 메시지 모두에 귀를 기울이지 않는다. 영업사원이 고객에게 메시지를 던질 때는 고객이 집중하고 흥미를 갖도록 해야 한다. 고객이 흥미를 갖고 경청을 하도록 하기 위해서는 다음의 방법을 활용하면 된다.

  －A: Attention 상대의 관심을 끄는 메시지를 던진다.
  －I: Interesting 흥미를 자극하는 단어, 표현을 한다.
  －D: Desire 상대의 욕구를 자극하고 이익을 강조한다.
  －A: Action 행동·경험을 하게 하거나 어떤 행동을 해야 하는지 알린다.

주의와 흥미를 끌기 위해서는
－전문성을 활용하라.
－토론하지 말고 제안하라.
－상대방이 바라는 것을 물어라.
－상대가 원하는 바를 제안하라.
－메시지에 순서를 매겨라.
－적절한 질문을 하라.

이해-흥미가 있는 메시지가 전달되어도 이해되지 않으면 그 메시지는 상대방에게 의미가 없다. 여기서 말을 할 때 기억해야 하는 핵심 포인트 중 하나는 영업사원이 어떤 말을 하는가가 중요한 것이 아니라 고객이 영업사원의 말을 이해해야 한다는 것이다. 영업사원이 화려한 미사여구를 사용하고 청산유수와 같이 말을 하더라도 고객이 영업사원의 말을 이해하지 못하면 혼자 벽을 보고 떠드는 것과 같다. 고객의 이해를 돕기 위해서는 다음의 사항을 주의하라.

- 상대방의 지식과 경험 수준을 고려하라.
- 상대방의 관점에서 표현하라.
- 상대방이 이해할 수 있는 쉬운 용어를 써라.
- 상대방의 감정을 자극하지 마라.
- 상대방의 이해 여부를 확인하라.

신뢰-영업사원의 메시지에 고객이 흥미를 갖고 이해하였더라도 고객은 신뢰라는 그물로 영업사원의 말을 평가한다. 고객은 충분한 신뢰가 가는 메시지만을 기억하고 그 메시지에 부응하는 행동을 할 것인가 결정한다. 따라서 영업사원은 자신의 말을 고객이 믿도록 해야 한다. 고객의 신뢰를 얻기 위해서는 다음의 방법을 활용하라.

- 증거자료를 활용하라.
- 협상 중 작은 약속을 지켜라.
- 협상의 원칙(Give & Take)을 준수하라.
- 협상의 결과를 위한 당신의 노력을 보여주어라.
- 인격적인 믿음까지 보여주라.
- 숫자를 사용하라. 숫자만큼 신뢰를 주는 강력한 메시지는 없다.

보유-흥미 있고, 이해가 되며 믿을 수 있는 메시지를 고객이 보유(기억)한다. 이 기억의 수준이 다음의 고객 행동을 결정하게 된다. 자신의 메시지를 고객이 기억하기 원하는 영업사원은 다음의 방법을 사용하라.

- 상대의 이익을 시각화시켜라.

-협상의 결과가 상대에게 주는 이익을 논리적으로 전달하라.

-숫자를 활용하라.

-논쟁을 하지 마라.

행동-여기서 행동은 영업사원이 원하는 행동을 고객이 하는 것이다. 영업의 단계라면 구매결정을 하는 것이고, 협상에서는 영업사원의 제안을 거부하지 않고 수용하거나 역제안을 하는 것이다. 때로는 의도적으로 행동을 지연하거나 무행동으로 반응을 보이는 고객이 있다. 이때는 고객이 어떤 행동을 해야 하는지를 명확하게 요청하는 것도 유용한 방법이다. 다음의 방법으로 고객의 행동을 촉구하라.

-상호 필요한 조치를 명확하게 전달하라.

-필요한 조치를 먼저 제안하라.

-상대의 입장을 이해하면서 체면을 세워주라.

-성공적인 협상이 상대에게 주는 이익과 명성을 강조하라.

-협상에 기여한 상대의 노력을 인정하라.

-강한 제안보다는 요청을 하라.

(1) 설득의 정의와 핵심, 그리고 종류

영업사원이 고객과 대화를 할 때 가장 바라는 것은 고객을 설득하는 것이다. 하지만 이 설득이 생각만큼 쉽지 않다. 위에서 알아본 메시지 수용단계만 보더라도 고객이 원하는 행동을 하도록 하는 것이 결코 만만치 않음을 이해하였을 것이다. 하지만 영업사원은 어떻게든 고객을 설득해야 한다. 특히 협상에서 어떻게 설득하는가는 협상의 목표 달성에 직접적인 영향을 준다. 설득에 대해 자세히 알아보도록 하자.

설득은 "상대의 동기를 기술적으로 움직여 자신이 원하는 사고, 판단, 행동을 하도록 하는 의도적인 시도"라고 정의되어 있다. 설득을 위해서는 1) 상대의 동기를 움직여야 한다. 이 동기를 제대로 파악하지 않으면 상대를 설득하는 데 어려움을 겪는다. 이 동기는 상대가 얻고자 하는 욕구이자 니즈이다. 협상에서의 동기는 상품과 서비스를 구입하는 것과 구매비용을 줄이는 두 가지가 있다. 우선되는 동기는 원하는 시기에 원하는 품질의 제품과 서비스의 구매에 성공하는 것이다. 여기에 시간적인 한계가 발생한다. 그다음은 구매비용을 절감하기 위해 거래조건을 유리하게 합의하는 것이다. 영업사원은 협상을 할 때 고객의 두 가지 동기를 적절하게 활용할 수 있어야 한다. 2) 기술적인 방법으로 동기를 움직인다는 것이다. 이때 필요한 기술이 앞에서 알아본 메시지 수용단계와 뒤에서 알아보는 설득의 전략과 메시지를 만드는 방법이다. 3) 때로는 상대가 어떤 사고, 판단, 행동을 해야 하는지를 명확하게 알리거나 요청하여야 한다. 4) 의도적인 시도라는 것이다. 영업사원에게 설득당하기 위해 기다리는 고객은 없다. 때로는 고객이 강력한 니즈를 갖고 있더라고 니즈가 없는 것처럼 행동을 하기도 한다. 따라서 영업사원은 자사의 역량과 상품의 가치를 명확히 전달해 고객으로 하여금 결정을 하도록 하는 적극적이고 전략적인 활동이 필요하다. 특히 협상에서는 자사의 역량(거래조건의 수준)을 중심으로 고객이 수용할 수 있는 개발해야 한다. 특히 이 가치를 전달할 때는 100% 책임지고 수행을 할 수 있고 믿을 수 있도록 가치를 전달해야 한다. 책임지지 못하는 가치를 전달하는 것으로 고객을 설득하는 데는 한계가 있다. 아니 설득을 못 하거나 설득을 하더라도 나중에 약속이 지켜지지 않음으로써 엄청난 불이익을 받을 수 있다.

따라서 설득의 핵심은 두 가지이다. 하나는 상대, 즉 고객의 동기인 욕구와 니즈를 정확하게 파악하는 것이고 다른 하나는 고객의 동기를 채워줄 수 있는 자사의 역량을 믿을 수 있고 논리적으로 전달하는 것이다.

또 설득에는 3가지 종류가 있다. 첫 번째 설득은 한 번의 제안으로 고객을 설득하는 데 성공하는 것이다. 영업사원 입장에서는 가장 이상적인 설득의 결과이다. 추가적인 비용이 들지 않기 때문이다. 둘째는 영업사원의 제안을 듣고 고객이 역제안을 하거나 영업사원이 요구하는 행동을 하기 위해 고객이 대가를 요구하고, 그 대가의 수준을 결정하는 협상을 하는 것이다. 여기서는 서로가 얻는 이익과 지불해야 하는 비용을 두고 협의한다. 따라서 협상은 설득의 방법이다. 그리고 설득은 곧 협상을 하는 것이다. 셋째는 설득은 다시 만나 이야기할 수 있는 기회를 확보하는 것이다. 첫번째 설득에서 두번째 설득인 협상으로 단계가 넘어갔다는 것은 이 자리에서 곧바로 합의가 되지 않을 수도 있다는 것을 의미한다. 지금 설득과 협상이 마무리되지 않으면 나중에 다시 시도하면 된다. 그 나중의 기회를 약속받는 것도 설득이다.

추가적으로 영업사원이 고객을 설득해야 하는 상황은 흥미를 보이지 않거나 관심이 없거나 영업사원의 제안에 거부표시를 하는 고객을 설득해 협상 테이블에 앉히는 것이다. 고객을 설득하기를 원하는 영업사원은 고객의 마음을 얻고 흥미를 끌어내며 원하는 행동을 유도하기 위해 많은 준비를 하여야 한다. 특히 경청을 통해 얻는 이익 중 상대의 이면을 파악하고 욕구를 파악하는 것을 적절하게 활용하는 것이 매우 중요하다.

(2) 설득전략

영업사원이 협상 테이블에서 고객을 설득하기란 결코 쉽지 않다. 하지만 불가능한 것은 아니다. 다음의 몇 가지 전략과 원칙들을 적용해보도록 하라. 이 설득전략과 원칙들은 리 L. 톰슨-『지성과 감성의 협상 기술, 허브 코헨의 협상 법칙』에서 발췌해 B2B영업상황에 맞도록 저자가 수정 보완한 것이다. 사례로 정리한 연구내용들은 로저 둘리-『그들도 모르는 생각을 읽어라』에서 발췌하였다.

1. 다양한 의제를 활용하라

협상에서 합의해야 하는 의제는 하나뿐이 아니다. 특히 영업사원은 다양한 의제를 활용해 서로의 요구조건을 타협 혹은 교환하는 방법으로 설득을 시도할 수 있어야 한다. 고객이 가격에 대해 민감하다며 다른 조건(결제방법, 배송, 서비스, 물량 등)과 교환하는 등의 방법으로 설득을 시도할 수 있다. 다양한 의제를 활용할수록 협상의 파이를 키울 수 있고 서로의 동기를 충족시킬 수 있는 가능성을 키울 수 있다. 영업사원은 가격만이 유일한 협상의 의제라는 고정관념을 벗어나야 한다. 그리고 고객의 어떤 요구든 그 요구를 수용하는 것에 대한 보상으로 다른 조건의 양보를 요구할 수 있어야 한다.

2. 다양한 가치의 의제 패키지를 개발해 활용하라

협상에서 합의를 봐야 하는 하나 이상의 의제를 두고 협상의 목표(마진수준) 달성이 가능한 의제들의 경우의 수를 조합으로 만든다. 그 경우의 수를 복수(2~3개)로 제안해 고객이 선택하도록 하는 방법이다. 즉, 가격 3% 할인에 현금결제, 가격 2% 할인에 1달 어음 등의 경우의 수를 개발해 활용하면 된다.

3. 상대의 태도를 조정하라

고객이 BATNA(최적의 협상대안), 즉 다른 공급업체를 들먹이면서 영업사원을 압박할 때 영업사원은 고객의 강경한 태도를 조정할 수 있어야 한다. BATNA의 선택 가능성을 분석하고, 차별화된 가치를 개발해 제안함으로써 고객의 태도를 조정하는 기술이 필요하다. BATNA가 아무리 많고 훌륭해도 영업사원의 솔루션보다는 못하다. 영업사원 역시 자신의 BATNA를 개발해 시간적 여유를 갖고 협상에 임하는 것도 고객의 태도에 영향을 미칠 수 있는 방법이 된다. 고객이 지나치게 우호적인 태도로 협상에 임할 때는 적절한 반응을 보이면서 그 우호성이 협상의 결과에 영향을 미치지 않도록 조정해야 한다. 고객의 전략과 전술에 흔들리지 않고 일관되게 협상에 임함으로써 고객의 협상태도와 행동에 흔들리지 않는 모습을 보여주는 것이 필요하다.

4. 구두약속을 받아내라

일관성의 법칙을 활용하는 것이다. 연구에 의하면 한 사람이 복잡한 장소에 대해 지나가는 행인에게 길을 물었다. 모든 행인이 도움을 주겠다고 나서지는 않았다. 이번에는 행인들에게 아주 사소한 부탁을 먼저 하였다. 지금 시간이 몇 시냐고 물었다. 이 부탁을 했을 때 모든 행인이 시계를 보고 시간을 알려주었다. 그다음에 길을 물었을 때 부탁을 들어준 사람이 더 많이 나왔다. 부탁을 하나 들어준 만큼 더 큰 부탁도 들어주어야 한다는 행동의 일관성을 보여준 것이다. 사람들은 긍정적인 반응을 하는 것이 지속되면 끝까지 긍정적인 반응을 지키려는 성향이 있다. 고객이 구두로 한 약속이 나중에 의사 결정에 긍정적인 영향을 미친다는 것이다. 그리고 고객으로 하여금 "예"라는 답을 많이 끌어내는 것도 이 방법에 속한다.

5. 프레이밍 효과를 활용하라

정보가 제시되는 방식이 정보가 해석되는 방식에 영향을 미치는 것이 프레이밍 효과이다. 고객이 얻는 이익을 강조할 때는 %인 백분율이 아닌 실제 숫자를 이야기하는 것이 좋다. 만일 부정적인 정보를 제시해야 한다면 이때는 백분율을 이용하는 것이 좋다. 설득력을 강화하고자 한다면 메시지에 숫자를 사용하는 것이 좋다. 영업사원이 전하는 메시지의 대부분은 고객이 얻는 이익과 혜택 중심으로 만들어 전달하는 것이 좋은 방법이다.

6. 이득은 분해하고 손실은 결합하라

사람들은 손실회피 성향을 갖고 있다. 심리학자 카너먼은 인간은 손실을 같은 금액의 이득에 비해 2~2.5배나 더 크게 느낀다고 하였다. 영업사원은 이 심리적 성향을 활용해 고객에게 무엇인가를 양보할 때는 조금씩 자주 양보를 하고 고객으로부터 무엇인가 양보를 얻어야 할 때는 한꺼번에 얻는 것이 고객이 느끼는 심리적 부담감을 작게 할 수 있다.

7. 최종시한을 염두에 두라

최종시한은 협상 타결에 영향을 미친다. 영업사원은 고객이 언제까지 결정해야 하는지를 파악하고 그 시한을 활용해 고객을 움직일 수 있어야 한다. 고객이 결정해야 하는 시간이 많으면 고객을 설득하는 데 조바심을 가져서는 안 된다. 쉽게 양보 또는 수용하지 말고 고객이 스스로 결정해야 하는 최종시한까지 여유를 갖고 대응할 수 있어야 한다.

8. 펌프에 물 한 바가지를 더하라

덤 얹어주기를 하라. 펌프로부터 물을 끌어내기 위해서는 물을 넣고 펌프질을 해야 한다. 협상을 하면서 고객의 결심을 끌어내거나 협상 타결을 위해서는 적당한 양보 또는 덤 주기를 할 수 있어야 한다. 여기서 양보는 고객이 요구하는 제안을 그대로 수용해주는 것이고, 덤 주기는 고객이 요구하지 않은 무엇인가를 일방적으로 주는 것이다. 따라서 양보와 덤 주기로 영업사원이 얻는 것은 없다. 특히 덤 주기를 할 때는 그 가치가 영업사원에게는 부담이 적어야 하고 고객에게는 가치가 있어야 한다. 따라서 고객이 받는 덤의 가치를 명확하게 알리는 것이 중요하다. 그렇지 않으면 고객은 그 가치를 모르고 영업사원이 당연히 주는 것으로 받아들인다. 이 양보 또는 덤 주기가 물 한 바가지의 효과를 가져와 협상을 원만하게 타결할 수 있다.

9. 우호적인 분위기를 만들고 긍정적인 친밀감을 형성하라

우호적인 분위기는 심리적인 안정감을 주고 긍정적인 친밀감은 공동의 목표 수립에 도움을 준다. 과학자들은 '최후통첩게임'을 활용해 우호적인 분위기와 친밀감이 상대의 행동에 변화를 불러온다는 연구를 하였다. 이 게임은 간단하다. 한 게임 참가자는 일정한 금액을 다음 참가자와 나눠야 하는데 어떤 비율로 나눌 것인가를 결정해 파트너에게 제안한다. 파트너는 그 돈을 받거나 거절할 수 있다. 만일 거절하면 둘 다 돈을 받지 못한다. 경제이론으로 보면 0원을 제안하지 않은 이상 어떤 조건이든 수락하는 것이 맞지만 사람들은 불공정하다고 생각하는 조건을 거절하는 경향이 있다. 표준게임에서 2/3는 0원이 아닌 어떤 금액이든 받아들이지만 1/3은 돈을 받기를 거절한다. 다음 게임으로 게임을 하기 전 파트너끼리 게임 내용이 아닌 다른 주제로 이야기를 나누게 한 후 게임을 하면 돈을 성공적으로 나누는 확률이 훨씬 커진다. 대화를 나눔으로써 돈을 공정하게 나눈 경우가 83%까지 올라갔고 5%만이 실패로 나왔다. 이러한 사실을 토대로 영업사원은 어떤 경우든, 고객이 감정적인 반응을 보이더라도 분위기를 우호적으로 바꾸고 고객과의 인간적인 친밀감을 쌓는 것이 설득과 합의에 유리하다는 것을 알고 활용해야 한다.

10. 사회적 증거를 활용하라

정당화의 힘을 활용하라. 고객이 영업사원의 제안을 받아들일 때는 그 결과에 대한 주위의 평가가 중요하고 나름대로의 정당화를 할 수 있어야 한다. 어떤 고객이 이 조건대로 구매하였는지를 근거자료와 함께 제안하면 고객의 결정에 힘을 실어줄 수 있다. 고객은 영업사원의 제안을 왜 받아들여야 하는지, 누가 그런 결정을 하였는지, 다른 사람들의 평가는 어떨지, 더 나은 기회는 없을지 등에 대한 의문을 갖는다. 업계의 관례를 강조하는 것도 이러한 의문을 해소할 수 있는 좋은 방법이 된다.

11. 발 들여놓기를 하라

한 연구에서 연구원들이 사람들에게 전화해 연구목적으로 5~6명의 조사관을 집으로 보내 두 시간 동안 옷장과 부엌을 뒤지고 찾아낸 물건을 정리해도 되겠는가를 물었다. 22%의 사람들이 허락했다. 이은 연구에서 또 다른 사람들에게 연락을 해 전화로 짧은 설문조사에 응해달라고 부탁하였다. 3일 뒤 전화설문에 응답을 한 사람들에게 위와 같은 요청(옷장과 부엌을 뒤지는)을 하였을 때 56%의 사람이 긍정적인 답을 하였다. 작은 부탁에 긍정적인 답을 한 사람들은 더 큰 부탁을 들어줄 가능성이 높다는 결과이다. 영업사원은 고객과 협상할 때 쉽고 간단한 조건의 합의를 먼저 한 후 중요한 조건의 합의를 시도하는 것이 좋다. 가격이 민감하고 중요한 의제라면 다른 의제들을 먼저 합의를 본 후 나중에 가격을 다루는 것이 합의를 이끌어낼 가능성이 높아진다.

12. 퇴짜부터 맞아라

다소 무리한 요구를 한 후 상대가 부담을 느끼거나 거부할 때 요구를 철회해 다른 요구를 하거나 원래의 요구수준을 낮춰 제안해 상대를 설득하는 방법이다. 미국의 사례로 쿠키를 가장 많이 판매한 걸스카우트의 이야기가 있다. 그 소녀(마르키타 앤드루스)는 고객의 집을 방문해 문을 두드린다. 주인이 문을 열고 나오면 걸스카우트에 3만 달러를 기부하지 않겠느냐고 제안한다. 당연히 집주인은 수락하지 않는다. 그 때 그 소녀는 기부하지 않는 대신 걸스카우트 쿠키를 한 통 사지 않겠느냐고 물었다. 그러면 거의 모든 고객이 쿠키를 샀던 것이다. 영업사원은 고객에게 견적서 혹은 거래조건을 제안할 경우 절대로 미리 깎아서 제안하지 말고 표준조건대로 제안해야 한다. 그래야 나중에 조건의 수정을 통해 합의를 이끌어낼 수 있고, 협상의 여지를 많이 확보해 협상을 이끌어갈 수 있다.

13. 선택의 폭을 줄여라

경쟁심리를 자극하라. 원하는 것을 얻을 수 있는 기회가 적다는 것은 사람들에게 기회상실의 두려움을 준다. 반대로 선택의 기회가 너무 많을 때에는 뇌를 피곤하게 하고 의사 결정의 결과에 대한 만족도를 떨어뜨린다. 콜롬비아 대학교에서 실시한 연구가 있다. 고급 마트에서 잼을 두 가지 방식(6가지와 24가지)으로 진열하고 나서 소비자들의 행동을 비교했다. 잼의 가짓수를 늘렸더니 해당 코너에 들러 상품을 둘러보는 소비자가 확실히 많아졌다. 잼을 여섯 가지만 진열하였을 때는 소비자의 40%가 코너에 들렀으나 24가지를 진열하였을 때는 60%나 들렀다. 그러나 흥미로운 것은 소비자의 구매행동이었다. 잼을 여섯 가지만 접한 소비자 중에서는 30%가 잼을 구입한 반면, 잼을 24가지나 접한 소비자 중에서는 3%만 잼을 구입한 것이다. 영업사원은 고객과 협상할 때 고객이 선택할 수 있는 옵션(거래조건의 조합들)을 너무 많이 나열하지 않는 것이 도움이 된다.

14. 가치를 강화하라

고객이 영업사원과 협상에 임한다는 것은 제품의 가치를 인정한다는 것이다. 고객이 자신의 구매를 비용이 아닌 투자로 전환해 강조하는 방법으로 고객을 설득할 수 있을 것이다. 협상 테이블에 앉은 구매담당자는 정해진 예산 중에서 덜 지불하고 구매결정을 하려 한다. 영업사원은 고객이 구매를 통해 얻는 이익 1) 제품 구매를 통해 제품을 사용하는 부서가 얻는 이익, 2) 첫 제안수준에서 수정된 제안수준으로 인해 고객이 절감하는 구매예산의 정도를 명확하게 알리면서 가치를 강조하는 것이 필요하다.

15. 문전 걸치기식 방법을 활용하라

고객을 설득할 때 영업사원은 한 번의 제안과 설득시도로 성공하기를 바라지 마라. 물론 고객이 원하는 수준만큼 조건을 양보하거나 고객이 원하는 것을 모두 해결해주면 가능할 수도 있다. 하지만 그래서는 영업조직이 원하는 목표를 달성하는 것은 포기해야 한다. 영업사원은 협상이 지속되도록 협상을 이끄는 것도 중요한 능력이다. 고객의 요구가 어떻든지 영업사원은 다시 만나고 재협상을 할 수 있는 기회를 확보해 유리한 조건으로 끈질기게 고객을 설득하는 시도를 해야 한다.

16. 도와달라고 하라

구매선물을 약속받아라. 고객의 요구수준을 수용하거나 조직에 보고하기 위해 그에 합당한 무엇인가를 달라고 하라. 영업사원이 양보혹은 덤 주기를 사용하듯이 고객 역시 양보할 수 있는 조건과 덤으로줄 수 있는 조건들을 가지고 있다. 이것을 과감하게 요구하도록 하라. 협상에서의 설득의 기본원칙은 무엇인가를 주고받는 것이다. 영업사원이 어떤 것을 요구할지 판단이 서지 않으면 고객에게 무엇을 줄 수 있는지를 묻고 도움을 요청하라.

17. 체면을 자극하라

고객의 구매력과 월등한 능력, 고객이 가진 권한을 활용해 고객이스스로 결정하도록 하라. 구매담당자로서의 권한을 인정하면서 영업사원의 제안을 수용하는 것이 그 권한의 가치임을 강조하라. 만일 고객사가 영업조직보다 규모가 크다면 그 능력으로 작은 기업의 성장을 도와달라고 하라. 충분한 구매예산을 활용해 구매력을 인정하고 활용(이정도는 충분하게 지불할 수 있지 않습니까?)하도록 하라.

18. 미끼 던지기

If~ 법을 활용하라. 작은 양보를 하거나 추가적인 협상 가능성을 확보하기 위해 가정법을 활용해 고객도 고민하게 만들어라. "만일 결제조건의 변경이 가능하다면 가격은 2% 정도 조정이 가능하다" 등의 방법으로 제안하라. 고객이 침묵을 지키거나 자신의 제안을 말하지 않으면 "그럼 결제조건과 물량을 함께 조정할 수 있겠습니까?" 등의 방법으로 미끼를 던져 고객이 입을 열도록 하라.

협상에서의 설득력은 협상의 목표, 전략 그리고 책략이 모두 활용되어야 하는 능력이다. 목표수준, 전략(강경전략, 통합전략 등), 전술(교환, 타협전술 등) 그리고 책략(상사 핑계 대기 등)을 활용해 자신의 제안을 상대가 수용하도록 시도하는 활동이다. 그리고 설득을 잘하기 위해서는 상대의 동기를 파악하는 것과 서두르지 않는 것, 항상 다시 만날 수 있는 기회를 확보하는 것, 상대도 자신이 원하는 것을 얻기 위해 무엇인가를 줄 고민을 하도록 하는 것 등의 방법이 요구된다.

고객은 영업사원이 원할 때, 영업사원이 원하는 조건과 양을 구매하지 않는다. 고객은 자신이 필요할 때, 필요한 제품을 필요한 만큼, 유리한 조건으로 구매한다. 따라서 영업사원은 고객을 설득할 때 서두르거나 조급해하지 말고 고객 스스로 결정을 하도록 하는 지혜와 능력을 갖추어야 한다.

(3) 설득력 있는 메시지 전달방법

고객과 협상 테이블에 마주 앉아서 영업사원이 준비한 거래조건을 제안할 때 모든 메시지는 논리적이고 고객의 흥미를 유발하며 고객으로 하여금 수용하게 하거나, 고객이 자신의 제안을 말하도록 할 수 있을 때 설득력이 있는 것이다. 여기서 제대로 말을 하는 기술이 요구된다. 설득력이 있다는 것은 영업사원이 원하는 반응을 고객으로부터 끌어내는 것이다. 단순히 메시지를 전달하는 것이 목적이라면 영업사원이 말을 제대로 할 필요는 없을 수도 있지만, 설득을 하기 위해서는 의도적이고 기술적인 구조가 필요하다. 영업사원이 자신의 조건을 먼저 제안할 때는 다음의 흐름으로 메시지를 전달하는 것이 좋다.

① 제안수준을 명확하게 표현한다.
② 제안내용의 배경을 전달한다. 만일 2차 수정 제안이라면 고객의 요구에 따라 거래조건이 어떻게 수정되었는지를 알린다.
③ 근거를 제시한다. 제안수준이 나온 배경을 사례, 근거와 함께 제시한다.
④ 고객이 얻는 이익을 강조한다. 이 이익은 고객의 구매목적 달성(현업부서의 업무목표 달성, 문제 해결 등)과 구매비용 절감의 정도를 구체적으로 제시한다. 가급적 숫자를 활용한다.
⑤ 고객의 행동을 촉구한다.

영업사원이 견적서를 제공하였음에도 고객이 흥미를 보이지 않을 때는 일방적인 양보를 하기 전 고객이 협상 테이블에 앉아 적극적으로 협상에 임하도록 하는 것이 1차 목적이 된다.

① 고객의 이익을 강조한다. 여기서의 이익은 고객이 줄일 수 있는 구매비용의 정도를 구체적인 숫자로 강조한다. 덤으로 줄 수 있는 조건이 있다면 그 조건으로 흥미를 끌어본다.
② 협상의 여지가 있음을 알리면서 고객도 어느 정도는 조건의 양보 혹은 조건 간의 교환을 해야 함을 알린다. 이때 사용하는 설득 원칙이 'If~ 법'이다.
③ 조심스레 고객의 구매시기와 권한 등을 파악한다. 영업사원과 마주 앉아 있는 고객이 구매권한이 없다면 협상에 적극 임하지 않을 것이고, 구매시기에 여유가 있다면 영업사원의 매몰비용을

올리기 위해 소극적인 태도를 보일 것이다.

고객이 자신의 구매조건을 이야기한다. 영업사원이 판단하건대 무리한 조건이라고 생각된다. 어떠한 경우는 영업사원은 협상이 지속되게 만들어야 한다. 따라서 고객이 무리한 요구를 할 때는,

① 인정하라. 인정을 통해 고객의 마음과 분위기를 부드럽게 이끌 수 있다. 고객은 무리한 요구를 제안할 때 어느 정도 마음의 부담을 갖는다. 영업사원은 고객의 이런 심리를 인정해주면서 협상의 가능성을 확보할 수 있어야 한다. 또 인정은 인정일 뿐이다.

② 이유를 묻는다. 고객이 무리한 요구를 하게 된 배경과 이면을 파악하면 영업사원은 대응방법을 찾을 수 있다. "왜 이 조건들이 중요한지? 어떤 근거에서 나왔는지?" 등을 질문하라.

③ 영업사원이 준비한 조건을 역제안하라. 역제안을 할 때는 우호적인 방법으로 제안할 수도 있고, 타협이나 교환을 하는 방법으로 제안을 할 수도 있다. 이 역제안을 통해 고객의 반응을 살필 수 있을 것이다.

고객의 제안이 합리적일 때는 고객의 제안을 그대로 수용하는 것이 아니라 그 상황에서도 고객의 조건을 움직일 수 있는 방법으로 대응할 수 있어야 한다. 이때 협상의 전술(교환, 강화, 양보, 절충, 포기, 경쟁)을 활용한다.

3) 반대를 극복하고 설득을 잘하는 요령 5

영업사원의 제안을 그대로 받아들이는 고객이 많지 않은 것이 영업

사원에게는 가장 큰 도전이다. 특히 협상에서 고객은 어떤 조건이든 영업사원의 제안을 거절하거나 거부 또는 반대를 한다. 영업사원의 제안수준이 고객의 수용범위 내에 있어도 고객은 반대한다. 영업사원은 이러한 고객의 반대를 현명하게 극복할 수 있어야 한다. 극복한다는 것은 제안을 고객의 요구대로 수정하는 것을 의미하지는 않는다. 그리고 고객의 반대를 최종적인 반대로 받아들이지 말아야 한다. 진짜 거래 의향이 없는 고객(구매계획이 없는 고객)은 협상 테이블에 앉지 않는다. 즉, 협상으로까지 가지 않는다.

고객이 영업사원의 제안을 거절하고 거부, 반대하면서 계속 협상 테이블에 남아 있는 것은 거래의향(구매계획)이 있다는 것을 반증하는 것이다. 시간을 끌기도 하고, 때로는 영업사원을 압박하기도 할 것이다. 영업사원은 고객의 이러한 협상책략에 흔들리지 않아야 한다. 그리고 협상이 계속되도록 할 수 있어야 한다. 영업사원이 활용할 수 있는 요령은 다음과 같다.

① 인정하라. 인정을 통해 고객의 마음을 열 수 있다. 고객이 보이는 어떤 행동과 태도든 있는 그대로 받아들여라. 그리고 고객의 반대는 거래조건에 대한 반대이지 영업사원에 대한 반대는 아니다. 즉, 영업사원이 싫어서 반대하는 것은 아니다. 영업사원의 제안에 대해 일단 반대해보는 것이 고객의 성향일 수도 있다. 인정을 함으로써 고객의 반대에 영업사원이 흔들리지 않는다는 것을 보여주는 기회가 될 수도 있다. 고객의 입장과 상황을 이해한다는 것을 보여주라.

② 이면을 파악하라. 고객이 영업사원의 제안을 거절·반대하는 데는 이유가 있다. 원론적인 이유로 구매계획이 없거나 구매시기

가 많이 남았거나 구매권한이 없어서일 수도 있다. 물론 영업사원의 양보를 얻기 위한 전술 또는 책략일 가능성이 더 많다. 영업사원은 고객의 반대 뒤에 있는 이면을 파악하여야 한다. 고객의 요구에 집중하는 것이 아니라 고객의 욕구를 파악하는 것이다. 5W1H의 질문과 열린 질문(탐색질문)을 통해 고객이 바라는 욕구가 무엇인지를 명확하게 파악해야 한다.

③ 고객이 고민하게 만들어라. 고객의 이면을 파악해 거래의향이 있다는 것을 알았다. 고객의 욕구가 무엇인지를 파악하였다. 다음으로는 고객 역시 자신이 원하는 것을 얻기 위해서는 무엇인가를 줄 수 있어야 한다는 것을 알도록 해야 한다. 이때 효과적으로 활용할 수 있는 방법이 거래조건 간의 교환을 제안하거나, 절충을 제안하는 방법이다. 또는 영업사원이 덤으로 줄 수 있는 것을 제안하면서 고객의 반응을 살핀다. 기회(유리한 조건으로 구매할 수 있는)가 이번뿐이라는 것을 알려주면서(이번 달에 결정을 하면 _한 혜택이 가능…, 다음 달에는 그 조건이 변경되거나 없어진다) 고객이 생각하도록 하는 것이다.

④ 다시 만날 수 있는 기회를 확보하라. 설득, 특히 고객과 진행하는 협상은 대부분 한 번의 만남으로 끝나지 않는다. 서로가 가진 권한이 제한되어 있기도 하고 시간적인 여유가 있기 때문이기도 하다. 즉, 영업사원과 협상을 하는 구매담당자는 자신이 결정하지 못하고 조직과 협의할 필요도 있다. 영업사원 역시 마찬가지이다. 따라서 고객으로 하여금 고민하게 만들었으면 다시 만나는 기회를 확보하는 것이 중요하다. 권한이 제한되어 있는 고객에게 고객이 결정할 수 없는 조건을 수용하라고 압박해서는 안 된다. 필요하다면 영업사원이 먼저 "결정을 하기 어려우시면 상사에게

일단 보고를 해보는 것이 어떻겠습니까?"라고 제안할 수도 있다. 반대로 고객이 이러한 방법으로 영업사원을 압박하는 경우도 만 찬가지로 '상사 핑계'를 대면서 다시 만날 수 있는 기회를 확보해 야 한다. 이렇듯 다시 만날 수 있는 기회 제안을 통해 고객의 구 매시기를 파악하는 계기가 될 수도 있다.

⑤ 오늘이 지구의 종말은 아니다. 오늘 이 자리에서 모든 거래를 마 무리해 계약을 받겠다는 생각을 갖지 마라. 그렇게 해서는 영업 사원은 항상 불리한 입장이 될 수밖에 없다. 조급증을 버려야 한 다. 이는 영업사원들이 반드시 기억하고 지켜야 하는 철칙이다. 고객은 자신이 필요할 때 구매하지 영업사원이 원할 때 구매하 지 않는다. 조급증을 가진 영업사원은 모든 거래를 빨리 마무리 하려 무리한 양보를 하지만 그렇다고 고객이 영업사원을 위해 구매하지는 않는다. 조급증을 가진 영업사원은 고객에게 끌려다 닐 수밖에 없다. 영업사원은 고객을 만나 영업상담을 할 때나, 협상할 때 여유를 보여주는 것이 좋다.

❷ 제안은 이렇게 하라

영업사원이든 협상 파트너인 고객이든 양자는 협상 테이블에서 자 신들이 준비한 거래조건을 공개해야 한다. 양쪽이 자신이 준비한 내용 을 숨기거나 한쪽만이 공개하게 된다면 협상이 정상적으로 진행되기 어렵다. 이것이 협상에서 제안이 필요한 이유이다.

1) 협상에서 제안은?

협상에서 제안은 "협상의 당사자가 협상에서 얻고자 하는 바(거래조건의 종류와 수준)를 전달하고 설득하며 상호 반응을 모색하는 것"이다. 따라서 제안의 수준과 내용을 통해 서로의 협상 목표와 전략, 전술, 협상 가능 범위, 입장, 협상권한, 준비 정도와 정보의 내용과 수준 등을 파악할 수 있다.

따라서 제안의 특징은 다음과 같다.

- 서로의 협상의도를 파악한 것이다. 제안의 수준이 너무 무리하게 높거나 예상을 넘어선 제안을 한다면 상대의 협상의도는 강경전략을 채택하였거나 협상의지가 없다고 판단할 수 있다. 반대로 제안의 수준이 합리적인 수준 내에 있다면 협상의지 또한 강하다고 볼수 있다.

- 정보의 가치를 파악, 논의하는 것이다. 자신의 정보든 상대방에 대한 정보든 제안의 내용에는 항상 정보가 포함되어 있거나 정보를 근거로 해서 결정한 내용들이다. 때로는 파악한 정보의 진위를 판단하기 위한 제안을 하기도 한다. 알려지지 않은 정보가 나오기도 하고 이제까지 알고 있던 정보의 가치가 사라지기도 한다.

- 정보의 양과 질을 확대하는 것이다. 제안하면서 협상 당사자들은 자신들에게 유리한 정보는 어떻게든 상대에게 알리려고 하고, 불리한 정보는 숨기거나 정보의 가치를 떨어뜨리려 한다. 예상하지 않은 정보가 협상 테이블에서 공개된다면 그 의도를 세심하게 파악하여야 한다.

- 정보의 한계가치를 인식하는 것이다. 협상 전이든 협상 중이든 협상 당사자들이 파악한 정보는 무한의 가치를 가진 것이 아니다.

수집한 정보를 분석하는 능력 또한 한계가 있을 수 있다. 한쪽이 유리한 정보라고 판단해 협상 테이블에서 활용해 협상을 유리하게 끌고 가려고 하는데 그 정보에 상대가 움직이지 않거나 영향을 받지 않는다면 정보는 가치가 없는 것이다.

따라서 영업사원은 협상 테이블에서 고객과 주고받는 제안을 적극적으로 활용해야 한다. 특히 고객의 제안내용 이면에 숨겨진 고객의 상황, 입장, 요구가 아닌 욕구를 파악할 수 있어야 한다.

그리고 제안을 주고받을 때는 다음의 사항에 주의할 필요가 있다.
- 협상의제의 변죽을 돌면서 상대의 반응을 살피고 상대의 입장을 파악하라. 영업사원이든 고객이든 협상 테이블에서 자신의 입장이나 요구조건을 제안할 때 더 이상 물러설 수 없는 수준을 제안하지 않는다. 정보를 공개할 때 역시 마찬가지이다. 협상에 여지를 두고 제안하는 것이 원칙이다.
- 의제에 대한 상대의 양보 가능성을 알아내도록 하라. 제안할 때는 상대를 너무 압박해 벼랑 끝으로 몰아서는 안 된다. 그리고 상대가 제안한 각 의제에 대해 어느 정도의 협상 여지가 있는지를 판단할 수 있어야 한다. 이를 위해 유용한 방법이 등거리 법칙을 활용하는 것이다.
- 강하게 시작한 다음은 약하게 또는 약하게 시작해서 강하게 제안하라. 협상의 전술(회피, 타협, 수용, 경쟁, 교환)을 적절하게 활용하는 것이다. 의제들의 교환을 요구하기도 하고 특정 의제에 대해서는 양보 혹은 덤으로 줄 수 있다는 제안을 하기도 하면서 상대를 움직이고 설득을 시도해야 한다.

- 전략적 오도를 파악하라. 협상 당사자는 타협을 해야 하는 조건들에 대한 우선순위와 중요도가 있다. 이 우선순위와 중요도에 따라 각 조건을 어떻게 활용할 것인가를 결정(협상의 전술)한다. 물론 협상의 목표 달성을 위해 의도적으로 강경전략(제로섬 게임을 하는) 또는 양자택일을 요구하는 책략을 사용하기도 한다. 따라서 고객이 협상 테이블에서 보여주는 전략이 고객의 진실한 모습이 아닐 수도 있다.
- 의식적인 왜곡을 파악하라. 고객이 예기치 않은 양보를 하거나 정보(고객에게 불리한 것 같은)를 공개할 때 그 의도를 파악해야 한다. 협상 당사자들은 교묘한 정보통제 또는 누설을 통해 협상의 기울기를 자신들에게 유리하게 만들기 위해 다양한 노력을 한다. 영업사원은 고객의 이런 의도에 쉽게 흔들려서는 안 된다.

2) 제안의 3원칙

(1) **먼저 제안하라.** 협상목표 달성 가능성을 높이기 위해서는 요구조건과 그 수준을 먼저 제안하는 것이 유리하다. 이를 협상에서는 Anchoring 효과라고 한다. 먼저 제안을 할 때는 희망수준에 가깝게 제안해야 한다. 상대의 협상의도를 파악하기 위해서는 상대의 제안을 들은 후에 제안할 수도 있다. 영업사원은 표준견적서대로 항상 먼저 제안하는 것이 유리하다. 어떠한 경우든 미리 깎아서 제안을 해서는 안 된다.

(2) **상대의 초기 제안을 즉시 받아들이지 않는다.** 이는 승자의 저주(상대의 첫 제안을 수용함으로써 협상을 타결한 후 후회하는 심리)를 벗어나기 위한 최선의 방법이기도 하다. 협상 당사자들은 초기 제안을 할 때는 항상 협상의 여지를 확보한 자신들의 희망수준을 이야기한다.

즉, 어떤 초기 제안이든 거기에는 언제나 협상의 여지가 있다.

(3) **기대치를 높게 잡아라.** 영업사원은 자신이 협상에서 '을'의 위치에 있다고 협상의 목표를 낮추어서는 안 된다. 협상의 목표는 항상 높게 잡아야 한다. 협상 중 고객의 상황이나 입장이 바뀌어 영업사원의 표준견적서 혹은 영업사원의 제안을 그대로 수용할 수도 있다.

3) 상대를 움직이는 제안 만들기 5가지 요령

영업사원은 협상 테이블에서 고객에게 제안함으로써 고객으로 하여금 영업사원의 제안을 수용하거나 자신의 조건을 제안하도록 할 수 있어야 한다. 따라서 제안을 할 때는 다음의 5가지 요령을 적적하게 활용하라. 이 5가지 요령을 모두 활용할 수도 있고 한두 가지만 활용할 수도 있다. 이 제안 요령은 협상의 전술과 유사하다. 이유는 제안을 하는 것은 전술의 실행이기 때문이다.

감정활용	감사, 경의 등 호의적인 말이나 행동으로 상대의 마음에 강하게 호소
논리성	정보, 데이터 등 사실적인 근거를 활용하여 상대에게 접근
위협	상대에게 위기감을 주는 행위, 상대가 이런저런 말을 못 하고 자신을 따르도록
흥정	이쪽이 무엇인가 양보하는 교환조건으로 하여 상대에게 양보를 요구
타협	각자가 요구하는 결과의 중간을 찾아서 협상의 손익을 나눠 가지는 것

감정을 활용해 제안하면 다른 방법보다 효과적이고 특히 관계가 장기적일수록 효과가 크다. 고객 역시 관계를 중요하게 생각하는 스타일이라면 효과가 더 좋을 것이다. 이를 위해서는 고객과의 신뢰가 구축되어 있어야 한다. 고객 역시 이 방법을 많이 활용하기도 한다.

논리성을 활용한 제안을 할 때는 고객이 부정할 수 없는 사실을 제시할 수 있어야 설득력이 강한 제안이 된다. 영업사원이 제안하면 고객이 왜? 그래서? 근거는? 어떻게 믿을 수 있는가? 등등의 의문을 갖고 있을 것이라는 전제하에 이러한 의문을 해소해주는 내용을 준비해 논리적으로 전달해야 한다.

위협을 사용할 때는 완곡하게 사용하도록 하고 그 위협의 실행 가능성을 고객이 믿을 수 있어야 한다. 현실적으로 영업사원이 이 방법을 사용하기는 쉽지 않다. 하지만 고객이 무리한 요구를 하거나 비윤리적인 요구를 할 때는 어쩔 수 없이 사용("그럼 이번 거래는 저희가 포기하는 것으로, …나중에 상황이 바뀌면 그때 다시 연락을...")해야 하는 경우도 있다.

흥정은 곧 교환을 의미한다. 이 방법을 사용할 때는 자신은 저비용의 조건을 양보, 상대는 가치 있는 것을 요구한다. 이 흥정의 기본은 1:1 법칙이 적용된다는 것이다. 즉, Give & Take의 전술을 활용하는 것이다. 영업사원이 가장 많이 사용해야 하고 가장 효과가 좋은 방법이다. 고객에게 어떤 조건의 교환 또는 양보를 요구하는 것을 두려워해서는 안 된다. 과감하게 요구하도록 하라. 가정법(If~)을 통해 교환을 제안하면 된다.

타협의 방법은 절충이라고도 한다. 이 방법을 사용할 때는 가급적 자신이 먼저 타협안을 제시하지 않는 것이 좋다. 예를 들어, 고객은 5%의 가격할인을 요구하고 영업사원은 2%를 깎아줄 수 있다고 하면서 서로 팽팽한 줄다리기를 한다. 이때 영업사원이 "그럼 서로 한발 양보해 3.5%가 어떻겠습니까?"라고 타협안을 제시하면 협상 가능 범위는 3.5~5%가 된다. 그래서 고객은 3.5%와 5% 안에서 역제안을 한다. 이렇게 되면 타협안을 먼저 제시한 영업사원이 불리해진다. 반대로 만일 고객이 먼저 타협안으로 3.5%를 제안하면 협상 가능 범위는 2~3.5%가 되어 영업사원이 유리해진다. 고객으로 하여금 가급적 먼저 타협안을 제시하도록 유도하라.

4) 침묵하는 상대의 입을 열게 하라

영업사원들이 고객과 마주 앉아 상담할 때 가장 어려워하는 것 중 하나가 고객이 침묵을 지키거나 자신의 의견 혹은 제안을 말하지 않을 때이다. 특히 협상에서 고객이 침묵을 지킬 때 영업사원들은 고객이 자신의 제안을 거부한다는 판단으로 고객의 흥미를 끌기 위해 조건의 추가적인 양보를 하는 경우가 많다. 앞에서 여러 번 강조하였지만 고객의 욕구를 파악하기 전에는 한 번 제안한 조건을 쉽게 양보해서는 안 된다. 협상 테이블에서 고객의 제안을 끌어내고 싶다면 다음의 방법을 이용하기 바란다.

* 당신의 제안을 듣도록 하겠습니다.
* 이것은 _____을 하자는 이야기인가요?
* 주요 내용은 _____인 것 같은데 맞습니까?
* _____을 좀 더 자세히 알아봅시다.
* 저는 우선 _____을 했으면 하는데 어떻게 생각하십니까?
* 우리는 _____을 하였으면 합니다.
* _____을 좋아하나요, _____을 좋아하나요?

* 오늘은 _____과 _____에 대해 이야기하였으면 합니다.
* 좋아요. _____에 대해 질문이 있습니까?
* 혹시 가격을 깎는 조건으로 무엇을 양보해주실 수 있나요?
* 일단 보고를 해보는 것이 어떻습니까?
* 저의 제안에 대해 어떤 판단을 하셨는지요?
* 담당자로서 권한을 가지고 있지 않나요?
* 그래도 당신의 의견에 부장님이 따르지 않나요?
* 내부적으로 합의를 한 수준이 있지 않나요?
* 권한이 없다고 하시는데…, 그래도 지시를 받는 조건은 있지 않나요?

　고객이 제안할 때는 그 내용에 따라 영업사원은 고객과 협상을 계속하는 기회를 잡아야 한다. 고객의 제안에 포함된 의미를 파악하고 때로는 제안 내용을 재확인할 필요도 있다. 즉, 영업사원은 고객이 어떤 제안을 하든 그것을 계기로 계속 대화를 하고 협상을 지속시키는 요령을 갖추어야 한다. 다음의 표현을 활용하라.
* 좋은 의견입니다.
* 그것은 우리가 고려할 수 있을 것 같군요.
* 당신은 내가 하고 싶은 말을 하는군요.
* 나는 당신의 말을 _____하게 이해를 했습니다. 맞나요?
* 아마도 문제는 _____인 것 같군요.
* 그것은 우리가 합의하지 않은 내용이군요.
* 당신의 제안을 수용하기 어려운 것이 안타깝군요. 하지만…
* 우리는 _____은 가능한데 그러자면 _____한 양보가…!
* 우리는 _____하게 생각을 하는데, 당신은?

* 왜 그런 제안을 하시는지요?
* 입장을 고수하는 이유가 무엇인지요?
* 어떻게 협상이 진행되기를 바라시는지요?
* 충분히 이해합니다. 그럼 _____한 조건은 어떨까요? 물론 __을 양보해주시는 것으로.
* 좀 더 구체적으로 말씀을 해주셔야 제 입장에서도 답을 할 수가 있을 것입니다.
* 지금 이야기로는 _____을 원하시는 것 같은데 이유가 있나요?
* 더 나은 결과를 얻을 수 있을 것 같은데…
* 왜 _____에 대해서는 협상을 할 수 없는가요?
* _____조건이 부담스럽다면 _____한 조건은 어떨지요?

③ 마무리는 이렇게 하라

　고객과 긴 시간 협상을 하면서 어려운 상황을 극복하고 드디어 합의를 해야 하는 순간이 왔다. 협상을 마무리할 순간이다. 이때 영업사원이 주의할 것은 고의적인 속임수와 약속 위반을 극복하고 합의내용을 명료하게 하며 애매한 부분에 대해서는 재확인을 통해 오해의 소지를 제거해야 한다. 이 단계까지 오면 영업사원은 빨리 협상을 마무리하고 계약을 서두르게 된다. 그래서 크고 작은 실수가 일어나기도 한다. 여기서의 실수는 협상목표에 부정적인 영향을 주거나 때로는 협상을 다시 해야 하는 상황으로 전개될 수도 있다. 따라서 협상을 마무리할 때는 다음의 사항을 주의해야 한다.
　서두르지 않고 차분하게 마무리를 한다. '급할수록 돌아가라'라는 말을 기억하라. 다시 한 번 고려해야 하는 모든 조건을 다루었는지 되돌아보면서 합의 내용을 상대와 확인하면서 마무리를 하는 것이 좋다.

스스로의 능력과 판단을 너무 믿어서는 안 된다. 자신의 능력을 과신하게 되면 중요한 것을 놓치게 된다. 스스로 협상 전체에 대한 점검을 하면서 마무리하는 것이 좋다.

자신의 틀로 협상의 의제와 합의수준을 결정해서는 안 된다. 협상 테이블에서 오고 간 메시지에 대해 자기중심의 판단 또는 해석을 하지 마라. 고객과 명확하게 합의하지 않은 의제에 대해서는 서로의 이해수준을 반드시 확인해야 한다. 이해의 차이로 인해 발생할 수 있는 문제를 사전에 방지하는 것이다.

선례를 극복해야 한다. 과거 인식의 틀에서 벗어나 새로운 합의를 해야 한다. 협상의 의제는 시간에 따라 그 중요성과 수준이 바뀐다. 과거의 조건(영업사원에게 불리했던)이 현재에도 그대로 지속될 필요가 없을 수도 있다. 즉, 고객이 양보를 해줄 수도 있다는 것이다. 이것을 바뀔 수 없는 것으로 미리 짐작하고 판단하지 마라.

모든 것이 확실할 때 지름길을 선택하라. 모든 것이 고려되고 합의되기 전에 서둘러 협상을 마무리하지 마라. 다루지 않은 의제가 있다면 모두 협상 테이블에 올려 합의한 후에 마무리해야 한다.

정보 만능주의가 되지 마라. 너무 많은 정보는 판단을 어렵게 한다. 협상을 준비하고 진행하는 과정에서는 많은 정보가 유용하다. 협상을 마무리할 때 많은 정보에 의존하면 판단을 흐리게 해 마무리에 방해요소가 될 수 있다. 합의사항에 영향을 줄 수 있는 정보에 한정해서 정보를 고려하도록 하라.

당장의 이익 때문에 장기적인 이익을 놓쳐서는 안 된다. 일회성의 거래가 아니라면 대부분의 거래는 장기적인 관계가 될 가능성이 있다.

그래서 상대방에게 협상의 여지와 가능성을 열어두어야 한다. 협상의 입장을 너무 강경하게 취함으로써 상대가 떠나가지 않도록 해야 한다.

상대의 반응에서 배워라. 마무리를 할 때 상대가 선호하는 방법으로 마무리를 하라. 협상을 진행하면서 상대가 서류를 좋아하는지, 구두약속을 좋아하는지, 세부내용이 구체적인 것을 좋아하는지를 배워 마무리에 활용할 필요가 있다.

협상 테이블에서 주고받은 대화내용을 메모하고 확인하라. 대부분의 협상은 많은 시간이 소요된다. 협상 테이블에서 오가는 정보나 의제의 수, 합의내용 혹은 이해수준 등이 많다. 이 모든 것을 기억력에 의존하는 데는 한계가 있다. 마무리를 할 때는 협상과정에서 메모된 내용을 확인하는 수고를 하여야 한다.

상호성의 원칙으로 안전을 보장받아야 한다. 일방적인 양보나 수용으로 협상을 마무리하지 마라. 협상 전체에 대해서 또는 하나의 의제를 합의할 때 항상 다른 의제를 함께 다룸으로써 일방적인 양보를 하거나 손해 보는 것을 방지해야 한다.

합의된 의제를 존중하라. 협상을 마무리할 때 이전에 합의된 의제의 수준을 바꿔서는 안 된다. 만일 고객이 이미 합의된 의제와 수준을 바꾸려고 한다면 그것에 상응하는 대가를 요구해야 한다.

양보 혹은 덤 주기는 마무리의 좋은 기법이다. 지나치게 경쟁적인 입장을 취하는 것보다 유연성으로 타협하고 협상을 마무리하는 것이 좋다.

1) 마무리는 이렇게

영업사원이 고객과 협상할 때 마무리를 해야 하는 경우는 두 가지이다. 하나는 모든 협의가 다 이루어져 계약을 하는 마무리이다. 비즈니스 거래가 성사되는 순간이다. 또 하나의 마무리는 협상이 최종적으로 타결되지 않은 상태에서 다음 협상을 위한 오늘 협상을 마무리하는 것이다. 양측의 팽팽한 긴장감으로 협상이 더 이상 진전되지 않거나, 새로운 제안을 위한 준비의 시간이 필요할 때, 협상 파트너나 장소를 변경할 때 등의 순간에 협상을 마무리하고 다음 협상을 합의하는 것이다.

영업사원이 협상을 이끌고 가야 한다는 것을 여러 번 강조하였다. 마무리 역시 가급적 주도적으로 제안하는 것이 좋다. 특히 다음 협상을 위한 마무리 제안에 대한 고객의 반응을 통해 고객의 입장과 상황을 파악할 수 있는 기회도 된다. 협상을 자연스럽게 마무리하기 위해서는 다음의 방법을 활용하면 좋을 것이다.

(1) 예인선전술

화물을 실은 큰 바지선을 예인선이 끌고 가듯이 거래의 성사라는 큰 결과를 위해 거래조건을 하나씩 합의하면서 협상을 지속시키는 방법이다. 처음엔 바지선의 움직임이 없는 듯하지만 예인선이 운행할수록 바지선은 조금씩 움직이고 마침내 속도를 올리고 목적지에 도달한다. 서두르지 않고 한 걸음 한 걸음 내딛듯이 협상을 진행하고 마무리를 하나씩 해가면 마침내 모든 거래조건에 대한 합의가 이루어질 것이다.

(2) 산책전술

협상은 갈등이 필연적으로 따른다. 때로는 작은 실수 혹은 메시지

하나가 서로에게 부담을 줄 수 있다. 결정을 위한 시간이 요구될 수도 있다. 협상이 진전이 안 되고 제자리걸음을 하고 있다면 함께 산책하면서 새로운 방법을 모색할 수 있다. 긴장감이 흐르는 협상 테이블을 떠나 산책을 하는 동안 서로의 욕구를 파악할 수도 있을 것이고, 인간 관계를 돈독하게 할 수도 있을 것이며, 창의적인 아이디어를 찾을 수도 있을 것이다.

(3) 능력을 강조하라

상대가 가진 협상의 권한이나 능력을 강조하면서 상대가 결정하도록 유도하는 방법이다. 사람들은 심리적으로 자신의 권한을 사용하고 싶어 하고 능력을 인정받고 싶어 한다. 협상의 막바지에 이러한 상대의 심리를 자극해 결정을 촉구하는 방법이다.

(4) 내버려둬 전술

이는 고객이 원하는 제품과 고객을 함께 두고 고객이 결정하도록 하는 방법이다. 고객은 자신이 원하는 제품이 곁에 있음으로 지속적인 욕구를 갖게 되고 제품을 가졌을 때 자신이 얻을 이익과 가치를 생각하게 된다. 그렇게 되면 협상에서 자신의 입장을 고수하는 강도가 떨어진다. 고객이 영업사원의 조직(전시장 등)에 와서 협상할 때 유용하게 활용할 수 있다.

(5) 침묵전술

고객과 대화를 하던 중 발생하는 침묵을 영업사원은 두려워한다. 특히 협상 테이블에서 고객이 침묵을 지키면 제안을 거절하는 것으로 생각하는 영업사원들이 많다. 고객이 침묵을 지키는 이유는 다양하다. 할 말이 없어 침묵하지는 않는다. 판단을 하거나 결과를 계산하거나 무엇으로 교환을 할지, 어떤 역제안을 할지 결정하기 위해 침묵한다. 영업사원은 고객의 침묵에 의연하게 대처할 수 있어야 한다.

(6) 조건부 마무리전술

이는 고객의 제안에 대해 대응할 수 있는 가장 효과적인 방법이다. If~ 법을 이용해 고객이 자신이 원하는 것을 얻기 위해서는 대가를 지불해야 한다는 것을 알리면서 고객의 결정을 촉구하는 방법이다. 고객에게 일방적인 양보를 하지 않으면서 협상을 마무리할 수 있는 좋은 방법이다.

(7) 기회제공전술

고객이 결정을 할 수 없거나 권한이 없다고 판단될 때 내부협의를 위한 기회를 제공하는 방법이다. "일단 보고를 해보는 것이 어떻겠는가?"라는 제안을 하면서 자연스레 다음 협상을 약속받고 고객이 난처한 상황을 벗어나도록 도와주는 방법이다.

(8) 수고전술

협상을 마무리하고 계약을 위한 모든 업무를 대신하겠다는 제안을 하면서 마무리를 시도하고 고객의 반응을 살피는 방법이다.

영업사원은 가능하면 고객과 대화할 때 고객에게 끌려다니는 것보다는 고객을 이끄는 것이 모든 면에서 유리하다. 특히 고객이 결정하지 못하고 주저할 때 결정을 할 수 있는 계기를 마련해줄 수 있어야 한다. 위의 방법을 통해 협상의 마무리를 효과적으로 하기 바란다.

2) 마지막 난관을 극복하라

상대의 권한이나 신분에 대해 부정적인 태도를 보이거나 의도적인 속임수를 사용하거나, 감정적인 태도를 보이는 것은 협상의 마무리를 방해하는 요소들이다. 긴장상태가 오래 지속되거나, 입장의 차이를 극복할 수 없는 차이로 받아들이는 것, 새로운 의제가 계속 협상 테이블에 올라오는 것 등도 갈등을 야기하고 협상의 마무리를 어렵게 한다. 따라서 영업사원은 협상을 마무리할 때 발생하는 어려움을 지혜롭게 극복할 수 있어야 한다.

협상 테이블에서 갈등이 발생할 때는 다음의 방법으로 극복하거나 갈등을 줄이는 노력을 해야 한다.

긴장감과 적대감을 순차적으로 완화시킨다. 갈등은 이해의 차이, 목표의 차이 등에 의해 발생한다. 협상이 가진 특징이 갈등을 유발한다. 따라서 갈등의 징후가 보일 때는 상대의 제안이나 입장, 태도에 대해 인정과 이해의 반응을 보임으로써 갈등 해소를 위한 발걸음을 시작할 필요가 있다.

의사소통을 강화해 서로에 대한 이해도를 높인다. 왜 상대가 그러한 입장을 고수하는지, 의제에 대해 민감하게 반응하는 원인은 무엇인지, 욕구는 무엇인지 등을 이해하는 노력을 해야 한다. 질문을 하거나 좀 더 구체적인 제안을 하도록 유도하거나, 적절한 미끼 제안을 던지면서 상대를 이해하려는 태도를 보여주라.

논의하고 있는 쟁점의 수와 규모를 조정한다. 협상에 참석한 참석자가 많거나 합의를 봐야 하는 의제가 많은 것이 갈등의 원인이 되기도 한다. 이때는 참석자 수를 줄이거나 의제의 수를 제한하는 것이 필요하다. 너무 큰 의제가 다뤄짐으로써 갈등이 발생한다면 의제를 세분화해 처리하는 것도 방법이다. 상대에 대한 부정적인 선입견이 있다면 이를 극복해야 하고, 일반적인 원칙보다는 구체적인 용어를 사용함으로써 오해의 소지를 없애는 것이 필요하다.

합의의 근거를 찾을 수 있는 공통점을 확립한다. 협상을 타결해야 하는 공통의 목표를 만들어라. 특히 영업사원은 거래를 통해 고객이 얻는 이익을 강조하면서 갈등의 지속보다는 합의를 위한 이유를 찾는 것이 요구된다. 갈등의 원인이 협상 당사자가 아닌 제3자에 의한 것이라면 공통의 적으로 만들어 대항하는 것이 좋다.

서로의 대안과 선택안을 개발한다. 제안을 고집하기보다는 상대의 마음을 움직일 수 있는 달콤한 제안도 필요하다. 상대가 가진 대안을 물어라. '어떻게 하면 좋을지?'를 질문하라. 창의적으로 협상에 임하라. 파이를 키우는 방법으로 제안하라. 필요하다면 외부의 객관적인 기준으로 각자의 대안을 평가하라.

무엇을 변경하라. 갈등이 해결되지 않고 합의가 어렵다면 협상장소를 바꾸거나 협상 파트너를 바꾸거나 제3자를 이용하는 방법도 고려하라. 어떠한 이유에서든 협상은 지속되어야 함을 기억하라. 특수한 상황 외에는 절대로 영업사원이 먼저 협상을 결렬시켜서는 안 된다.

Chapter

7

협상책략의
달인이 되라

[실전사례]

다음의 실전사례는 실제 현장의 사례로 기업의 이름을 직접 활용하지 못하고 대명사로 대체한다.

복합대리점을 대상으로 영업을 할 때 고려해야 하는 요소를 잘 알려주는 사례가 된다. 다음은 영업사원과 고객(대리점 사장)과의 대화내용이다.

고객에게 물품을 납품하기 위한 견적서 제출을 위해 대리점과 본사 영업사원 간의 협의 중,

대리점 사장: 과장님! 물량이 많은데 가격 조정 좀 잘해서 보내주세요.

영업사원: 물량이 어느 정도 되시며 업체가 어디입니까?

대리점 사장: 25억 원 정도의 물량이 될 것 같으며 H중공업㈜ SB조선소입니다.

영업사원: 알겠습니다. 내부협의를 해보겠습니다.

며칠 후

영업사원: 사장님께 견적서 송부 드렸는데 확인해보셨습니까?

대리점 사장: B사(자사 경쟁사)에서 보내준 견적서 가격과 차이가 나네요. 대략 5~7% 정도 과장님 견적서가 비싸네요.

영업사원: 해외 SB조선소라고 하셨는데요. 수출 관련 조건들은 어떻습니까?

대리점 사장: 그건 잘 모르겠고 수출업무는 B사에서 다 알아서 보내준다는데요.

영업사원: 그럼… B사 견적가격 수준에 대비해서 2% 정도 낮게 맞춰보도록 하겠습니다.

대리점 사장: 그렇게 해주세요. 그러면 과장님 회사의 제품으로 확정하여 업무 진행하겠습니다.

위와 같은 상황을 대리점 사장이 만들어 몇 차례 경쟁사인 B사와 견적가격 정보를 양 사에 서로 흘리는 작전으로 견적가격은 양 사 모두 최저가격까지 내려갔다. 그렇지만 최종 계약은 가능할 것으로 믿었으나 대리점 사장이 결국은 최종제안을 하기로 한날의 하루 전날 밤 B사 영업 관련 임원들을 불러내어 접대를 받고서 B사를 H중공업에 제안을 해 경쟁사가 선정되었다.

대부분의 대리점 사장들은 보통 대리점을 경영하기 전 관련 직종, 관련 회사 등에서 직장생활을 통해 영업부장, 도장부장, 기술부장 등 다양한 내부의 인맥과 경력을 가지고 있고 또 관련 거래처와의 관계를 형성하고 있어 영업할 때 어려움이 있는 것이 사실이다.

특히 위 사례에서 영업사원은 고객(대리점 사장)의 협상전술에 속수무책으로 당한 꼴이 되었다. 이를 극복하기 위해서는 애초에 견적작업을 함께하는 공동 영업활동을 펼치는 방법, 고객과의 좀 더 긴밀한 인간관계를 평소에 구축하는 것, 잦은 견적서 변경(가격변경)을 요구할 때 의도를 파악할 것, 고객의 업무와 성격 스타일을 파악해 대응할 것,

고객이 최종 고객에게 제안한 견적의 수준을 파악하고 이를 고객이 얻을 수 있는 이익으로 전환시켜 줄 것, 가격 외 다른 조건의 개발을 통해 고객의 기회주의적 행동을 사전에 차단할 것 등의 노력이 필요할 것이다.

① 협상의 책략

영업사원이든 고객이든 협상 테이블에서 상대를 설득해 자신이 원하는 제안을 받아들이게 하거나, 자신의 파워에 상대가 영향받기를 바란다. 더욱이 협상에 참여하는 당사자는 자신의 약점이나 불리한 점을 숨기고 상대를 불리한 위치에 처하도록 하는 다양한 방법들을 활용한다. 이것을 협상의 책략이라고 한다. 협상 테이블에서 오가는 협상의 책략은 생각보다 많다. 기법도 다양하다. 결국 협상 당사자들이 사용하는 협상의 책략은 자신들의 협상목표를 달성하기 위한 수단이자 도구이다. 따라서 영업사원은 이러한 책략들을 적극 활용해야 하기도 하지만 상대의 책략에 적절하게 대응할 수 있어야 한다.

마누라 핑계 대기, 흥미 없는 척하기, 못 들은 척하기, 엄살 피우기, 권한을 과도하게 활용하기, '갑'이라는 파워를 사용하기, 양보를 요구하기, 상대의 체면을 자극하기 등의 방법들이 협상의 책략이다.

② 협상의 책략 17개 활용과 대응방법

영업사원이 협상 테이블에서 적절하게 활용하고 효과적으로 대응 (고객이 사용할 때)해야 하는 대표적인 책략은 다음과 같다.

책략 1. 원하는 이상을 요구하라

이 책략은 협상의 초기에 제안할 때 과감하게 제안을 하라는 것이다. 즉, Anchoring을 강하게 내리라는 것이다. 헨리 키신저는 "협상 테이블에서의 효율성은 자기 요구를 과장해서 이야기하는 것에 달렸다"라고 말했다. '미리 깎아주지 마라!'라는 원칙과도 관련이 있다. 협상에 임하면서 원하는 것 이상을 요구함으로써 얻을 수 있는 이익으로는 다음이 있다.

1) 협상의 여지를 확보할 수 있다. 그리고 상대에게 협상을 통해 협상의제들의 조정이 가능함을 알려줌으로써 상대가 협상에 임하도록 유인할 수 있다. 특히 영업사원의 경우 이 협상의 여지를 많이 확보하는 것이 지속적인 협상을 위한 중요한 조건이 된다. 그리고 영업사원은 고객 역시 초기에 제안할 때 자신의 협상 여지를 두고 제안한다는 것을 알아야 하고 고객의 제안 역시 조정이 가능하다는 것을 활용할 수 있어야 한다.

2) 때로는 제안대로 거래가 성사될 수 있다. 구매든 영업이든 항상 이 기대를 잊어서는 안 된다. 특히 고객이 구매가 긴급한 상황에 처해 있다면 가능성이 더 커진다.

3) 영업사원이 판매하려는 상품이나 서비스의 가치에 대한 인식을 높일 수 있다. 가격이 가치를 결정하는 결정적인 요소는 아니지만 초기 가격을 높게 제안함으로써 그 가치를 고객이 다시 한번 생각하게 하는 효과가 있다. 가격은 고객이 판단하는 주관적인 기준이기 때문에 항상 고객에게 가치 중심의 과감한 제안을 하는 것이 유용하다.

4) 협상에서 서로가 원하는 수준을 높게 설정(고객은 싸게, 영업은

비싸게)함으로써 협상의 여지가 있다는 것을 간접적으로 알리는 것이 가능해 협상에 좀 더 적극적으로 임하게 하는 효과가 있다.

5) 승자의 저주에서 벗어나 서로가 이겼다는 생각을 갖도록 할 수 있다. 원하는 것 이상을 제안하고 어느 정도 상대의 제안을 수용하거나 양보해줌으로써 심리적인 승리감을 줄 수 있다. 협상은 심리게임이라는 것이 여기에서 나왔다.

고객이 원하는 것 이상을 요구할 때는

1) 겁을 먹거나 두려워하지 말고 상대의 협상 여지를 파악하는 것이 필요하다. 고객은 당연히 그렇게 나온다. 이 방법에 대해서는 책략 2에서 알아본다.

2) 고객의 양식 혹은 업계 관례에 호소한다. "이 정도 기업이 가격을 그렇게 부를 것이라고는 생각하지 않았는데… 왜 그렇습니까?", "업계 관례가 _%인데 무리한 조건을 제안하는 이유는 무엇인지요?"라고 묻는다.

3) 고객의 요구에 적절하게 대응하기 어렵다면 상사 핑계를 대면서 상황을 극복하라. "그 조건이라면 회사에 보고해봐야 합니다." 그 후 "회사에서는 _% 이상은 어렵다고 합니다" 하면서 고객의 제안수준보다 낮은 수준을 역제안한다.

4) 탐색을 통해 추가 협상 가능성을 파악한다. 다른 조건과 교환을 제안하거나, 타협안을 제시하거나, 덤 주고받기를 통해 상대의 태도를 조정한다.

5) 강온적인 방법을 활용한다. 강-고객의 요구를 수용할 수 없다는 것을 알리면서 거래의 가치(구매의 이익을 볼 수 없을 가능성을 강조)

를 언급. 온-영업사원이 초기 제안을 약간 양보해줌으로써 고객이 얻는 이익(구매비용 절감)을 강조하는 방법으로 고객의 태도를 변화시키는 시도를 한다.

책략 2. 상대의 제안에서 협상 가능 범위를 예측하라

영업사원이 협상 테이블에서 직면하는 어려움 중 하나가 거래조건에 대한 영업사원과 고객의 제안수준이 차이가 날 때이다. 이 차이가 영업사원의 권한 내에 있다면 그나마 다행이지만 문제는 영업사원의 권한을 벗어났을 때이다.

고객의 제안수준이 영업사원이 가진 권한 내에 있더라도 이를 모두 수용할 것인지, 아니면 조금이나마 영업에 유리하도록 조건을 조정하는 역제안을 할 것인지를 결정해야 한다. 여기서 영업사원이 반드시 기억할 것은 책략 1과 관련이 있다. 즉, 협상 참석자들은 자신의 제안을 할 때 그 수준은 자신의 희망수준이고 항상 협상의 여지를 두고 제안한다는 것이다. 따라서 고객의 제안수준이 영업사원이 가진 권한 또는 영업사원이 기대한 것과 차이가 날 때 영업사원은 제안수준에 대한 고객의 협상의 여지를 파악 또는 예측할 수 있어야 한다.

이때 사용하는 방법이 "등거리 법칙"이다. 상호 제안수준의 차이 부분에 대해 50% 혹은 100%를 더하거나 빼면서 상대의 협상 여지를 파악하는 것이다. 협상의 목표에는 희망수준과 이탈수준이 있다는 것을 기억할 것이다. 협상 초기에는 서로가 가진 희망수준을 제안한다. 등거리 법칙은 서로의 제안수준에서 이탈수준을 예상해서 협상 가능 범위를 예측하는 것이다. 이는 모든 거래조건에 모두 활용되어야 한다. 만일 고객이 영업사원이 제안한 가격을 보고 가격을 10%는 깎아야겠다고 한다면 이 수준은 고객의 희망수준이다. 고객이 가진 이탈수준(가장 적게 깎는 수준)이 어느 정도인지 모른다. 이때 등거리 법칙을 이용해 고객의 요구수준 10%의 50%를 빼면 5%가 나온다. 이 5%를 고객의 이탈수준으로 예측해 고객의 협상 가능 범위가 5~10%가 될 것이라고 예상하는 것이다. 이렇게 해야 협상의 여지를 확보할 수 있고 협상을 지속할 수 있는 것이다.

이와 반대로 고객이 자신의 요구수준을 제안하지 않고 가격이 비싸다고 하면서 영업사원으로 하여금 얼마나 깎아줄 수 있는가라고 할 때 영업사원이 자신에게 주어진 권한을 모두 사용해 "그럼 3% 정도 깎아주면 되겠습니까?"라고 한다면 고객은 영업사원의 제안을 듣고 3%가 아니라 6%까지 가능할 것이라고 영업사원의 이탈수준을 예상하면서 "우리는 6%(혹은 그 이상) 정도를 기대하는데…"라고 한다. 따라서 영업사원은 자신의 권한을 벗어난 수준에서 협상을 진행해야 하는 것이 아닌가? 하는 두려움을 갖게 되고 더 많은 양보를 하는 실수를 범하게 된다.

이 등거리 법칙을 효과적으로 사용하기 위해서는,

1) 가급적 상대의 제안수준을 먼저 끌어낸다. 이를 통해 상대의 희망수준을 파악하고 이탈수준을 예측할 수 있다. 그리고 상대의 제안수준을 통해 협상에 대한 의지를 확인할 수 있다.

2) 영업사원은 자신의 권한 중 일부만을 제안함으로써 협상의 여지를 확보한다.

책략 3. 가장 어리석은 협상가가 되지 마라

협상을 마무리 한 후 협상결과에 만족할 수 없다면 협상자질에 대해 의문을 가지게 된다. 특히 비즈니스 상황에서 협상 후 불만족이 있다면 경제적인 이익을 포기한 것이나 마찬가지가 된다. 가장 어리석은 협상가는 협상에서 상대의 첫 제안을 그대로 수용하는 협상가이다. 협상 당사자 모두 승자의 저주에 빠지게 된다.

더 나은 협상의 결과를 가져올 수 있는 기회를 포기하는 것이다. 앞에서도 여러 번 강조하였듯이 협상에서 초기 제안은 자신이 원하는 가장 바람직한 수준이다. 협상의 여지를 두고 제안을 한 첫 제안을 그대로 받아들인다는 것은 더 많은 이익을 볼 기회를 포기하는 것이다.

어떠한 경우라도 상대의 첫 제안을 그대로 수용해서는 안 된다. 가장 어리석은 협상가가 되어서는 안 된다.

1) 상대의 초기 제안은 자신의 희망수준이다. 이탈수준을 예측하고 협상에 적극 임하라.

2) 어떠한 경우라도 교환 혹은 절충의 가능성은 있다. 과감하게 제안하라.

3) 만일 상대가 당신의 초기 제안을 그대로 수용한다면 거래를 다시 한 번 생각해봐라.

4) 만일 상대의 초기 제안을 수용할 것이라면 기회비용을 생각해보라.

책략 4. 정찰제 가격은 없다

상품과 서비스를 판매하는 사람은 자신이 원하는 가격과 조건에 판매하기 바란다. 구매하는 사람 역시 자신이 원하는 가격과 조건이 있다. 이 수준에서 한 걸음도 물러서지 않겠다는 의지의 의도적인 표현이 정찰제를 강조하는 것이다. 정찰가격을 붙여놓은 이유로는,

　－상품마다 가격을 일일이 묻고 답하는 번거로움을 없애기 위해
　－쇼핑 시간을 절약하기 위해
　－고객이 상품구입의 의사 결정을 빨리 하도록 하기 위해
　－계산대의 실수를 미리 막기 위해
　－고객의 상품 선택을 돕기 위해
　－모든 고객에게 같은 상품을 같은 가격으로 팔기 위해
　－적은 이윤이 남는 상품의 경우 발생할 수도 있는 손해를 막기 위
　　해… 등등의 이유가 있다.

구매하는 입장에서 정찰제를 활용하는 경우는 입찰과 같은 형식으로 구매하는 것이다. 이 역시 시간을 절약하고, 기회비용을 제거하며, 협상 실패로 인해 과도한 비용을 지불하는 것을 막고, 경쟁을 통해 최저가로 구매하기 위해서이다. 만일 고객이 이러한 방법으로 구매하려 한다면 영업사원은 최저가 구매가 초래할 비용(공급처의 원가 조정으로 인한 품질 저하 등)을 강조하면서 상황을 극복해야 한다.

정찰제 가격을 극복하는 방법으로는,

　－물건을 사면서 그에 딸린 액세서리를 덤으로 요구하라.
　－전시된 물건을 구입하라.
　－매번 일정하게 정해진 주문을 제안하라.
　－안내용 할인권과 사은용 할인권을 사용하라.
　－현찰로 지불할 경우 할인을 요구하라.
　－대금 지불을 90일로 유예할 수 있는지 물어보라.

- 가격조건만 적당하다면 지금 당장 구입하겠다고 제의하라.
- 판매자가 품질에 이상이 없다고 하면 추가적인 보증기간을 요구하라.
- 구입하기 전 30일간의 무료사용을 해보겠다고 하라.
- 제품의 반환 가능성을 확인하고 불가능할 경우 할인을 요구하라.
- 포장을 직접 할 테니 가격을 깎아달라고 하라.
- 배달하지 않고 직접 가져가겠다고 하면서 할인을 요구하라.
- 재고품의 경우 할인을 요구하라.
- 내 친구들을 추천해줄 테니 할인해달라고 요구하라.
- 같은 제품을 다음에 구입할 경우 할인이 가능한지를 확인하라.
- 장기공급계약을 맺을 경우 가격할인 조건을 확인하라.
- 직접 설치할 테니 할인해달라고 요구하라.
- 공동구매를 하고 대금을 수금해줄 테니 할인해달라고 요구하라.
- 원하는 시간 내 배달이 불가능할 경우 할인을 요구하라.
- 오늘 당장 구입할 테니 할인해달라고 요구하라.
- 첫 번째 또는 마지막이니까 할인해달라고 요구하라.
- 신제품이기는 하지만 아직 한 번도 사용되지 않아서 위험요소도 있으므로 할인을 요구하라.
- 가격을 깎아준다면 지금 당장 구입을 하겠다고 제의하라.

책략 5. 엄살을 피워라

협상을 하면서 자신의 구매력(비싸게 살 수 있는 능력) 혹은 판매력
(싸게 판매할 수 있는 능력)에 대해 자만심을 갖거나 자랑해서는 안 된
다. 때로는 의도적으로 때로는 진실로 자신의 거래능력에 대해 엄살을
피우는 것은 협상장소에서 볼 수 있는 가장 흔한 장면이다. 협상에서
엄살을 피우는 것은 자신의 체면을 깎는 행동이 아니다. 상대의 제안
을 수용할 수 없다는 것과 상대의 제안이 수정되어야 한다는 것을 명
확하게 알리는 유용한 방법이 엄살을 피우는 것이다. 상대 역시 자신
의 제안이 그대로 먹힐 것이라고 기대하지 않는다. 엄살을 부리지 않
으면 상대는 더욱 강하게 나올 수 있다.

엄살을 피우고 난 다음에는 상대가 수정 제안을 할 때까지 기다릴
필요가 있다. 행동으로 표정으로 상대의 제안이 무리하다는 것을 알리
도록 해야 한다. 상대의 처분 혹은 결정에 모든 것이 달려 있는 듯한
행동을 보여준다. 엄살을 잘 피우면 반드시 양보가 따라온다.

만일 고객이 '예산이 없다', '권한이 없다' 등등의 이유로 엄살을 피
울 경우 영업사원은 고객의 엄살을 그대로 믿어서는 안 된다. 이때는,

1) 엄살을 피우는 대상이 무엇인지에 따라 이면을 파악해야 한다. 예
산이 없다고 하면 예산을 결정하는 사람이 누구인지를 파악하고, 권한
이 없다고 하면 권한을 가진 사람을 만나게 해달라고 하라.

2) 엄살에는 엄살로 대응하라.

3) 과도한 엄살을 피울 때는 거래의향을 파악하라.

4) 상대의 체면을 세워주면서 엄살을 제거하라.

5) 선수를 쳐라.

6) 때로는 상대의 엄살을 못 들은 척하라.

7) 엄살에 당황하지 말고 대안을 요구하거나 대안(교환, 덤, 절충 등)을 제시하라.

책략 6. 내키지 않은 척하라

상품에 대해 또는 상대가 제안한 거래조건에 대해 내키지 않은 척함으로써 상대를 압박하는 방법이다. 특히 구매하는 고객의 경우에는 상품의 가치를 평가절하(생각보다 품질이 우수하지 않다. 기대 이하이다)하거나 약점을 건드리면서 구매의사가 없거나 약함을 나타내어 영업사원으로 하여금 양보를 얻어내려는 의도에서 흔히 사용하는 책략이다. 특히 제품의 품질을 언급하면서 가격을 깎아달라고 할 때는 거의 100%가 책략을 사용하는 것으로 판단하면 된다. 고객의 소극적이거나 부정적인 반응에 직면한 영업사원은 대부분 협상에서 강하게 제안하지 못한다.

영업사원은 고객의 이러한 반응에 당황해 스스로 협상의 여지를 좁혀서는 안 된다. 고객이 이렇게 나올 때는,

1) 고객의 거래의사를 파악한다. 고객이 원하는 가격을 제안하라고 요청해본다. 고객의 반응에 따라 거래의사를 파악할 수 있을 것이다.

2) 고객에게 답을 하기 전에 고객이 요구한 조건을 상사와 상의해보겠다고 한다.

3) 다른 조건, 예를 들어, 구입물량을 늘리는 조건을 역제안한다.

4) 상품의 가치를 재차 강조한다.

5) 상품이 맘에 들지 않는데 가격이 싸다고 구매할 것인가? 물어본다. '싼 것이 비지떡이 될 수 있다'고 말한다.

6) 진짜로 원하는 것이 무엇인지를 묻는다.

7) 고객의 요청에 따라 가격을 제안할 때는 절대로 미리 깎아주거나 영업사원의 권한을 모두 사용하지 않는다.

8) 때로는 영업사원도 거래가 내키지 않은 척하는 반응을 보일 필요도 있다. 특히 고객이 무리한 요구를 할 때 유용하다.

책략 7. 현안에 집중하라 – 까다로운 상대 대응하기

당신은 영업사원으로서 단골고객을 방문했다. 문을 열고 들어가자 고객은 흥분한 목소리로 화를 내면서 당신에게 따진다. 잠시 이야기를 듣고 나서 그 이유를 알았다. 경쟁사 가운데 한 업체에서 당신의 거래가격보다 낮은 가격으로 제안하였다는 것이다. 그러면서 어떻게 자신에게 이렇게 할 수 있냐면서 감정을 폭발한다. 어떻게 대응하는 것이 좋을까?

워런 크리스토퍼는 '침착성을 유지하고 특별한 협상책략이 필요하다면 협상 도중에 화를 내도 무방하다'고 말했다. 협상상대방이 까다롭게 나오는 이유이기도 하다. 영업사원이 만나는 고객 중에는 유난하게 자신의 입장(구매자)을 강조하면서 까다롭게 협상에 임하는 실무자가 많다. 이들은 영업사원을 구슬려서 자신이 원하는 무엇인가를 얻기 위한 작전을 펴는 것이다. 이렇게 까다로운 고객을 대할 때는,

1) 상대의 반응을 개인적으로 받아들이지 말고, 감정적으로 반응하지 마라.

2) 만반의 준비를 하라. 언제나 고객이 우호적으로 나온다는 기대를 하지 마라. 만일의 사태에 항상 대비하여야 한다.

3) 협상 진행을 서두르지 말고 여유를 가져라.

4) 속도를 늦추어라.

5) 우회하는 법을 배워라.

　－상대방이 받는 압력을 이해하라.

　－상대방의 걱정거리를 인정하라.

　－상대방의 체면을 세워주라.

6) 상대가 분노를 하면

　－분노의 이유를 찾아내라.

7) 상대방이 당신의 제안에 모멸감을 느낀다면

　－모멸감을 주지 않는 것이 무엇인지를 알아내라.

8) 고객에게 '당신도 너무 많이 요구하는 것에 대해 심정이 불편할 겁니다. 지배적인 위치에 있다고 우리를 그렇게 구석으로 몰고 있습니다. 어떻게 우리에게 이럴 수 있지요?'라고 하면

　－주제, 문제, 현안에만 집중하라.

9) 상대방이 어쩔 줄 몰라 함(자신의 업무와 문제 때문에) '상대방은 당신이 문제를 해결해주기를 바라면서 당신의 적절한 대안을 바란다.'

　－이 역시도 상대방이 구사하는 협상전술이다.

　－그들을 이해하라.

　－사태가 진정될 때까지 기다려라.

10) 상대방이 당신의 능력 혹은 경력을 칭찬하면서 아부한다. '하루 종일 협상을 하면서 상당히 많은 부분에 대해서 합의를 이룬 것은 당신의 능력 때문인 것 같습니다. 조금만 더 양보하면 협상이 마무리될 것 같은데… 어떻습니까?'라고…

　－이는 당신으로부터 양보를 얻기 위함이다.

　－고맙다고 하면서 현안에 집중하도록 하라.

책략 8. 마누라 핑계를 대라 – 상사를 이용하라

협상에서 협상 테이블에 없는 누군가를 활용하는 것은 아주 유용한 협상기술이다. 상사 핑계를 대거나 조직의 허락을 받아야 한다는 것을 강조하면서 상대의 반응을 살피고, 자신이 받는 압박에서 벗어날 수 있는 유용한 방법이다. 이는 무능함을 나타내는 것이 아니다. 이 방법을 사용할 때 언급되는 누군가는 모호한 실체이거나 멀리 떨어진 본사 상급자(협상 상대방은 연락할 수 없거나 접촉이 불가능한)가 좋다. 그리고 협상 테이블에 있는 영업사원이 결정권을 갖고 있음을 상대가 모르게 해야 한다. 가끔은 부하를 언급하는 것도 좋은 방법이다. 자존심 때문에 이 방법을 사용하는 데 주저해서는 안 된다.

이 책략을 사용하는 데 적절한 때는 거래조건이 일정한 기준(영업사원의 목표 달성)에 부합되어야 함을 주장을 필요가 있을 때, 협상 테이블에 없는 어떤 조건의 수정 또는 그 조건이 포함되어야 할 때, 제안을 바꾸거나 결정을 내려야 할 때이다. 영업사원은 이 책략을 사용함으로써 자신의 무능을 드러내는 것이 아님을 알아야 한다. 유능한 영업사원들은 자신이 결정을 하지 못하고 조직 또는 상사 핑계를 대는 것을 자신의 협상목표 달성을 위해 적극적으로 활용한다.

이 책략을 통해 얻을 수 있는 이익으로는

1) 상대를 자극하지 않으면서 압박을 가해 상대의 제안을 수정하도록 유도할 수 있다.

2) 상대의 균형감각을 흩트려놓을 수 있다.

3) 상사 등의 누군가를 언급함으로써 당장 결정을 내려야 하는 부담에서 벗어날 수 있다.

4) 더 좋은 조건을 요구할 수 있다. 상사의 허락을 받기 위해서 무언가를 가져가야 하는데 이를 보다 쉽게 요구할 수 있다.

5) 상대를 경쟁상황으로 넣을 수 있다. 이것 때문에 구매실무자가 '부장님께서 다른 기업의 제안을 받았을지도 모르기 때문에...' 하면서 영업사원을 압박하는 용으로 종종 사용한다.

상대가 이 책략을 사용할 때 대응할 수 있는 적절한 방법으로는

1) 선수를 친다. 상대가 결정하지 못하는 이유를 확인하면서 상대가 이 책략을 사용하지 못하도록 한다. '무엇 때문에 결정을 하지 못하는지?'를 묻는다.

2) 상대의 자존심을 약간 건드린다. 협상상대가 권한을 갖고 있는지를 판단할 수 있는 간접적인 방법이다. '그렇지만 부장님께서도 당신의 의견을 따르지 않습니까?'라는 질문을 하면서 상대의 반응을 살피는 것이다.

3) 보험을 들어놓는다. 상대가 상사 핑계를 대면서 새로운 제안을 요구할 때 '그렇다면 상사에게 적극 추천해주실 겁니까!'라는 물음으로 상대의 구두 약속을 받아낸다. 하지만 이 방법은 그리 유용하지 않다. 상대방의 약속이 얼마만큼 실행될 것인지를 모르기 때문이다.

4) 조건부 마무리를 한다. 협상상대방이 상사 핑계를 대면서 결정을 미루거나 협의 중인 조건의 수정을 요구하면 'If~ 법'을 활용한다. 다른 조건의 양보, 수정, 타협, 교환을 요구하면서 상대의 반응을 살핀다.

5) 다단계 상사수법을 이해하라. 영업사원이 협상을 하고 있는 구매실무자의 상사를 만난다면 대부분의 영업사원은 이 상황을 부정적으로 받아들인다. 즉, 구매실무자와 협상을 하는 것보다 더 부담을 가지면서 상대에게 강한 제안을 하지 못할 것이라는 판단을 한다. 그리고

상대의 제안을 수용할 수밖에 없을 것이라고 지레 겁을 먹는다. 구매
실무자보다 그 상사는 직급이 높은 만큼 더 많은 권한을 갖고 있다. 이
를 잘 활용하면 오히려 실무자보다 더 유리한 조건으로 협상을 마무리
할 수도 있다. 그리고 구매실무자가 영업사원의 상사를 만나려는 시도
는 가급적 사전에 차단하는 것이 좋다.

6) 체면을 살려준다. 상대방이 결정하지 못하거나 결정에 부담을 갖
고 있다고 판단되면 '일단 상사에게 보고해보는 것이 어떻겠는가? 허
락을 받을 수도 있지 않겠는가?' 하면서 상대의 책임에 대한 부담을 가
볍게 해준다.

책략 9. 정면대결을 피하고 협박에 대처하라

협상은 갈등의 해결과정이다. 영업사원이든 구매실무자든 자신에게
유리한 조건으로 거래를 하려고 한다. 따라서 이를 해결하는 과정인
협상에서 힘을 갖고자 협박을 하거나 감정적으로 반응함으로써 상대
를 압박하기도 한다. 특히 영업사원은 구매실무자의 이러한 책략에 쉽
게 흔들려서는 안 된다. 구매실무자가 이렇게 나오는 이유는 영업사원
을 압박해 더 많은 것을 얻으려는 데 목적이 있다. 따라서 상대가 이렇
게 나올 때는,

1) 협박에 흔들리지 말고 의연하게 대처한다. 상대가 감정적이 되고
영업사원을 압박하면 심호흡을 하고 차분하게 대응한다. 상대가 감정
을 모두 쏟아내도록 한다.

2) 감정적이 되지 말고 원인을 살핀다. 상대가 감정적인 반응을 보인
다고 영업사원이 맞대응을 해서는 안 된다. 왜 감정적이 되었는지 원

인을 살핀다. 필요하다면 조용히 상대에게 물어본다.

3) 사실과 증거로 설득한다. 감정적인 상대에게 대응하는 방법 중 하나는 거절할 수 없는 사실과 증거를 보여주는 것이다.

4) 상대의 입장을 이해하고 있다는 것을 알리고 현안에 집중한다. 협상에서 상대가 받는 압박을 이해한다는 것을 보여주라. 그리고 그 압박에서 벗어나기 위한 방법으로 현안에 집중하는 태도를 보인다.

5) 상대가 원하는 것이 무엇인지를 묻는다. '어떻게 하면 좋겠는가? 무엇을 바꾸고 싶은가? 협상이 어떻게 전개되기를 원하는가? 문제를 논의하기 전에 분명히 해두고 싶은 것이 있는가?' 등을 물으면서 상대를 협상 테이블에 집중하도록 하라.

6) 공동의 목표를 강조한다. 협상의 성공을 통해 상대가 얻는 이익을 강조한다. 이제까지 합의된 사항을 언급하면서 협상의 타결이 의미가 있다는 것을 알린다.

7) 사과하라. 혹시 협상 진행 중에 상대를 불쾌하게 한 행동이나 태도가 있었다면 사과하라.

책략 10. 가격만이 협상의 대상은 아니다. 모든 것은 협상이 가능하다

영업사원은 고객과 협상을 할 때 파이를 키우는 법을 활용해 협상의 성과를 올릴 수 있어야 협상의 결과인 마진수준을 확보하기 위해서라도 이 방법을 적절하게 활용하는 것이 중요하다. 많은 영업사원들은 고객과 협상할 때 가격만을 다루려 한다. 즉, 가격합의가 협상의 모든 것이라고 믿고 행동한다는 것이다. 물론 가격조건은 협상의 성과에 직접적인 영향을 미치는 가장 중요한 조건이다. 하지만 가격 하나에만 얽매여서는 파이를 키울 수 없게 된다. 가격이라는 하나의 파이를 두고 협상을 전개하는 것은 많은 어려움에 봉착하게 된다. 이는 고정된 파이를 나누는 방법밖에 활용할 수 없게 되는 것이다.

영업사원은 협상의 파이를 키우기 위해서는 다양한 거래조건을 두고 고객과 협상을 전개할 수 있어야 한다. 거래의 성과와 계약의 이익 수준에 영향을 미치는 다양한 조건들을 활용해 목표마진을 확보하기 위해 노력하는 것이 영업사원에게 유리한 결과를 얻을 수 있기 때문이다. 고객은 가격에만 절대적인 기준을 갖고 있지 않다. 이 사실 또한 영업사원이 적극 활용해야 하는 사실이다. 고객 입장에서 거래상황과 거래조건에 대해 우선순위와 중요도가 다를 수 있다. 이 사실을 토대로 영업사원은 다양한 거래조건을 협상 테이블에 올려놓고 하나씩 또는 패키지로 협상을 전개하는 것이 필요하다.

협상 테이블에 올려진 거래조건들이 많아야 앞에서 알아본 협상의 전략을 효과적으로 활용할 수 있게 된다. 그리고 다음의 사실을 기억하고 협상에 활용하면 좋겠다.

1) 동일한 제품이라도 사람에 따라 기대하는 가치가 다르다.
2) 고객들은 영업사원이 취급하는 제품의 가치를 구매하는 것이다.
3) 영업사원이 고객에게 베푼 어떤 양보(서비스)도 그 가치는 빠르게 하락한다.
4) 고객에게 양보할 때는 그에 상응하는 양보를 요구해야 한다.
5) 고객은 영업사원이 제안하는 가격에 대한 영업사원의 자신감을 시험한다.
6) 고객에 따라서 가격을 깎는 것이 취미인 사람도 있다.
7) 고객이 말하는 '가격이 비싸다'란 말은 고객의 진심이 아니다.

8) 모든 거래가 가격 하나만으로 이루어지지 않는다.

9) 협상에는 다양한 거래조건이 있다.

10) 가격은 협상의 여러 변수(의제) 중 하나이다.

책략 11. 양보는 양보를 부른다. 양보의 허구를 극복하라

영업사원이 고객의 양보를 기대하면서 거래조건의 양보를 먼저 하면 고객이 거기에 상응하는 양보를 해주는 경우는 거의 없다. 오히려 영업사원의 양보를 새로운 기회로 생각해 더 많은 양보를 요구한다. 양보는 상대의 양보를 보장하지 않는다. 선의에서 해준 양보는 상대를 부드럽게 하기보다는 더욱 강경하게 만든다.

따라서 영업사원은 고객의 협상의지를 확인하고 합의가 필요한 거래조건을 모두 발굴하기 전까지 양보를 해서는 안 된다. 고객이 계속 양보를 요구하면 그 양보와 교환할 수 있는 다른 조건을 제안하는 것이 좋다.

책략 12. 고객의 문제를 떠안지 마라

구매와 관련되어 고객은 해결할 문제들을 갖고 있다. 이 모든 문제를 한마디로 정의하면 구매비용을 줄이는 것이다. 자신에게 모든 거래조건을 유리하게 하는 것이 고객의 입장에서는 구매비용을 최대로 줄이는 것이다. 때로는 이 문제에 대한 해결책을 영업사원에게 부탁하기도 한다. 가장 일반적인 문제가 "돈이 부족하다", "예산에 여유가 없다", "물건을 급히 보내주세요. 그렇지 않으면 생산라인이 멈추게 됩니다" 등이다. 이런 말을 하면서 자신들의 문제를 영업사원이 해결(가격을 깎아주는)해주기를 요청하거나 영업사원 스스로 알아서 해결안을 제안해주기를 바란다.

영업사원은 고객의 문제에 대해 함께 고민은 하되 그 문제를 자신이 혹은 회사가 해결해주겠다는 말을 해서는 안 된다. 가장 좋은 방법은 고객의 문제는 고객이 해결하도록 하는 것이다. 하지만 이렇게 고객의 문제는 고객의 것이라는 생각을 하게 되면 앞으로 협상의 진전과 비즈니스 파트너로서의 관계 형성에 한계에 부딪히게 된다. 고객이 자신의 문제를 해결해달라고 하거나 그것을 장애물로 강조할 때는,

1) 협상의 의지를 확인하라. 영업사원이 만나는 고객들 중에는 구매의사도 없이 자신의 문제를 이야기하기도 한다. 거래 혹은 구매의지가 없는 상대는 협상에 진지하게 임하지 않을 뿐 아니라, 없는 문제도 만들어 과장하기도 한다.

2) 진의를 파악하라. 고객이 거래를 하지 않으려는 것인지, 아니면 영업사원의 반응을 살피기 위한 것인지를 파악해야 한다. 고객이 거래를 통해 얻는 이익을 강조하면서 고객의 반응을 살핀다.

3) 공동의 문제로 만들어 해결안을 고민하라. 고객이 진짜로 거래와 관련된 문제가 있다는 것을 파악하였다면 그 문제를 공동의 문제로 만들어 함께 해결책을 고민하는 것이 좋다. 이 문제가 제대로 해결된다면 거래 성사뿐 아니라 고객과의 관계 형성에도 많은 도움이 될 것이다.

4) 상응하는 대가를 요구하라. 고객이 가진 문제를 해결해주었다면 그에 상응하는 대가를 요구하는 용기가 필요하다. 제안한 문제 해결이 어느 정도의 가치가 있는지를 고객에게 명확하게 알려주라.

책략 13. "If~ 법"을 최대로 활용하라

이는 협상전략 중 가장 많이 활용하는 전략이자 협상기술이다. 고객의 어떤 요구에 대해서도 다른 조건과의 교환을 역으로 제안하는 것이다. 고객 역시 자신의 제안을 영업사원이 받아준다면 무언가 대가를 지불할 준비를 하고 있다. 영업사원은 이를 요구하는 것이다. "만일 저희가 가격 3% 할인을 수용한다면 물량을 늘릴 수 있는지요?", "가격을 깎아드리면 무엇을 해주실 수 있는지요?" 하면서 상대로 하여금 선택의 기회를 준다. 영업사원은 이 기술을 활용하기 위해 거래와 관련되어 고객으로부터 얻으면 좋은 다양한 조건들을 사전에 준비해두어야 한다. 고객이 어떤 것을 준비하고 있는지를 파악하면 훨씬 좋다.

책략 14. 거절할 수 없을 때는 조금씩 챙겨라

상대의 제안을 거절할 수 없거나 상대가 영업사원의 제안을 거절할 수 없을 때 조금씩 양보 혹은 덤을 얻는 기술이다. 영업사원은 이 기술을 적절하게 활용할 수 있어야 한다. 덤을 얻거나 주는 것은 협상상대를 유연하게 만들고 상대가 이전에 수용하지 않은 조건들을 수용하게 하는 효과가 있다. 마지막에 혹은 중요한 조건에 대해 합의한 후 곧바로 상대적으로 덜 중요한 조건을 덤으로 요구하는 것이다.

영업사원이 활용할 수 있는 덤 얻기에 대해 알아보자. 덤은 협상의 마지막 순간, 마감 전에 얻어내는 작은 양보를 말한다.

따라서 덤을 얻는 시간·순간을 잘 포착하는 것이 중요하다.

1) 마지막 몇 분을 활용하여 다음의 답을 유도하라.

－그 정도는 끼워드리지요.

－그 점은 염려 마십시오.

－그 부분은 우리가 맡지요 등의 말을 끌어내라.

2) 다음의 말을 통해 상대의 덤을 얻어내라.

－이 정도는 허락을 해주시는 것이지요.

－저희가 __을 기대해도 되겠습니까?

－그럼 __은 없었던 것으로…

3) 투자비용, 심리적 불안감(협상에 많은 시간 소비와 성공과 실패의 부담), 손실의 압박감을 이용한다.

－지금까지 잘 진행되어서 다행입니다. 그간의 시간과 들인 공을 생각해 __은 저희 안으로 하는 것으로 하지요.

4) 덤을 요구하는 기술

－요구할 만한 몇 가지 덤을 선택한다.

－협상의 끝 부분에 가서 거래에 대한 염려를 표현하면서 사전작업을 한다.

'이 거래가 성사되면 제 인사고가에 부정적인… 그래서 __라도 주시면…'

'대단한 협상가입니다. 저를 완전히…, __만 주신다면 기꺼이…'

'자, 이렇게 합시다. 제게 __을 주신다면 계약을 하도록 하겠습니다.'

－덤을 쉽게 포기하지 말되 필요하면 기꺼이 제외시켜라.

－무리한 덤으로 욕심을 부리지 마라.

－하이라이트 '딱 한 가지만 더…'

책략 15. 양보에도 원칙이 있다

영업사원이 만나는 고객은 항상 양보를 요구한다. 영업사원이 더 이상 물러설 여유가 없을 때에도 고객은 양보를 원한다. 이러한 상황에 처해본 영업사원들은 스스로의 한계에 부딪혀 많은 어려움을 겪는 것이 사실이다. 그렇다고 양보를 하지 않을 수도 없다. 가장 좋은 것은 양보를 하지 않는 것이지만…

영업사원이 이러한 수렁에 빠지지 않기 위해서는 몇 가지 원칙이 있다.

1) 미리 양보를 함으로써 협상의 여지를 스스로 좁혀서는 안 된다.
2) 고객이 영업사원에게 협상의 여지가 있다는 것을 알도록 해서는 안 된다. 고객이 가진 기대심리를 작게 만들어야 한다. 이를 위해 고객에게 양보할 때는 ① 양보의 폭을 불규칙하게 한다. ② 뒤로 갈수록 양보의 폭을 작게 한다. 만일 10,000원을 양보한다면 2,500-2,200-1,950-1890, …으로 양보하는 것이다.
3) 딴청 부리기를 통해 양보요구의 여지를 없앤다.
   - 이 방법은 매우 단순하다.
   - 고객의 상황, 스타일에 맞춰라 - 공격적으로 하지 마라.
   - 훌륭한 출발이다. "좋습니다. ○○○원은 제가 준비한 것보다 많군요. 가격을 절충할 수…"
   - 예민한 상황에도 가능하다.
   '머리를 맞대고 생각해봅시다.'
   '여기서 ___문제를 어떻게 처리하면 좋을까요?'
   - 당신이 잘 모를 때도 통한다. 당신의 정보 부족, 오리무중 상태를 숨길 수 있다.

−인정해주라. 그리고 요구하라.

"참 좋은⋯ 얼마나 공을 들이신 것인지⋯ 그렇지만 제가 준비·생각한 것보다 가격이⋯ 어느 정도는 융통성이 있겠죠?"

"감사합니다. 좋은⋯ 제가 드릴 수 있는 가격은⋯"

"가격이 여전히 부담이⋯ 좀 더 이야기를⋯"

−상대의 제안수준에 따라 역제안을 하라.

−늘 활용하라.

−협상 실무자 모두에게 좋은 전술이다.

"우리와 맞지 않은 것 같다" 등등 정중하게 거절한다.

−훌륭한 훈련도구다.

"얼마나 깎아주실 수 있나요?", "아직도 예산 초과네요?", "충분하지 않네요?"

책략 16. 상대방의 체면을 세워주라

사람들에게 체면은 자존심과 같다. 자존심에 상처를 주는 사람과는 누구도 좋은 관계를 맺지 않는다. 영업사원은 협상 테이블에 앉아 있는 고객의 체면에 부정적인 자극을 주어서는 안 된다. 권한이 제한된 상대에게 권한 이상의 결정을 요구하면서 밀어붙이는 것은 상대로 하여금 더욱 마음을 닫고 협상 테이블에서 불안감을 갖도록 하는 것이 된다.

고객이 영업사원의 제안을 받아들이도록 하기 위해서는 그에 합당한 명분을 주어야 한다. 영업사원이 제안한 수준에 대해 구매담당자가 결정하지 못해 망설인다면 1) 마지막 순간에 약간의 양보를 해주면서 고객의 제안 수용의 명분을 만들어준다. 2) 결정을 종용하지 말고 결정

권한을 갖고 있는 내부 누군가와 협의할 시간을 준다. 특히 상대방이 자신의 상사 혹은 조직 핑계를 댈 때 '일단 보고해봐라'라고 하면서 상대의 반응을 살핀다. 이때에는 1)번의 약간의 양보(고객이 원하는 조건의 수용)를 하면서 활용하면 효과가 더욱 올라갈 것이다. 3) 상대의 제안을 수용하는 대가로 상대에게 부담이 되지 않는 조건(상대가 기꺼이 줄 수 있는, 영업사원에게는 도움이 되는)의 양보를 요구한다.

만일 협상상대인 고객이 영업사원의 체면을 자극하는 말("그 정도의 권한도 없이 영업을 하십니까?")을 하면서 영업사원의 자존심을 건드릴 때는 조직 핑계("예, 회사 방침이 그렇습니다")를 대면서 감정적인 흔들림을 이겨내야 한다.

책략 17. 외양에 흔들리지 마라

으리으리하게 빛나는 사무실, 아무도 없는 조용한 복도, 고가의 양복과 시계, 엄청나게 크고 화려한 회의실, 명함에 선명하게 드러나는 직위, 고급 차, 경비원의 까다로운 질문, 전화를 받는 목소리의 엄중함, 출입증이 없이는 들어가기 어려운 정문, 회의실 또는 로비에서 장시간 기다리게 하는 것, 낮은 위치에 있는 영업사원의 자리, 협상을 방해하는 직원들, 회의실이 아닌 공개적인 자리에서 대화를 하자고 하는 것, 빈번하게 들어오는 전화 메시지 또는 직원의 보고 등 모든 것은 영업사원을 곤란한 상황에 빠뜨리기 위한 작전이다.

고객과 협상하고자 하는 영업사원은 이러한 외부자극에 흔들려서 협상에 대한 집중력을 떨어뜨려서는 안 된다. "반짝인다고 모두 금이 아니다." 상대방이 과도한 과시를 하거나 과장된 행동을 할 때 그것에 의연하게 대처할 수 있어야 한다. 굳이 그 상황에 대한 것들을 언급(화려함에 대한 칭찬 등)하지 마라.

　만일 상대방이 당신을 휴게실이나 회의실에 오래 기다리게 하면 그냥 기다리지 말고 회사, 다른 고객, 집으로 전화 거는 모습을 보여주라. 고객사의 회의실 또는 휴게실에 있는 잡지를 집어 들지 마라. 굳이 책을 읽으려면 준비해간 책을 꺼내 읽어라. 상대방의 직위가 높다면 그것에 기죽지 말고 높은 직위를 결정권이 있다는 것으로 받아들이고 이를 활용해 빠른 결정을 유도할 수 있어야 한다.

가격협상을 잘하는
14가지 방법

Chapter 8. 가격협상을 잘하는 14가지 방법

　영업사원들에게 있어 가장 중요하고 어려운 상황이 고객과 가격을 두고 협상하는 것이다. 어쩌면 영업사원들에게 협상이란 곧 가격협상일 것이다. 가격협상을 잘하기 위해서는 지금까지 알아본 모든 협상기술이 필요할지도 모른다. 따라서 다음의 방법을 활용해 고객과의 가격협상에 임하는 것이 좋다.

① 가격협상의 준비

　고객과 가격협상을 원만하게 진행하기 위해서는 다음의 원칙들을 기억하는 것이 유용하다.

　1) Anchoring **효과를 활용하라**. 이는 초기 제안을 과감하게 하라는 것이다. 영업사원은 절대로 미리 깎아주지 말아야 한다. 과감하게 제안을 함으로써 협상의 여지를 많이 확보하는 것이 필요하다. 가격협상에

서 영업사원이 가장 쉽게 그리고 많이 하는 실수가 상황을 미리 상정하고 좋은 사람이 되려는 마음과 함께 협상의 여지를 줄이는 것이다. 고객은 영업사원이 어떤 수준으로 제안을 하든 항상 협상의 여지가 있다고 믿는다. 그래서 영업사원의 제안에 항상 역제안(더 많이 깎아달라는)을 한다. 그리고 협상은 어떤 조건, 어떤 상황에서든 타협, 양보, 교환 등의 전술을 활용해 조건들에 대한 합의를 이끌어내는 활동이다. 이러한 활동을 통해 고객 역시 영업사원의 제안을 그대로 수용하지 않고 자신이 유리(가격을 일정 부분 깎았다는 결과)하게 협상을 마무리하였다는 승리감을 줄 수 있는 방법이기도 하다.

2) **많이 아는 사람이 이긴다.** 정보를 수집하고 활용하라. 협상상대인 고객의 협상권한, 시간적인 한계, BATNA의 존재 여부와 선택 가능성, 구매를 하려는 이유, 구매를 통해 얻는 이익, 기타 협상상황에 대한 정보를 수집하고 적극 활용할 수 있어야 한다. 영업사원은 협상에 임할 때 활용할 수 있는 정보를 고객을 처음 선정하는 순간부터 수집해야 한다. 고객 개인의 성격, 조직 내 위치와 목표, 개인의 업무 스타일까지도 파악하고 잘 정리해두어야 한다.

3) **고객의 요구수준을 완화하는 방법을 활용하라.** 첫 번째 원칙이 여기에서는 반대로 적용된다. 고객이 협상에서 자신의 요구수준을 제안할 때 그 제안수준은 고객의 희망수준이다. 얼마든 변경이 가능하다. 영업사원은 이 사실을 철칙과 같이 믿어야 한다. 교환, 양보, 타협 등 협상전략을 활용하면서, 장기적인 관계를 강조하거나 인간적인 친밀감을 활용하거나, 고객이 예상하지 않은 덤을 제공함으로써 고객 스스로 자신의 요구수준을 낮추도록 하는 것이 필요하다. 거래를 지연

하거나 가격이 합의되지 않아 협상이 결렬될 때 고객이 입을 손해를 강조하는 것도 하나의 방법이 된다.

4) **미리 대비하라.** 영업사원은 항상 가격협상에 대비하여야 한다. 협상에 임하는 고객 중에는 영업사원의 초기 제안을 그대로 수용하는 경우가 거의 없다. 어떠한 이유로든 고객은 가격을 깎아달라고 한다. 설령 마음속으로 합리적인 가격이라고 생각을 해도 습관적으로 "비싸다", "돈이 부족하다", "깎아달라"고 한다. 영업사원은 고객의 이러한 제안에 어떻게 대응할 것인가를 늘 준비해야 한다.

5) **고객의 요구와 교환할 수 있는 다양한 의제를 개발하라.** 가격협상의 가장 좋은 전략은 교환전략이다. 고객이 요구하는 가격할인과 동일하지는 않더라도 영업사원에게 유리한 조건을 개발해 가격할인에 대한 교환을 제안할 수 있어야 한다. 파이를 키우기 위한 최선의 방법이다.

6) **가격을 깎아주는 것에 대한 보상을 요구하라.** 이는 고객에게 추가덤을 요구하는 것이다. 고객이 준비한 선물을 챙기는 것이다. 고객은 자신이 목표로 하는 가격을 깎기 위해 영업사원에게 양보할 조건들을 다수 준비한다. 이에는 선금을 주는 것, 원자재를 대신 구매해주거나 원자재 구입비를 미리 주는 것, 새로운 가망고객을 추천해주는 것, 마케팅 참여기회를 주는 것 등 다양한 선물들이 있다. 영업사원은 가격협상 하나에 집착해 시각을 좁히지 말고 넓은 시각으로 상황을 분석해 가격협상에 임할 수 있어야 한다.

7) **진짜 이유를 찾으라.** 고객이 가격을 깎아야 하는 진짜 이유를 찾

아야 한다. 가격이 진짜 문제가 되는지 확인한다. 가격 외 합의가 필요한 다른 중요한 조건이 있는지를 확인하는 것이다. 가격협상에 본격적으로 임하기 전 합의가 필요한 다른 조건이 있는지를 확인할 필요가 있다.

8) **가격이 비싸다는 것은 주관적인 판단이다.** 가격이 비싸다는 것은 고객의 개인적인 판단이다. 누군가에게는 영업사원이 제안한 가격이 적절할 수도 있고, 기대 이하일 수도 있다. 영업사원은 어떤 경우든 자신이 제안하는 가격을 객관화시켜 비싸다는 선입견을 가져서는 안된다. 영업사원 스스로 가격이 비싸다는 판단을 하지 마라. 가격은 협상의 대상이지 미리 깎아주는 대상이 아니다.

9) **가치를 강화하고 비즈니스 이익을 강조하라.** 결국 고객이 영업사원과 협상에 임하는 것은 영업사원이 제안한 제품과 서비스가 필요하다는 것을 의미한다. 고객은 자신이 가진 니즈를 충족하고 문제를 해결하기 위해 상품과 서비스를 구매하는 것이다. 영업사원은 고객과 협상할 때 거래의 가치를 기회가 될 때마다 강조할 필요가 있다. 그래서 고객 스스로 자신의 제안을 철회하거나 제안수준을 낮추도록 할 수 있어야 한다.

② 가격협상을 잘하는 14가지 방법

영업사원이 고객과 가격협상을 할 때 활용할 수 있는 방법으로는 다음의 것들이 있다. 협상상황과 고객의 태도, 자사의 상황, 시장과 경쟁

상황 등을 고려해 필요할 때 다음의 방법을 적절하게 활용할 수 있어
야 한다.

1) 시간 작전법

이는 고객이 가진 시간적인 한계, 즉 데드라인을 활용하는 것이다.
고객은 자신이 필요할 때 구매를 한다. 이 구매시기를 파악해 조급함
을 보이지 말아야 한다. 어떤 고객이든 영업사원을 위해 영업사원이
원하는 때에 구매하지 않는다. 고객이 가진 구매시기를 파악하기 전에
미리 깎아주지 마라. 고객이 협상을 요구하면 협상에 임하면서 다양한
방법으로 구매시기를 파악해야 한다. 영업사원이 가격협상을 할 때 시
간을 전략적으로 활용하기 위해서는 몇 가지 파악해야 하는 정보가 있
다. 이 정보에는 고객의 구매계획 여부, 구매시기, 구매 프로세스, 구매
권한이다. 위의 4가지 정보를 확인해 고객의 구매업무계획에 맞는 활
동을 하는 것이 필요하다. 고객이 영업사원을 위해 영업사원이 원하는
때에 원하는 만큼의 양을 구매해 주지는 않는다. 영업사원은 오늘 만
나는 고객과 오늘 이 자리에서 거래를 성사하고 싶은 마음이 있지만
고객은 자신이 필요할 때 필요한 만큼 구매한다. 따라서 영업사원은
고객의 구매시기가 가까워지기 전에 성급하게 계약을 받으려는 마음
을 갖지 않아야 한다. 대신 고객의 선택 가능성을 올리는 다양한 접근
법과 영업활동을 하는 것이 좋다. 구매시기가 다가오면 고객이 먼저
협상을 제안하거나, 가격을 묻거나, 견적서 제출을 요구할 것이다.

2) 규칙 문서법

규칙은 힘을 갖고 있다. 규칙은 고객의 가격할인 요구를 완화할 수 있는 좋은 무기이다. 전례, 규칙 문서를 만들어 고객이 인식하도록 해야 한다. 회사의 방침임을 강조하는 것도 좋은 방법이다. 모든 고객이 이 방법에 흔들리지 않더라도 누군가는 흔들릴 것이다. 말로만 규칙을 강조하기보다는 문서로 된 규칙을 보여주는 것이 더 효과가 좋다. 고객이 영업사원의 권한 부족을 이야기하면서 영업사원의 자존심을 건드릴 때에도 "회사의 방침이다"라는 말로 대응하는 것이 현명한 방법이다. 상품을 판매하는 상점이나 가게에 '정찰제'라는 단어를 크게 써 붙여놓는 것이 이 방법을 활용해 고객들의 흥정이나 가격을 깎아달라는 요구를 사전에 없애기 위한 작전이다.

3) 점진 합의법

어떠한 일이 있더라도 영업사원이 협상을 결렬시켜서는 안 된다. 가격협상의 진전이 없을 때는 가격 외 다른 조건들의 합의를 먼저 시도하는 것으로 협상을 전개할 필요가 있다. 그리고 어떠한 경우든 협상이 계속되도록 해야 한다. 작은 조건이든 합의된 조건의 수가 많을수록 고객 역시 협상을 쉽게 포기하지 못한다. 협상에 임하기 전에 다양한 거래조건을 개발해놓아야 이 방법이 유효하다.

4) 중간 타협법

서로 팽팽하게 맞서고 있는 쟁점의 중간지점 어디에서 합의를 시도하는 것이다. 타협을 할 때에도 요령이 있다. 상대의 타협안을 먼저 끌어내는 것이 유리한 경우가 많다. 예를 들어, 고객은 5%를 깎아달라고 한다. 영업사원은 2%를 깎아줄 수 있다고 한다. 서로의 제안이 팽팽해 진다. 이때 누가 타협안을 어떻게 제시하는 것이 좋을까? 만일 영업사 원이 먼저 타협안으로 "그럼 제가 3.5%까지 양보를 할 테니 타협을 하 자"라고 제안하였다면 2~5%였던 협상 가능 범위가 3.5~5%가 된다. 만일 고객이 먼저 타협안으로 3.5% 제안을 하면 협상 가능범위는 2~ 3.5%가 된다. 따라서 타협안을 제안하는 순간 협상 가능 범위가 어느 한쪽이 유리하게 바뀐다. 만일 영업사원이 먼저 타협안을 제안해야 할 때는 3.5%가 아니라 2%에서 약간 양보한 수준으로 타협안을 제시하면 서 상대의 반응을 살피는 것이 좋다.

5) 업계 관례법

업계의 상식과 관례를 이용해 객관성을 높이는 것이다. 영업사원의 제안수준이 업계의 관례이고, 다른 기업들 역시 이 조건으로 계약하였 음을 강조하는 것이다. 모든 산업에는 그 나름의 관례가 있다. 전자제 품의 서비스 기간이 1년이라는 것이 그 사례이다. 관례를 깨는 것은 심 리적으로 부담을 갖게 된다.

6) 발 들여놓기 법

고객으로 하여금 긍정적인 답을 많이 유도해 가격 요구수준을 낮추 는 방법이다. 자신이 동의한 내용에 대해서는 쉽게 거절하지 못하는 심리를 활용하는 방법이다. 부담 없는 조건에 대해 합의 혹은 긍정적 인 답을 많이 유도하거나, 상품의 가치에 대한 긍정적인 반응을 많이

끌어낼수록 가격에 대한 저항이 줄어든다. 고객의 매몰비용을 높이는 것도 하나의 방법이다.

7) 비금전적인 양보

고객이 가격을 깎아달라고 하는 것은 자신의 구매비용을 줄이기 위해서이다. 따라서 영업사원은 고객의 구매비용을 줄일 수 있는 다른 조건들을 제안하거나 양보를 해주어서 가격에 대한 요구수준을 낮추는 방법이다. 이 방법을 활용하기 위해서는 고객의 구매비용 전체를 파악하고 활용할 수 있어야 한다. 가장 많이 활용하는 것이 덤을 주는 전략이다.

8) 손사래 치기 법

고객의 제안내용을 듣고 과도한 엄살을 피우는 것이다. 엄살의 수준에 따라 고객의 마음을 흔들 수 있다. 이 방법은 영업사원의 자존심을 깎아내리는 것도 아니다.

9) 실수노출법

의도적인 실수로 조건의 수용 혹은 조건을 강경하게 고수하는 방법이다. 이 실수를 경험이 일천한 조직 내 누군가가 저질렀다는 것을 강조한다. "견적서 작성에 실수가 있었습니다. 가격이 1,250원인데 실수로 1,240원을 적었습니다. 죄송합니다. 여기 새로 1,250원으로 수정된 견적서가 있습니다"라고 하면서 제안한다. 이때 고객이 놀라면서 "내부적으로 검토를 끝냈습니다. 우리는, 1,240원으로 구매하기로 결정을..."라고 말하면 마지못해 수용해주라. 영업사원의 실제 목표가격은 1,240원이다.

10) 선금법

고객이 지불할 구매비용의 일부는 선금으로 또 일부는 중도금으로 나머지는 잔금으로 결제하도록 유도하는 방법이다. 결제에 대한 부담을 줄여주는 방법이고, 구매담당자 역시 영업사원과 협상할 때 준비하는 조건 중 하나이다.

11) 기정사실법

이미 고객이 구매하였다는 전제를 두고 제품을 먼저 보내는 것이다. 이미 제품을 받았기 때문에 가격할인의 요구가 약해진다는 심리를 활용하는 것이다. 이때 고객이 계약을 철회하겠다고 할 수도 있다. 이는 상당한 위험이 된다. 고객이 철회하면 제품이 중고품이 될 가능성이 있기 때문이다. 반대로 고객이 먼저 제품을 보내달라고 할 수도 있다. 즉, '가격은 나중에 이야기하기로 하고 물건을 먼저 보내달라'고 요청하는 것이다. 영업사원은 이러한 고객의 요청에 신중하게 대응하여야 한다. 모든 합의가 다 이뤄진 후에 제품을 보내는 것이 좋다.

12) 쿠션기법

영업사원은 고객의 어떤 제안에 대해서도 감정적인 반응보다는 부드럽게 대응하여야 한다. 완충역할을 하는 말(네! 충분히 이해합니다. 역시 그 부분이 중요하군요 등)을 적절하게 구사해 고객의 불편한 감정을 완화할 수 있어야 한다. 어떠한 경우라도 인정하고 공감하는 것이 좋다. 상대의 상황과 입장을 충분히 이해하고 있다는 것을 알려주면서 상대의 이면을 파악하거나 요구수준을 약화시키는 방법이다.

13) 감정자제법

영업사원 입장에서 고객과 협상할 때 감정적인 방응이나 태도를 보여서는 안 된다. 설령 고객이 감정적이 되더라도 의연하게 대처하고 현안에 집중하도록 해야 한다. 고객의 자극에 흔들리지 않는 태도를 보여줌으로써 전문가라는 인식을 줄 수 있으며, 감정적인 흥분이 없어야 합리적인 사고를 할 수 있다.

14) 조건변경법

가격협상의 가장 유용한 전술 중 하나는 고객의 요구조건을 어느 정도 수용하는 대가로 다른 조건의 양보를 요구하는 방법이다. 일명 "If~법"이라고도 한다. 협상전술 6개 중 교환전술을 적극 활용하는 것이다. 가끔 영업사원들은 이러한 교환을 제안하는 것이 어렵다고 한다. 또는 어떤 조건을 교환해야 하는지 모르는 경우도 있다. 어떤 조건을 교환할 수 있는지를 모르기도 한다. 협상에서 파이를 키우듯 협상에 임할 때 다양한 조건들을 사전에 찾고 상황에 따라 적절하게 교환카드로 활용할 수 있어야 한다.

부록 1. 협상실행 = Negotiation 진행 프로세스

1차 협상: 사전협상 시나리오

1. Anchoring을 내려라.
2. 고객을 초기 제안으로 설득하라.
3. 주어진 권한을 사용하라.
4. 차이를 발굴하라. 이 차이에는 합의가 필요한 거래조건의 종류(가격, 납기 등)과 각 조건의 제안 수준의 차이가 포함된다.
5. 정보를 수집하라－목표, 전략, 조건과 요구수준, 조건의 우선순위
6. 다음 약속을 받아내라.

2차 본 협상 준비 및 실행 시나리오

1. 정보 분석: 고객의 의제, 목표 파악
2. 협상쟁점 규명
3. 협상목표와 전략 수립
4. 정보 탐색－레버리지 강화를 위해
5. 실행
1) 분위기 조성
2) 어젠다 합의
3) 제안과 역제안
   정보탐색 및 레버리지 만들기
   상대의 역할과 권한
4) 마무리

부록 2 – 협상가의 행동지침

1. 협상에서 최악의 자세는 상대방의 첫 제안을 덥석 받아들이는 것이다.
2. 상대방을 기분 좋게 만들려고 하지 마라. 상대방과 다투어야 한다.
3. 상대방이 관여하고 있는 거래야말로 상대방이 기꺼이 생각하고 있는 일이다.
4. 불평만 나열하지 말고 해결책에 관하여 이야기하라.
5. 상대를 자극해서는 사태를 진정시킬 수 없다.
6. 상대방이 큰 양보를 요구할 때 항상 조심하라.
7. '머피의 법칙'에 면역성을 키워라.
8. '만일 ~이라면?' 이는 협상가가 가장 유용하게 사용할 수 있는 질문이다.
9. 어디에서부터 시작하고, 언제, 그리고 얼마쯤 양보해야 할까. 또한 협상을 성공 타결하기 위해 얼마쯤 버려야 할까는 기본적인 협상의 딜레마다.
10. 상대방은 우리의 제안에 대해 반드시 반대되는 반응을 보여야 한다. 그렇지 않다면 그는 가치 없는 사람이다.
11. 협상은 귀중한 시간을 소모하게 마련이다. 시간이 별로 문제가 안 될 만큼 가치 없는 협상이라면 다른 거래로 눈을 돌려라.
12. 양보의 문제에 있어서는 '스크루지'가 되라.
13. 협상에 있어 우리가 관대하다고 해서 그 관대함이 전염병처럼 상대방에게 옮겨지지 않는다. 쓸데없이 관대하지 마라.
14. 선의의 양보는 오히려 상대를 더욱 강하게 만든다.
15. 처음부터 신뢰성 있게 행동하여 상대방을 압도하라.

16. 처음부터 치고 나가는 것이 상대방의 기대감에 영향을 미칠 수 있다.

17. 상대방이 충격을 받을 만큼 가격을 후려쳐도 상대에게 신뢰감을 준다.

18. 말로 하는 것보다 문서로 꾸며놓은 편이 훨씬 위력적이다.

19. 협상 타결이 안 될 경우 양측은 각자 차선의 대안을 찾느라 비용을 유발하게 된다.

20. 상대방으로 하여금 먼저 제안하도록 만들어라.

21. 유능한 협상가일수록 첫 제안을 과감하게 하고 그 제안에 가능한 한 집착한다.

22. 유능한 협상가는 상대방에 대한 양보는 극히 제한시킨다. 협상이 결렬되는 것을 두려워하지 않는다.

23. 나약한 협상가일수록 첫 제안을 소극적으로 한다. 그는 협상이 깨질까 두려워한다.

24. 상대방에게 강한 모습을 보여야 한다. 상대방이 판매자이면 그를 있는 대로 짜야 하며, 구매자인 경우 단호히 '노'라고 대답한다.

25. 당신의 사업이 필요로 하는 사람들에게 가격할인을 해줘서는 안 된다.

26. 당신이 강하게 나가면 상대방도 강하게 나오리라고 생각하지만 그렇지 않다. 그는 의외로 약해져버린다.

27. 당신의 협상자세가 나약하다고 느끼면 강한 자세를 취해 얻을 수 있는 성과만큼은 갖기 위해 더욱 노력해야 한다.

28. 협상이란 주고받는 것이지 양보하는 것은 아니다.

29. 협상 테이블에서 양측은 각각 거부권이 있다.

30. 협상이란 양측에서 각기 자유의사로 합의할 수 있는 권한이 있음을 뜻한다.

31. 상대로부터 뭔가를 얻어낼 수 없다면 양보를 해서는 안 된다.

32. 어떤 것도 공짜로 주어서는 안 된다.

33. 손해를 양쪽에서 나눠서 부담하자는 그런 제안은 받아들이지 마라.

34. '공정'하다는 말은 '균등'하다는 말과는 분명 다르다.

35. 모든 제안을 할 때마다 '만약 ～이라면?'이라는 단어를 붙여라.

36. 상대방이 당신에게 뭔가를 얻어내고자 한다면 반드시 당신에게 그 대가를 치러야 한다고 인식시켜라.

37. 상대방의 요구조건에는 항상 비용이 따른다는 것을 인식시켜라.

38. 협상권한이야말로 협상에 있어 가장 중요한 요체이다.

39. 협상권한은 머릿속에 있다. 그 머리는 두 개이다. 하나는 당신 것이고 다른 하나는 상대방 것이다.

40. 상대방이 협상권한을 가지고 있다고 당신이 믿는다면 그는 진짜 협상권한을 가지고 있는 것이다.

41. 상대방의 권한을 시험해보지 않고 그 권한이 당연히 있는 것으로 믿는다면 상대방은 실제보다 더 많은 권한을 갖게 된다.

42. 협상에서 주고받는 모든 언행은 상대방으로 하여금 자신과 당신의 권한에 대한 인식을 자신이 의도하는 대로 끌고 가기 위해서다.

43. 경쟁상태가 아무리 심각하다고 해도 상대방이 주장하는 정도는 아니다.

44. 구매자들은 언제나 싼값을 원한다. 경쟁사들 중에서 가장 낮은 가격을 선택하면서도 더 이상 필요한 게 없다고 한다.

45. 판매자들은 언제나 뛰어다닌다. 얼마 안 가서 가격이 오르고, 수요가 점차 증가한다는 말을 입버릇처럼 한다. 거기에 속아서는 안 된다.

46. 판매자들은 공급물량이 충분하다는 것을 밝히기를 꺼린다.

47. 구매자들은 언제나 물건이 급히 필요하다는 말을 삼간다. 일찍 구매하는 사람에게는 프리미엄을 붙여도 그만큼 가치가 있다.

48. 협상에 자신이 없으면 대리인을 써라.

49. 위임자가 없을 때는 만들어내라.

50. 어떤 분야에 대해 잘 모르거나 사정에 어둡다면 대리인을 써라.

51. 2개(3~4개, 1다스) 사면 얼마를 받으시겠습니까?

52. 제가 직접 가져가면 얼마를 깎아주시겠습니까?

53. 품질보증을 포기하면 얼마를 깎아주시겠습니까?

54. 현금으로 지불하면 얼마를 깎아주시겠습니까?

55. 현금으로 지불하고 영수증을 받지 않는다면 얼마를 깎아주시겠습니까?

56. 진열장에 전시된 물건을 사면 얼마를 깎아주시겠습니까?

57. 약간 흠이 있는데 얼마를 깎아주시겠습니까?

58. 제가 물건을 직접 조립한다면 얼마를 깎아주시겠습니까?

59. 이번 달에 필요한 물건을 전부 살 테니 얼마를 깎아주시겠습니까?

60. 내 친구들에게 사라고 이야기할 테니 얼마를 깎아주시겠습니까?

61. 당신이 비용을 지불할 경우에는 할인혜택, 프리미엄 등 모든 예외를 다 고려하여 실제 지불가격을 산정해야 한다.

62. 상대방이 가격 요구를 죄다 들어주게 되면 파산밖에 없다.

63. 협상에 있어서 흔히 가격문제를 맨 처음 꺼내는 것이 보통이다.

64. 상대방의 가격에 대한 공세를 막는 최선의 방법은 다른 사안까지 종합하여 하나의 패키지로 대응하는 것이다.

65. 맨 처음 당신을 시험해보고자 할 때 상대방은 가격문제를 거론한다.

66. 상대방은 단지 겸손한 척할 수도 있다.

67. 상대방은 당신이 자신을 속이고 있다고 생각할지도 모른다.

68. 상대방은 거래를 깨뜨리고 싶어 할지도 모른다.

69. 가격이 달라지면 협상대상이 되는 다른 조건들도 모두 달라져야 한다.

70. 당신의 사업 분야에서 협상 가능한 변수는 무엇인가?

71. 당신의 사업 분야에서 협상대상이 될 수 없는 고정변수는 무엇 인가?

72. 당신의 대금 지불방법도 바꿀 수 있다.

73. 물품의 인도 방법, 시기, 규격도 바꿀 수 있다.

74. 상대방과의 거래관계도 바꿀 수 있다.

75. 거래상 발생하는 위험도도 바꿀 수 있다.

76. 거래에 소요되는 시간도 바꿀 수 있다.

77. 화려하고 품위 있는 사무실은 당신을 위압할 목적으로 꾸며놓은 것이다.

78. 상대방의 화려한 모습이 인상적이라고 느끼게 되면 벌써 상대방 의 술책에 한 발 내디딘 것이다.

79. 구매자의 무자비한 행동을 미리 알아야 한다.

80. 구매자의 강압 속에서 협상을 하기보다는 차라리 거래를 그만두 는 편이 낫다.

81. 스스로의 환상에 빠져서 상대방의 계략에 빠지지 마라.

82. 협상경륜이 짧은 사람은 서투른 협박에도 넘어간다.

83. 협박은 반드시 상대방이 믿을 수 있도록 하여야 한다.

84. 사람들이야말로 협상에 있어서 가장 큰 문제이다. 왜냐하면 사 람은 불완전한 동물이기 때문이다.

85. 협상이 타결되길 원한다면 공개적으로 자신의 입장을 밝히는 행 동은 하지 마라.

86. 상대방에게 부담이 되는 질문, 무례한 질문, 따지는 질문 등을 삼가라.
87. 개방된 질문, 답변을 유도하는 질문, 상대의 허락을 구하는 질문, 의도적 또는 비의도적 질문을 하는 것이 좋다.
88. 해결 가능한 모든 방법을 동원해보도록 하라.
89. 문제 해결의 기준이 되는 조건에 대해 합의를 보라.
90. 상대방을 언제나 이길 수만은 없다.
91. 상대방이 가지고 있는 가정과 결론들을 공략하라.
92. 수많은 예외를 적용해 최초의 안을 무력화시켜라.
93. 협상권한이 충분하지 않다는 전술을 활용하라. 협상대상이 되는 사안들을 묶어서 처리하라.

비즈니스 협상을 잘하는 방법

협상! 이렇게
준비하고 끝내라!

초판인쇄	2014년 6월 2일
초판 2쇄	2019년 1월 11일

지은이	노진경, 여범종
펴낸이	채종준
펴낸곳	한국학술정보(주)
주 소	경기도 파주시 문발동 파주출판문화정보산업단지 513-5
전 화	031) 908-3181(대표)
팩 스	031) 908-3189
홈페이지	http://ebook.kstudy.com
E-mail	출판사업부 publish@kstudy.com
등 록	제일산—115호(2000.6.19)

ISBN	978-89-268-6247-6 14320

이담 는 한국학술정보(주)의 지식실용서 브랜드입니다.